비트코인, 이더리움, 솔리디티, 트러플 프레임워크로 배우는
블록체인 이론과 개발

처음 배우는
블록체인

처음 배우는 블록체인 비트코인, 이더리움, 솔리디티, 트러플 프레임워크로 배우는 블록체인 이론과 개발

초판 1쇄 발행 2018년 6월 1일
초판 5쇄 발행 2022년 4월 28일

지은이 가사키 나가토, 시노하라 와타루 / **옮긴이** 이중민 / **감수** 박지훈 / **펴낸이** 김태헌
펴낸곳 한빛미디어(주) / **주소** 서울시 서대문구 연희로2길 62 한빛미디어(주) IT출판부
전화 02-325-5544 / **팩스** 02-336-7124
등록 1999년 6월 24일 제 25100-2017-000058호 / **ISBN** 979-11-6224-083-0 93000

총괄 전정아 / **책임편집** 홍성신 / **기획 · 편집** 이중민 / **교정** 김희성 / **진행** 이윤지
디자인 표지 · 내지 박정화
영업 김형진, 김진불, 조유미 / **마케팅** 박상용, 송경석, 한종진, 이행은, 고광일, 성화정 / **제작** 박성우, 김정우

이 책에 대한 의견이나 오탈자 및 잘못된 내용에 대한 수정 정보는 한빛미디어(주)의 홈페이지나 아래 이메일로
알려주십시오. 잘못된 책은 구입하신 서점에서 교환해드립니다. 책값은 뒤표지에 표시되어 있습니다.

한빛미디어 홈페이지 www.hanbit.co.kr / **이메일** ask@hanbit.co.kr

BLOCKCHAIN APPLICATION KAIHATSU NO KYOKASHO
by Nagato Kasaki, Wataru Shinohara, edited by Hiroshi Maruyama
Copyright © 2018 Nagato Kasaki, Wataru Shinohara, Hecula.inc
Original Japanese edition published by Mynavi Publishing Corporation
Korean translation rights arranged with Mynavi Publishing Corporation
through The English Agency (Japan) Ltd. and Danny Hong Agency.

지금 하지 않으면 할 수 없는 일이 있습니다.
책으로 펴내고 싶은 아이디어나 원고를 메일(writer@hanbit.co.kr)로 보내주세요.
한빛미디어(주)는 여러분의 소중한 경험과 지식을 기다리고 있습니다.

비트코인, 이더리움, 솔리디티, 트러플 프레임워크로 배우는
블록체인 이론과 개발

처음 배우는
블록체인

가사키 나가토、 시노하라 와타루 지음

／

이중민 옮김

박지훈 감수

HB 한빛미디어
Hanbit Media, Inc.

지은이 · 옮긴이 소개

지은이 **가사키 나가토**

DMM.com 연구소 스마트 계약 사업부의 이밴절리스트입니다. 게이오대학 대학원에서 정책 · 미디어 연구과 석사 과정을 수료했습니다. 스파크(Spark)와 하둡 기반 SQL(SQL on Hadoop)을 이용한 분산 처리 기술을 연구하면서 빅데이터 인프라를 구축 · 운용하는 경험을 쌓았습니다. 현재는 블록체인 기술의 연구, 개발, 사업 제안 등을 합니다. 『자세하게 설명하는 Apache Spark』(기술평론사, 2016), 『데이터 분석을 위한 SQL 레시피』(한빛미디어, 2018)을 함께 썼습니다.

지은이 **시노하라 와타루**

DMM.com 연구소 스마트 계약 사업부의 테크니컬 리더로 암호화폐 지갑(Wallet) 구현을 담당하고 있습니다. 넥스트 커런시 소속 블록체인 엔지니어로도 일했습니다. 지속적 전달(Continuous Delivery) 및 배포(Deploy) 등 서버 사이드 빅데이터 인프라의 연산 자원을 효율적으로 구축하고 지원하는 업무도 경험했습니다. 전문 분야는 분산 시스템과 고가용성 시스템 구축입니다.

옮긴이 **이중민**

한빛미디어 IT출판부 기획편집자로 근무하면서 IT 개발 분야의 다양한 서적을 기획 · 편집하고 있습니다. PC 및 하드웨어 전문 리뷰 사이트인 pcBee에서 테크니컬 라이터로 활동하면서 다양한 하드웨어 및 소프트웨어 환경을 분석하고 그에 관한 기사를 작성하면서 전문 지식을 쌓았습니다. 이후 프리랜서 웹 마스터로 다양한 웹 사이트 개발을 경험했습니다. IT 개발 관련 인사이트를 계속 키우는 중입니다. 『PC 조립 관리 수리 길라잡이 2002: 세상에 단 하나뿐인 내 PC 만들기』(정보문화사, 2002)를 함께 썼습니다.

감수 **박지훈**

현재 삼성전자 소프트웨어연구소에서 블록체인을 주제로 C-Lab 프로젝트를 주도하고 있으며, 다년간 서비스 개발 및 머신러닝 프로젝트에 참여했습니다. 블록체인과 IoT를 접목한 비즈니스 모델 개발로 시대적 패러다임의 긍정적 진보를 꿈꾸는 개발자입니다. 옮긴 책으로 『컨텍스트의 시대』(지앤선, 2014, 공역), 『비즈니스 블록체인』(한빛미디어, 2017, 공역)이 있습니다.

옮긴이의 말

최근 암호화폐와 블록체인에 관심이 많습니다. 암호화폐가 경제에 끼칠 효과는 옮긴이가 쉽게 판단하지 못하겠습니다. 하지만 블록체인이라는 기술은 흥미롭습니다. 단순하게 생각하면 이미 존재했던 분산 시스템에 암호화 기술을 도입한 것으로 볼 수 있습니다. 하지만 두 가지 측면의 새로운 가치가 있다고 생각합니다.

- 다양한 서비스에 맞는 디지털 경제 시스템을 구축하는 기반
- 여러 사람이 참여하고 활성화해서 이용 가치를 부여하는 개방형 기술

앞으로 블록체인을 다양한 분야에 적용할 가능성이 크다고 생각합니다. 그리고 올바르게 사용하면 우리 삶을 좀 더 풍요로운 방향으로 이끌어줄 것입니다. 그래서 딥러닝과 함께 최근 IT 분야에서 가장 관심을 받는 기술이 된 것으로도 생각합니다.

이 책은 블록체인의 이론과 다양한 분야의 사례 그리고 솔리디티와 트러플 프레임워크를 이용한 스마트 계약 개발의 기본을 균형 있게 알려줍니다. 이론과 사례 50%, 개발 내용 50%를 다룹니다. 개발과 관련된 기초 지식이 있으면서 블록체인이 무엇인지 한 권으로 알아보고 싶다면 이 책으로 블록체인을 재미있게 배우고 더 앞으로 나아갈 수 있습니다. 개발을 잘 모르더라도 끈기 있게 블록체인이 무엇인지 배우고 싶은 분께도 이 책은 좋은 지식을 알려줄 것입니다. 그래서 『처음 배우는』이라는 제목을 붙였습니다.

블록체인은 아직 한창 발전하는 분야입니다. 가까운 미래에는 어떤 부분이 크게 바뀌어 있을지도 모릅니다. 따라서 이 책을 쓴 저자는 본질이 바뀌지 않는 내용을 담는 데 힘썼다고 생각합니다. 한국어로 옮긴 역자로서도 이런 부분은 최대한 살리고 번역하는 시점의 최신 정보를 반영하는 방향으로 이 책을 구성하도록 노력했습니다. 책을 출간한 이후라도 이 책을 관리하는 온라인 공간에서 바뀐 부분은 간간이 업데이트할 수 있도록 힘쓰겠습니다.

번역 과정에 도움을 준 많은 분께 감사 인사를 드립니다. 번역 과정에서 미흡했던 원고를 읽고 꼼꼼하고 예리하게 지적해서 좋은 방향으로 이끌어주신 감수자 박지훈 님께 감사드립니다. 지치고 힘들 때 많은 격려를 해준 주변 동료 여러분 고맙습니다.

그리고 힘든 과정에 잘하라고 격려해준 사랑하는 가족에게도 감사한다고 말하고 싶습니다.

이 책으로 블록체인에 관심을 둔 많은 분이 좋은 방향으로 블록체인을 발전시킨다면 열심히 번역한 보람을 느낄 듯합니다. 도움이 되면 좋겠습니다.

이중민

2017년에 블록체인 기반의 암호화폐가 투자자산으로서 세상의 시선을 끌었다면, 2018년은 다양한 비즈니스에 블록체인을 접목해 차별성을 꾀하고 효율성을 높이려는 시도들로 업계가 매우 활발합니다. 기존 서비스 업체들이 단순히 결제 수단으로 암호화폐를 활용하는 것이 아닌 비즈니스 모델 자체를 블록체인 기반의 토큰 경제로 재구성하고자 하는 리버스 ICO를 하는 것입니다. 광고, 헬스케어, 콘텐츠 저작권, 메신저 등 거의 모든 분야에서 블록체인과의 시너지를 기대하고 투자 및 개발을 진행 중입니다.

이러한 업체뿐만 아니라 블록체인 프로토콜 개발에도 2018년은 매우 중요한 해입니다. 특히 이더리움은 시스템 성능을 높이고자 진행 중인 샤딩, 플라즈마 등의 개발을 구체화하는 시기고, 이더리움의 경쟁자로 여겨지는 EOS, 카르다노 프로젝트들도 메인넷 런칭을 예고했기에 관심 있게 지켜볼 만합니다.

이렇게 활발한 업계 분위기를 따라가다 보면 항상 마주치는 의구심이 있습니다. 대표적인 것이 "굳이 블록체인을 쓸 필요가 없어 보인다. 클라우드 기반으로 프로젝트를 구축해도 되지 않나?"라는 질문입니다. 사실 블록체인 기반 서비스 대부분이 "성능적으로 비효율적인 블록체인을 꼭 사용해야 하는가?"에 관해 일반 사용자들도 수긍할 만큼 매력적인 답을 내놓지 못하고 있습니다. 그만큼 현재 서비스 대부분이 기업이 운영하는 중앙 집중형 방식이고 사용자들이 익숙하다는 방증입니다. 특히 공짜 서비스를 받고 개인 정보를 주는 것을 너무나도 당연하게 생각합니다.

이런 질문을 받을 때 제가 항상 비유로 드는 것은 영화 '매트릭스'의 '빨간 약', '파란 약'입니다. 빨간 약을 먹으면 기계가 만든 가상 세계인 매트릭스를 벗어나 자율적인 삶을 사는 것이고, 파란 약을 먹으면 기계에 필요한 에너지원으로 사용되는 대신 매트릭스라는 가상공간에서 살게 됩니다. 이 2개의 선택 중 어느 것이 옳을까요? 옳은 것은 없습니다. '삶'에 관한 개인의 신념, 철학 문제이며, 어떤 선택이든 삶을 사는 것이기 때문입니다.

블록체인과 클라우드도 마찬가지입니다. 무엇이 옳은 방향이라고 판단하는 것이 아닌 서비스 운영자의 철학, 사용자의 선택에 달린 문제입니다. 클라우드보다 속도, 저장공간 측면에서 매우 비효율적인 블록체인이 탈중앙화에 기반을 둔 검열 저항성으로 사용자들에게 얼마나 설득력 있게 다가갈지 지켜보는 것은 매우 흥미로운 일입니다.

블록체인을 이용하려면 블록체인의 철학, 개발 현황, 해결해야 하는 문제 등을 제대로 파악해야 합니다. 그런 면에서 『처음 배우는 블록체인』은 가이드 역할을 해줄 수 있을 것으로 기대합니다. 블록체인이 탄생한 배경부터 서비스 구축을 위한 프로그래밍 방법, 현재 업계의 진행 상황을 전반적으로 다루고 있습니다. 처음 블록체인을 접하는 독자라면 이 책으로 블록체인 세상을 맛보기에 부족함이 없습니다.

박지훈

지은이의 말

앞으로 암호화폐나 핀테크 등의 다양한 분야에 블록체인(비트코인 이후에 등장한 NEM과 이더리움 등)을 활용할 것으로 전망합니다. 이미 다이아몬드나 고급 자동차 같은 고액 자산의 관리 대장, 자동차를 제어하는 스마트 키나 자동 지급 시스템, 디지털 의료 진단서와 금융 거래 내역 공유 등 광범위한 분야에서 블록체인 기술을 적용하거나 적용하려고 준비 중입니다. 또한 누구나 저렴한 비용으로 블록체인을 구현할 수 있도록 개발 환경도 나날이 발전하고 있습니다.

하지만 이 책의 집필을 시작하던 때는 블록체인을 실제로 적용한 구체적인 사례가 많지 않았습니다. 그래서 인공지능, IoT, AR/VR 등과 비교했을 때 블록체인의 주목도가 높지 않았습니다. 또한 집필을 마무리하는 시점에서는 실시간 가격 변동에 따른 암호화폐 투기, 범죄 악용 사례 등으로 블록체인의 순기능이 과대평가되거나 부정적으로 바라보는 시선이 있기도 했습니다.

블록체인은 인터넷을 검색하더라도 잘 정리된 기술 정보를 찾기 어렵습니다. 이 때문에 블록체인의 본질이 무엇인지 이해하기 어렵다는 사람이 많습니다. 이 책은 빠르게 변화하는 블록체인의 최신 정보, 블록체인의 기반인 암호학과 분산 컴퓨팅, 블록체인을 구현하는 데 사용하는 프레임워크와 애플리케이션 구현 예 등을 체계적으로 설명해 블록체인을 제대로 이해할 수 있게 했습니다.

또한 비전공자도 블록체인을 쉽게 이해할 수 있게 경제학이나 비즈니스 관점에서 이를 설명하려고 노력했습니다. 이 책으로 블록체인의 본질을 이해하고 실제 구현을 익히고 미래 전망을 예측하는 데 도움이 되길 바랍니다.

이 책이 나오기까지 도움을 준 많은 분께 감사드립니다.

기획 단계부터 적절한 조언을 아끼지 않고 편집에 도움을 준 마루야마 히로시 님, 집필에 필요한 도움을 준 미야 나오토 님, 이 책을 멋지게 디자인한 후카자와 미츠코 님, 간결하고 직관적인 일러스트로 이 책을 더 읽기 쉽게 만든 오기노 히로아키 님께 감사드립니다.

또한 이 책 집필에 필요한 정보를 제공해준 가와바타 유스케 님과 후지오카 하나코 님, 원고를 검토하고 자료 정리에 도움을 준 후지오카 하나코 님께도 감사드립니다. NEM을 비롯한 여러 가지 암호화폐 플랫폼 및 환경에 관한 정보와 다양한 전문가를 소개해준 이더시큐리티의 카몬 쇼헤이 님께 감사드립니다.

끝으로 집필에 집중할 수 있는 환경을 마련해준 가족과 동료에게도 감사드립니다.

2018년 1월

가사키 나가토, 시노하라 와타루

서문

이 책은 블록체인이 무엇인지 정확히 이해하고 긍정적인 방향으로 활용하는 방법을 소개하려고 썼습니다.

이 책의 구성

1~5장은 블록체인의 이론적 배경과 애플리케이션 개발에 필요한 기술 동향을 설명합니다.

- 1~3장에서는 블록체인의 특징과 역사, 암호화폐 시스템을 지원하는 블록체인의 기본 개념, 스마트 계약, 이더리움이 무엇인지 설명합니다.
- 4~5장은 암호화폐 및 그 이외의 구체적인 블록체인 적용 사례를 소개하면서 블록체인 기반 서비스의 발전 가능성을 살펴봅니다.

6~11장은 코드를 바탕으로 블록체인 애플리케이션 개발의 구체적인 예와 아이디어를 설명합니다.

- 6~8장은 이더리움의 기반인 블록 구조와 거래 구조, 스마트 계약 개발의 구체적인 예, 블록체인 애플리케이션 개발 환경 구축, 블록체인 애플리케이션 개발에 필요한 프로그래밍 언어인 솔리디티(Solidity)를 설명합니다. 트러플(Truffle) 프레임워크를 사용한 애플리케이션 개발도 자세히 설명합니다.
- 9~10장은 블록체인에 있는 제약 및 주의 사항에 해당하는 보안 및 저장공간 활용 등을 설명하고, 블록체인의 주요 문제와 현 단계의 해결 방법을 소개합니다.
- 11장에서는 암호화폐와 블록체인이 향후 사회에 어떤 변화를 일으킬지 전망합니다.

이 책의 지원 사이트

이 책의 예제 파일과 오탈자 정보 등은 다음 사이트를 참고하기 바랍니다.

URL https://github.com/wizplan/blockchain_book

URL http://www.hanbit.co.kr/src/10083

참고 사항

● 이 책의 한국어판은 2018년 6월 초판 1쇄를 출간했고, 2018년 10월 2쇄를 출간하면서 일부 정보를 업데이트했습니다. 이 책에서 소개하는 제품, 소프트웨어, 서비스 버전, 화면, URL, 제품 스펙 등은 초판 1쇄 기준입니다. 이후 변경될 수 있습니다.

● 이 책은 정보를 전달하려는 목적으로 썼습니다. 이 책에서 소개하는 애플리케이션이나 서비스는 독자 여러분의 책임과 판단에 따라 운용해야 합니다. 저자나 출판사 모두 결과에 책임을 지지 않습니다.

● 출간 후 시간이 지나면 저자와 출판사 모두 이 책의 내용이 계속 정확한 사실을 전달한다는 점을 보장할 수 없습니다.

이 책에서 언급하는 블록체인 관련 주요 용어를 소개합니다. 여러분이 기존에 알던 뜻과 다르게 사용하는 용어도 있으니 꼭 읽기를 권합니다.

암호화폐(Cryptocurrency, 가상화폐)

비트코인 및 비트코인 기술 기반의 전자화폐를 구현할 때 디지털 서명, 해시[Hash] 체인 등 암호학 기반 기술을 많이 사용합니다. 블록체인 기반의 전자화폐도 암호화 기술을 사용하므로 이들을 통칭해 암호화폐라고 합니다.

명목화폐(Fiat Money)

원이나 달러처럼 실질적 가치와는 관계 없이 표시된 가격으로 통용되는 일반적인 화폐를 의미합니다. 이 책에서는 암호화폐와 반대 의미로 사용합니다. 피아트 화폐[Fiat Money]라고도 합니다.

비트코인(Bitcoin)

2008년 사토시 나카모토가 제안한 전자화폐[1] 시스템입니다. 기존 전자화폐와 달리 관리자가 없이도 자율적으로 동작하는 분산 시스템입니다. 2009년 처음 코인을 발행하기 시작했으며 2018년 현재까지 중단없이 작동하고 있습니다. 비트코인 시스템은 'Bitcoin'(앞글자를 대문자로 표기)이라고 표기하며, 암호화폐를 지칭할 때는 'bitcoin'(앞글자를 소문자로 표기), 'BTC', 'XBT[2]'라는 기호로 표기합니다.

이더리움(Ethereum)

암호화폐 종류의 하나로 알려져 있지만 블록체인 기반 애플리케이션을 개발하고 운용하는 플랫폼이라는 뜻도 있습니다. 튜링 완전[3]한 프로그래밍 언어 기반의 애플리케이션을 개발할 수 있습니다. 비트코인과는 근본적으로 구조가 다릅니다.

----

1 옮긴이_ https://ko.wikipedia.org/wiki/전자화폐

2 옮긴이_ XBT는 ISO 4217 통화 코드 표기입니다. https://ko.wikipedia.org/wiki/ISO_4217

3 옮긴이_ https://ko.wikipedia.org/wiki/튜링_완전

블록체인(Blockchain)

관리자 없이 자율적으로 동작하는 분산 시스템 기술을 통칭합니다. 화폐 거래 내역을 '블록'이라는 데이터 단위로 저장한 후 해당 블록의 해시값을 다른 블록에 저장시켜 체인 형태의 연결고리를 만듭니다. 비트코인 등장 이후 블록체인을 다양한 분야에 응용하려는 연구가 활발합니다. 상황에 따라 관리자가 존재하는 시스템이나 블록을 사용하지 않는 시스템도 있습니다.

블록체인 애플리케이션(Blockchain Application)

블록체인 기반으로 구현한 애플리케이션을 일컫는 말입니다. 스마트 계약 기반 암호화폐 및 디지털 애셋의 거래, DApps 개념을 포함합니다.

DApps

탈중앙화 애플리케이션Decentralized Application의 줄임말입니다. 특정 관리자가 없어도 계속 동작하면서 스마트 계약을 실행하는 애플리케이션입니다. 이더리움에서 동작하는 DApps는 분산 시스템에서 자율적으로 스마트 계약을 실행하므로 자율 분산 애플리케이션이라고도 합니다.

스마트 계약(Smart Contract)

IT 기술을 이용해 계약 내역을 자동으로 실행하는 것을 스마트 계약이라고 합니다. 예를 들어 전자화폐의 잔액이 일정 액수 이하면 신용카드로 자동으로 충전하는 서비스도 스마트 계약의 하나입니다. 이더리움은 스마트 계약을 적용한 대표적인 블록체인 기반 애플리케이션 플랫폼입니다.

주소(Address)

공개 키 암호로 암호화폐를 받거나 보내는 단위로 다루는 임의 문자열입니다. 공개 키를 바탕으로 만들고 비밀 키가 있는 프로그램으로 암호화폐의 이용 권한을 얻을 수 있습니다.

지갑(Wallet)

암호화폐 거래에 필요한 개인 키를 저장한 공간을 뜻합니다. 암호화폐 자체는 블록체인에 공유해 저장합니다.

디지털 자산(Digital Asset)

다이아몬드와 고급 자동차 등의 실제 자산 소유권 거래 내역을 블록체인으로 디지털화한 것을 말합니다. 실생활에서 이용할 수 있는 서비스로 적용할 수 있는지 검증하는 중입니다.

거래(Transaction)

일반적으로는 시스템 안에서 더 나눌 수 없는 처리 단위를 의미합니다. 블록체인에서는 코인과 토큰 소유권을 포함하는 데이터를 주고받는 것을 뜻합니다. 작성자의 전자 서명을 적용해 코인 및 토큰 발행을 증명하거나, 내용을 조작한 사실이 없음을 보장하는 데 사용합니다.

블록(Block)

여러 거래를 모아 만든 데이터 단위입니다. 거래를 블록에 저장하면 올바른 거래인지 검증하며, 뒤에서 설명할 작업 증명 알고리즘 등을 이용해 이중 지급을 막습니다.

블록 높이(Block Height)

새로운 블록을 생성할 때는 먼저 생성한 블록의 해시값(이전 거래 기록 등)을 저장해야 합니다. 블록 높이는 다른 블록의 해시값을 포함해 연결된 블록의 전체 개수를 뜻합니다. 블록 높이가 0이면 맨 처음 생성한 블록이며 이를 제네시스^{Genesis} 블록이라고 합니다. 거래와 블록 안 타임스탬프는 블록을 만든 사람이 자유롭게 설정할 수 있습니다. 하지만 타임스탬프 기록으로 결정한 블록 생성 순서는 신뢰할 수 없습니다. 따라서 기존 블록의 해시값을 새로 생성한 블록에 저장해 블록 생성 순서의 신뢰도를 보장합니다.

타임스탬프(Timestamp)

날짜와 시간을 나타내는 문자열입니다. 가독성을 좋게 하려고 날짜가 명시되어 있지만 서버에는 유닉스 시간으로 저장할 때가 많습니다. 블록체인은 실제 거래를 생성한 시각과 블록에 정식으로 저장한 시각을 타임스탬프에 저장하는데 두 기록이 일치하지 않아 문제가 발생합니다. 주의해서 다뤄야 합니다.

해시값(Hash Value)

암호화폐를 구분하는 작은 크기의 데이터를 말합니다. 원본 데이터에서 해시값을 계산하는 함수를 해시 함수Hash Function[4]라고 합니다. 해시값과 원래 입력값의 관계를 찾기 어렵게 만드는 해시 함수는 별도로 암호화 해시 함수Cryptographic Hash Function[5]라고 합니다. 암호화폐의 블록 생성이나 주소 계산 등에서 암호화 해시 함수로 만든 해시값을 많이 활용합니다.

채굴(Mining)

비트코인과 블록체인 기반 암호화폐는 누구나 새로운 블록 생성에 참여해 보상으로 암호화폐를 얻습니다. 이러한 행동을 채굴이라고 합니다(19세기 미국에서 벌어졌던 골드러시에서 유래한 용어입니다). 채굴에 참여한 사람은 '채굴자Miner'라고 합니다. 참고로 블록체인 시스템은 참여한 사람이 모니터링과 운영을 담당하는 구조입니다.

작업 증명(Proof of Work, PoW) 알고리즘

임의의 참여자들이 상호 운용하는 시스템(혹은 프로토콜)은 시스템에 문제를 발생시키는 참여자가 있어도 제대로 동작하게 만들어야 합니다. 작업 증명 알고리즘은 채굴했다는 사실을 증명한 후에 블록을 생성하게 만드는 방법입니다(비트코인에서는 채굴할 때 이 알고리즘을 활용합니다). 동시에 증명 없이는 블록을 생성할 수 없게 하는 역할도 합니다. 대량의 컴퓨팅 자원을 이용하는 시스템에서 많이 채택하는 알고리즘입니다.

....

4 옮긴이_ https://ko.wikipedia.org/wiki/해시_함수
5 옮긴이_ https://ko.wikipedia.org/wiki/암호화_해시_함수

작업 증명 알고리즘 이외에 지분 증명Proof of Stake, PoS**6**과 존재 증명Proof of Existence, PoE**7** 알고리즘 등이 있습니다. 'Proof of ~'로 시작하는 용어는 기술적인 의미뿐만 아니라 개념을 설명할 때도 자주 사용하므로 상황에 따라 용어 각각의 정확한 의미를 이해해야 합니다.

메인넷(Main Net)과 테스트넷(Test Net)

메인넷은 독립적인 암호화폐로 인정하는 프로그램을 출시 · 운용하는 네트워크입니다. 테스트넷은 블록체인 애플리케이션을 개발할 때 사용하는 메인넷과 같은 구조의 네트워크입니다. 메인넷을 이용하면 수수료를 내야 하거나 배포한 프로그램을 제거할 수 없는 등의 문제가 있으므로 테스트넷을 제공하는 것입니다. 대표적인 이더리움 기반 테스트넷은 작업 증명 알고리즘을 적용한 롭튼Ropsten과 권한 증명 알고리즘Proof of Authority, PoA**8**을 적용한 코반Kovan, 린키비Rinkeby가 있습니다. 테스트넷에서 운용하는 암호화폐 역시 채굴 비용이 있으므로 이러한 암호화폐는 테스트넷 배포 사이트나 커뮤니티에서 얻을 것을 권장합니다. 참고로 로컬 환경 등에 직접 블록체인 네트워크를 구축해 개발에 이용할 수도 있습니다.

코인(Coin)과 토큰(Token)

메인넷이 있는 블록체인(혹은 다른 암호화폐) 시스템에서 발행한 암호화폐를 코인이라고 합니다. 메인넷의 블록체인 시스템을 빌려 독자적인 암호화폐를 발행하면 토큰이라고 합니다. 보통 토큰 사용이 활발해지면 별도의 메인넷을 만들어 코인으로 승격시킵니다.

합의(Consensus) 알고리즘

분산 시스템의 모든 프로세스가 같은 결괏값을 결정하는 과정을 합의Consensus라고 합니다. 시스템에서 발생하는 에러를 막고 무결성을 보장합니다. 블록체인 시스템은 누구나 블록을 생성할 수 있는 구조이므로 블록의 소유권과 생성 순서를 결정하는 합의 알고리즘을 사용합니다. 블록

---

6 옮긴이_ 전체 암호화폐 총량에서 자신이 보유한 지분(Stake) 기반으로 블록을 생성합니다.
7 옮긴이_ 특정 시간에 거래 내역이 존재했다는 것을 시스템에 기록합니다.
8 옮긴이_ https://en.wikipedia.org/wiki/Proof-of-authority

체인은 블록 높이가 클수록 확정한 거래 내역이 바뀔 확률이 낮아지는 '확률적 합의' 개념의 알고리즘을 도입해 관리자가 없는 분산 시스템을 구현합니다.

확정(Confirmation)

거래를 블록에 저장시켜 기존의 거래 내역과 새로운 거래 내역을 검증하는 것을 확정이라고 합니다. 거래 내역 검증 작업은 어떤 거래 하나가 저장된 블록과 연결된 다른 블록의 개수만큼 반복합니다. 그래서 연결된 블록의 개수를 확정 횟수라고도 합니다. 블록체인은 확률적 합의를 적용하므로 확정 횟수가 많을수록 확정한 거래 내역의 신뢰도를 보장할 수 있습니다. 따라서 확정 횟수를 신뢰도를 나타내는 지표로도 이용합니다.

가스(Gas)

가스는 이더리움에서 애플리케이션을 실행할 때 지급하는 네트워크 수수료입니다. 블록체인 시스템에서 튜링 완전 애플리케이션의 동작 환경을 보장하려면 악성 프로그램(예: 무한 반복 프로그램)의 실행을 막아야 합니다. 가스는 악성 프로그램에 많은 수수료를 부과해서 자율적으로 문제를 해결하게 합니다. 참고로 이더리움을 유지하는 비용으로도 이용합니다.

ERC20

ERC는 Ethereum Request for Comments의 줄임말입니다. 이더리움 네트워크의 개선안을 제안하는 EIPs[Ethereum Improvement Proposals][9]에서 관리하는 공식 프로토콜입니다. 인터넷 프로토콜이나 파일 형식 등을 정의하는 RFC[Request for Comments]의 이더리움 버전이라고 생각하면 됩니다. ERC20은 ERC에서 정한 표준 토큰 스펙입니다(숫자 20은 20번째 제안이라는 의미입니다). 토큰 이름, 통화 코드[Ticket Symbol], 화폐 총공급량과 토큰 전달 방법이 정의되어 있습니다. ERC20 호환 토큰을 만들면 ERC20 호환 지갑 등의 각종 애플리케이션을 구현해 사용할 수 있습니다.

....

9 옮긴이_ http://eips.ethereum.org/

CONTENTS

CHAPTER **1** 블록체인과 암호화폐

CONTENTS

CHAPTER 4 블록체인 2.0과 스마트 계약 플랫폼

CONTENTS

CHAPTER 5 블록체인 서비스 활용하기

CHAPTER 6 블록체인 애플리케이션 개발 기초

CHAPTER 7 솔리디티를 이용한 애플리케이션 개발

CONTENTS

CHAPTER 8 애플리케이션 개발 프레임워크

CONTENTS

CHAPTER **9** 애플리케이션을 설계할 때 주의할 점

CHAPTER 10 블록체인의 기술적 과제와 해결 방법

CONTENTS

CHAPTER **11 블록체인의 미래**

블록체인과 암호화폐

블록체인과 암호화폐는 '인터넷 이후 새롭게 등장한 혁신'이라고 할 정도로 높은 관심을 받고 있습니다. 이 장에서는 인터넷 기술과의 연관 지어 블록체인이 무엇인지 설명합니다. 또한 블록체인을 이해하기 전에 암호화폐의 가치를 생각해보는 기회도 갖겠습니다.

1.1 인터넷이 바꾼 변화

'블록체인'은 디지털 서명, 해시Hash 체인 등 암호화 기술을 이용하는 암호화폐 '비트코인'을 지원하려고 만든 기술입니다. 2009년에 등장했을 때는 암호화폐 시스템 구축과 지원 등의 목적으로 만들었습니다.

그런데 이 책을 집필하는 시점에는 다양한 분야의 발전을 이끌 것이라는 기대와 기존 경제 체계에 부정적인 영향을 줄 것이라는 불안이 공존하고 있습니다. 그 이유를 정리하면 다음과 같습니다.

- 의료, 물류, 영화, 음악, 공유 경제 등 다양한 분야에 블록체인[1]을 적용하면 관리자 없이도 안전을 보장하는 거래 시스템을 만들 수 있습니다.
- 예금 관리나 이체 기능 등을 암호화폐로 바꾸면 은행 없이 화폐를 관리할 수 있습니다. 은행은 존재 이유를 고민해야 하고 국가는 화폐 가치를 적정 수준으로 관리할 수 없으므로 사회적 혼란이 발생할 것입니다.

블록체인이 우리 삶을 크게 바꿀까요? 정확한 미래를 예측하는 건 어렵겠지만, 인터넷이 그랬던 것처럼 블록체인도 큰 변화를 가져올 것으로 예상하는 사람이 많습니다.

이 절에서는 인터넷이 일으킨 변화를 블록체인이 어떻게 이어받아 발전하려는지 소개합니다. 인터넷과 블록체인 모두 기술 혁신이 우리 삶을 크게 바꾼 사례이며 깊은 기술적 연관성이 있습니다.

---

1 암호화폐 이외의 분야에서 블록체인을 사용하는 것을 '블록체인 2.0'이라고 구분할 때도 있습니다.

그림 1-1 블록체인에 관한 기대와 불안

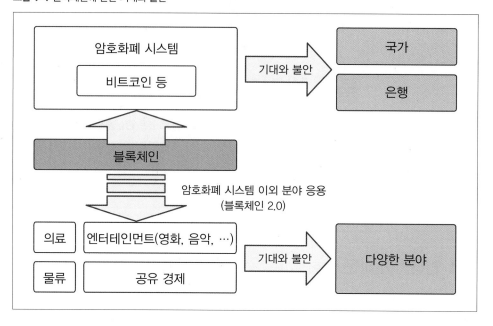

1.1.1 삶의 변화

IT에 관심이 별로 없는 사람이라도 컴퓨터나 스마트폰으로 인터넷을 사용하는 건 익숙할 겁니다. 이는 30년 전 인터넷이 등장한 이후 지속해서 발전하며 삶의 일부가 되었기 때문입니다. 현재 이 책을 읽는 분이 20대라면 인터넷이 없는 세상을 상상하기 어려울지도 모릅니다.

컴퓨터나 스마트폰으로 정보를 검색하고, 메신저로 대화를 나누며, 생활에 필요한 용품을 사고, 게임이나 영화를 즐길 뿐 아니라, 은행에 방문하지 않고도 금융 업무를 처리하는 등 인터넷이 가져온 변화는 대단합니다. 인터넷에 익숙하지 않은 노년층도 적응하는 데 시간이 필요했지만, 페이스북이나 카카오톡 같은 서비스가 없으면 허전하다고 이야기할 정도가 되었습니다.

인터넷의 등장은 새로운 아이디어로 비즈니스 모델을 구축하는 기회도 마련했습니다. TV 홈쇼핑과 인터넷 쇼핑몰의 사업 투자금을 비교해봅시다. TV 홈쇼핑은 방송사와 논의해 특정 시간의 방송권을 획득해야 합니다. 이때 큰 비용을 지급합니다. 하지만 인터넷 쇼핑몰은 시간의 제약을 받지 않으며 인터넷에 웹 사이트를 구축하는 비용이 방송권에 지급하는 금액보다 훨씬 저렴하므로 진입 장벽이 낮습니다.

비슷한 비즈니스 모델을 생각하는 사람들이 인터넷 서비스를 만들어 경쟁을 시작했습니다. 이러한 경쟁은 더 많은 고객을 유치해야 하는 인터넷 서비스의 품질을 높였습니다. 또한 비즈니스 구조를 개선해 제품 가격을 낮추는 결과로도 이어졌습니다. 결국, 사람들은 더 싸고 더 좋은 품질의 서비스를 선택할 수 있게 되었습니다.

1.1.2 기술의 변화

인터넷은 사회를 편리하게 바꾸려는 사람에게 도움을 주는 기술입니다. 예를 들어 인터넷 통신의 기반 기술인 TCP/IP[2] 프로토콜[3]은 낮은 비용으로 인터넷 서비스를 구축하는 데 큰 도움을 주었습니다.

인터넷 서비스를 구축하는 기술은 '공개'[4]되어 있습니다. 예를 들어 웹 사이트의 소스 코드는 브라우저 사용자 누구나 볼 수 있습니다(물론 웹 사이트를 관리하는 소스 코드 부분은 외부에 공개하지 않을 때가 많습니다).

또한 인터넷 서비스를 구축하는 데 유용한 기술을 '오픈 소스[5]'(5.1.3 참고)라는 형태로 공개해 전 세계 개발자들과 공유하면서 더 발전시키기도 합니다. 즉, '오픈 소스'로 공개한 서비스에 필요한 기능만 더해 새로운 서비스를 제공할 수도 있습니다.

'오픈 소스'가 등장하기 전에는 자사가 개발한 인터넷 서비스의 소스 코드를 기밀로 취급했습니다. 또한 새로운 아이디어를 특허 같은 지적 재산으로 등록해 다른 사람이 자유롭게 이용할 수 없도록 보호했죠. 이 때문에 '바퀴의 재발명reinventing the wheel[6]'이라는 비효율적인 상황이 있기도 했습니다. 그러나 '오픈 소스' 활성화가 고효율의 서비스 품질을 제공한다는 것이 확인되면서, IT 분야는 적극적으로 정보를 공유하고 해결책을 함께 모색하는 분위기로 바뀌었습니다.

---

2 데이터를 미세한 패킷으로 나누고 각 패킷에 상대의 주소를 부여해 통신합니다. TCP/IP가 처음 등장했을 때는 안정적인 통신이 어려울 것이라는 회의론도 있었지만, 고품질의 통신을 제공하는 표준 기술로 발전했습니다.

3 통신 프로토콜은 서로 떨어져 있는 두 사람이 대화를 나누는 기술입니다.

4 소스 코드, 음악, 동영상, 텍스트 등의 인터넷 구성 요소는 만든 사람의 판단에 따라 '공개' 여부를 결정할 수 있습니다.

5 옮긴이_ https://ko.wikipedia.org/wiki/오픈_소스

6 이미 만든 기능을 다른 사람이 다시 만든다는 뜻입니다.

1.1.3 가치관의 변화

인터넷은 사람의 가치관을 '소유' 중심에서 '공유' 중심으로 바꿨습니다. 기업이 제공하는 서비스 기획이나 소스 코드를 기밀이나 지적 재산으로 '소유'하는 것이 아니라 널리 '공유'하는 것입니다. 앞에서 설명한 '오픈 소스'도 인터넷 등장 이후 형성된 '공유' 가치관입니다.

가치관의 변화는 경제 활동에도 많은 영향을 줬습니다. 대표적인 예로는 개인이 소유한 장소, 물건, 시간, 기술 등의 자산을 다른 사람과 공유해 사용하는 '공유 경제[7]'입니다. 인터넷이 꼭 필요한 건 아니지만, 인터넷 때문에 활발해진 면이 있습니다. '에어비앤비Airbnb[8]'는 비어 있는 방이나 집을 다른 사람에게 빌려주는 매칭 서비스입니다. '우버Uber[9]'는 같은 목적지로 향하는 사람과 자동차의 여유 좌석을 공유하는 서비스입니다. 오프라인과 인터넷을 연결하고 필요한 자산을 사람들과 공유해서 새로운 경제 모델을 만든 것입니다.

직원의 시간과 비용을 독점적으로 '소유'하는 기업 운영 방식도 변하고 있습니다. IT 분야는 프로젝트의 중요성에 따라 실력 있는 프리랜서 개발자를 합류시켜 좋은 성과를 내려고 노력합니다. 인터넷으로 고용 정보를 널리 '공유'할 수 있게 되면서 고용주와 고용자의 계약 형태도 다양해졌습니다.

그림 1-2 인터넷이 준 변화

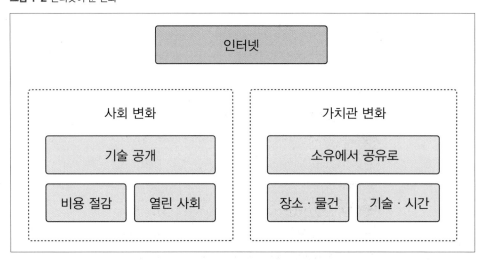

---

7 옮긴이_ https://ko.wikipedia.org/wiki/공유경제
8 https://www.airbnb.co.kr/
9 https://www.uber.com/ko-KR/

1.2 블록체인이 가져올 변화

블록체인은 인터넷 기반으로 탄생했지만 인터넷과 같은 수준의 영향력을 발휘할 것으로 기대하는 기술입니다. 성급하다는 반응도 있지만 많은 사람이 블록체인의 가능성에 주목하고 있습니다. 단, 블록체인은 인터넷처럼 삶을 근본적으로 바꾸는 것이 아닙니다. 인터넷이 만든 삶과 가치관 변화를 가속시킬 것으로 봅니다. 지금까지 인터넷에서 해결하지 못한 몇 가지 기술 문제의 현실적인 대책을 제시하기 때문입니다.

1.2.1 인터넷 기술의 보완

인터넷에서 해결하지 못한 기술 문제에는 무엇이 있을까요? 그중 하나로 인터넷 서비스의 보안 책임이 있습니다. "개인 정보나 신용카드 번호 등이 유출되는 것이 싫다"라는 이유로 인터넷 서비스를 사용하지 않는 사람이 있습니다(인터넷 서비스 제공자가 보관한 개인 정보 유출 뉴스는 자주 접할 것입니다). 인터넷 서비스 보안은 기술적으로 완벽하다고 보장할 수 없으므로 사용하지 않는 것입니다.

서비스 가용성[10] 확보라는 문제도 있습니다. 예를 들어 서버가 고장 나 인기 가수의 공연 티켓을 살 수 없다고 생각해보죠. 이는 주로 서버가 감당하는 사용자 수보다 더 많은 사람이 접속해서 발생하는 문제입니다. 더 많은 사람이 접속하도록 서버 자원을 늘리면 해결할 수 있습니다. 하지만 접속하는 사람이 잠깐 늘어나는 것을 위해 서버의 자원을 늘리는 건 비효율적입니다. 얼마나 많은 사람이 접속할지 쉽게 예측할 수 없으므로 서버 자원을 어디까지 늘려야 하는지 정하기 어렵다는 것도 문제입니다.

블록체인은 이러한 문제를 해결할 수 있습니다. 예를 들어 비트코인은 계좌번호, 주소, 전화번호, 신용카드 번호 등의 정보 없이 다른 사람에게 송금하거나 인터넷 서비스에서 결제할 수 있습니다. 또한 유지 보수하려고 서비스를 멈출 필요가 없으므로 24시간/365일 언제든지 거래할 수 있습니다. 운용하는 회사에 비트코인이 귀속되지 않으므로 거래소가 없어지더라도 내가 소유한 비트코인은 없어지지 않습니다.

---

10 옮긴이_ https://ko.wikipedia.org/wiki/가용성

1.2.2 인터넷 기술 기반의 변화

인터넷 서비스를 구축하는 방식에는 클라이언트–서버와 P2P^{Peer-to-Peer}가 있습니다. 클라이언트–서버는 서비스를 제공하는 '서버'와 서비스를 받는 '클라이언트'의 역할을 명확하게 나눕니다. P2P는 서버나 클라이언트를 지정하는 것이 아니라 네트워크에 있는 컴퓨터를 연결한 후 누구나 서비스를 제공하거나 서비스를 받을 수 있습니다.

클라이언트–서버는 많은 인터넷 서비스에서 선택하는 방식입니다. 서비스 제공자가 서비스를 만들거나 운영하기 쉽기 때문입니다. 그러나 서버 수는 적은데 연결된 클라이언트 수가 많다면 장애가 발생해 서비스를 이용할 수 없습니다. 이럴 때 서비스 제공자는 앞서 설명한 것처럼 서버 자원을 늘리거나 여러 지역에 서버를 분산 구축해서 위험을 나눕니다. 이 경우 그에 맞는 비용을 지급해야 합니다.

P2P 방식은 컴퓨터 하나에 부하가 집중되지 않으므로 일부 컴퓨터에 장애가 발생해도 서비스 전체가 멈추지 않습니다. 네트워크 안 어떤 컴퓨터든 서비스를 제공할 수 있으므로 큰 비용을 지급해 서비스를 유지할 필요도 없습니다. 단, 바이러스와 같은 악성 서비스를 배포하는 등의 상황을 막기 어려워 지금까지 P2P 방식을 선택하는 서비스가 많지 않았습니다.

그림 1-3 클라이언트–서버와 P2P 방식 분류

이러한 인터넷 서비스 기술에 변화를 일으키는 것이 블록체인입니다. 블록체인은 P2P 방식에 기반을 두고 보안성 강화와 고가용성 서비스를 구현합니다(2장에서 자세히 설명합니다). 또한 탈중앙화 애플리케이션^{Decentralized Applications, DApps}(5.1.1 참고)을 실행하는 플랫폼을 구축할 수 있습니다.

이 책에서는 블록체인 안에서 실행하는 탈중앙화 애플리케이션 등을 '블록체인 애플리케이션'이라고 표현하겠습니다.

1.2.3 블록체인이 사회에 주는 변화

인터넷은 기술을 공개하고 저렴한 비용으로 열린 네트워크 환경을 제공해 삶의 변화를 가져왔습니다. 이러한 특징은 블록체인에도 있습니다.

화폐 시스템의 변화

각 국가에서 발행해 유통하는 화폐는 약 180개[11]입니다. 반면에 2009년 비트코인이 최초의 암호화폐로 등장한 이후, 블록체인 기반 암호화폐는 2018년 9월 기준 약 1,990개[12]가 있습니다. 개인이나 기업 등이 폐쇄 환경에서 운영하는 암호화폐까지 포함하면 더 많습니다. 즉, 블록체인은 국가나 일부 기관만이 관리하던 화폐 발행을 자유화해 누구나 자신만의 화폐를 발행할 수 있게 합니다.

한국에서 생활하려면 '원'을 사용해야 하지만, 비트코인 및 다른 암호화폐가 활성화되면 어떤 화폐를 사용할지 선택할 수 있는 시대가 올 수도 있습니다. 앞으로 국가가 발행하는 화폐든 개인이 발행하는 화폐든, 사용하기 불편하거나 신용도가 낮은 화폐는 사용되지 않을 것으로 전망합니다. 더 좋은 화폐 시스템을 만들려고 경쟁하는 세상이 되는 것입니다.

공유 경제 활성화

또한 '소유에서 공유'라는 가치관 변화는 블록체인과 궁합이 좋습니다. 블록체인 기반의 P2P 애플리케이션을 널리 활용하면 기존 소유 중심의 클라이언트-서버 기반 비즈니스 모델을 공유 중심으로 옮길 수 있습니다. 클라이언트-서버 대신 P2P가 인터넷의 주류 기술로 부상할 가능성이 열렸다는 시각도 있습니다. 이는 공유 경제를 강력하게 지원할 것입니다.

블록체인의 활용도가 가장 높을 것으로 예상하는 영역은 '물리적 자산이나 디지털 자산의 소유권 주고받기'입니다. 이는 암호화폐의 소유권을 주고받는 기능에서 파생되는 것입니다. 예를

----

11 ISO 4217 Maintenance Agency. https://www.currency-iso.org
12 Cryptocurrency Market Capitalizations. https://coinmarketcap.com/all/views/all/

들어 클라이언트-서버 기반으로 사용자를 매칭하는 에어비앤비나 우버 등의 서비스가 블록체인 기반으로 전환할 수 있을 겁니다. 혹은 특정 회사가 운영하는 서비스가 아닌 사용자가 자율적으로 운영하는 숙박 서비스나 카풀 서비스가 탄생할지도 모릅니다.

블록체인을 이용한 분산 파일 저장공간 서비스인 'Storj[13]'도 있습니다(5.3.7 참고). 드롭박스 Dropbox 등의 중앙 집중형 저장공간 서비스와 비교해 사용자가 지급해야 할 비용이 저렴해질 것으로 예상합니다.

한편 블록체인 기반 P2P 네트워크로 같은 분야의 기업이나 단체가 필요한 정보를 공유하는 '블록체인 컨소시엄' 연구도 진행 중입니다. 여러 병원에 나뉘어 있는 환자의 의료 기록을 안전하게 공유하거나, 취업 사이트에 등록한 지원자의 이력서에 거짓이 없음을 보증하는 등의 서비스를 구현할 수 있습니다. 폐쇄적으로 정보를 다루는 기업이나 단체는 앞으로 사회에서 소외당할 수도 있습니다.

1.3 블록체인의 역사

블록체인의 역사는 2008년 10월 31일 '암호학Cryptography'이라는 메일 리스트에 사토시 나카모토가 공개한 9쪽 분량의 'Bitcoin P2P e-cash paper[14]'에서 시작되었습니다. 물론 사토시 나카모토가 블록체인의 모든 기반 기술을 만든 것은 아닙니다. 이전부터 계속됐던 암호학 및 전자화폐의 연구 성과를 종합한 것입니다. 실제 'Bitcoin: A Peer-to-Peer Electronic Cash System'이라는 9쪽 분량의 문서는 해시캐시와 b-money 등 과거 전자화폐 연구를 기반으로 이중 지급 과제를 해결하는 관리자 없는 화폐 시스템을 제안했습니다.

이 절에서는 과거에서 현재까지 블록체인의 기반이 된 여러 가지 기술 흐름과 노력 등을 살펴보겠습니다.

----

13 https://storj.io/
14 Satoshi Nakamoto. Bitcoin P2P e-cash paper. Oct. 2008. http://www.metzdowd.com/pipermail/cryptography/2008-October/014810.html

1.3.1 비트코인 등장 이전

인터넷 등장 이후부터 비트코인 등장 이전까지 있었던 암호화 기술과 전자화폐의 발전을 소개합니다.

암호화 기술의 발전

1970년대 이전에는 암호를 걸고 푸는 쪽 모두 같은 키(대칭 키)를 사용해 원본 데이터를 암호화하고 복호화하는 '대칭 키 암호[15]' 방식을 사용했습니다. '대칭 키 암호'는 암호화와 복호화 속도가 빠르다는 장점이 있지만 사용자가 늘어날 때마다 대칭 키를 계속 생성해 관리해야 한다는 어려움이 있습니다. 이를 해결하려고 1976년에 '공개 키 암호[16]' 방식(2.3.4 참고)을 제안했습니다. 암호화에 사용하는 키(공개 키)와 복호화에 사용하는 키(비밀 키)를 분리한 후 암호화에 사용하는 키를 '공개 키'로 공유합니다. 비밀 키가 있는 사람만 원본 데이터를 얻을 수 있습니다.

하지만 단순히 암호화와 복호화만 할 뿐 상대방에 관한 인증 방법이 포함된 것은 아니었습니다. 이는 1977년 '공개 키 암호'를 발전시킨 'RSA 암호[17]'가 등장한 이후 해결되었습니다. RSA 암호는 현재 전자상거래의 기반 기술인 '디지털 서명[18]'에 이용하기도 합니다.

1979년에는 키 하나를 사용해 여러 데이터에 디지털 서명을 부여하는 '해시 트리Hash Tree[19]' (2.1.6 참고), 1981년에는 키 하나로 여러 개의 일회용 비밀번호를 만드는 '해시 체인Hash Chain[20]'(2.1.5 참고)을 발표했습니다. 두 기술은 블록체인의 기본 데이터 구조를 만들 때 사용합니다.

---

15 옮긴이_ https://ko.wikipedia.org/wiki/대칭_키_암호
16 옮긴이_ https://ko.wikipedia.org/wiki/공개_키_암호_방식
17 옮긴이_ https://ko.wikipedia.org/wiki/RSA_암호
18 옮긴이_ https://ko.wikipedia.org/wiki/디지털_서명
19 옮긴이_ https://ko.wikipedia.org/wiki/해시_트리
20 옮긴이_ https://en.wikipedia.org/wiki/Hash_chain

인터넷의 등장

암호화 기술이 발전하면서 통신 내용을 안전하게 보내거나 받을 수 있게 되었습니다. 덕분에 1980년대[21]부터 2000년대까지 전 세계가 인터넷으로 연결되었습니다.

초기 인터넷은 대학이나 기관의 정보 공유 목적으로만 이용했습니다. 하지만 1980년대 말부터 상업적인 인터넷 사용을 지원하는 인터넷 서비스 제공자[Internet Service Provider, ISP] 기업이 많이 등장함에 따라 인터넷 사용 비용이 점점 낮아지기 시작했습니다.

1991년에는 월드 와이드 웹 기반의 세계 최초 웹 사이트[22]가 탄생했고, 1995년에 등장한 마이크로소프트 윈도우 95는 인터넷 익스플로러라는 브라우저를 기본 탑재해 월드 와이드 웹 서비스의 대중화를 이끌었습니다. 물론 부작용도 있었습니다. 1990년대 말부터 2000년대 초반 인터넷 관련 회사의 주가가 비정상적으로 오른 '닷컴 버블[23]'입니다.

지금까지 소개한 인터넷 등장 흐름은 블록체인의 발전 흐름과 많은 부분이 비슷하므로 상식으로 알아두면 좋습니다.

전자화폐의 등장

닷컴 버블이 발생한 이유 중 하나는 인터넷을 사용하는 소비자와 생산자(기업)를 직접 연결하는 전자상거래가 활발해질 것이라는 전망 때문이었습니다. 이때부터 인터넷에서 화폐를 주고받거나 상품을 결제하는 전자화폐의 상용화 연구를 시작했습니다.

전자화폐 초기 아이디어는 암호화 기술 발전과 함께합니다. 데이터의 내용을 몰라도 유효성을 증명하는 '은닉 서명[Blind Signature][24]'은 1990년 디지캐시[DigiCash]라는 회사가 전자화폐에 적용해 상용화시켰습니다.

....

21 인터넷의 핵심 기술인 TCP/IP는 인터넷의 원형이 된 아파넷(ARPAnet)에서 1983년에 표준 프로토콜로 선택한 것입니다. 인터넷 프로토콜 표준이 이때 결정되었습니다.

22 옮긴이_ http://info.cern.ch/hypertext/WWW/TheProject.html

23 옮긴이_ https://ko.wikipedia.org/wiki/닷컴_버블

24 Chaum D., Rivest R.L., Sherman A.T. Blind Signatures for Untraceable Payments. Advances in Cryptology, Springer, Boston, MA. 1983. https://www.chaum.com/publications/Chaum-blind-signatures.PDF

1990년대에는 암호화 해시 함수로 대량의 연산을 실행[25]해 전자화폐를 발행하는 '해시캐시 Hachcash[26]'를 아담 백Adam Back이 제안했습니다. 그리고 해시캐시의 단점을 수정한 '비트 골드Bit Gold[27]'와 'b-money[28]'도 등장했습니다.

단, 1990년대의 전자화폐는 관리자가 없을 때 화폐를 이중 지급하는 문제가 있었습니다. 또한 P2P 네트워크를 나쁜 목적으로 이용하려는 사람을 막는 관리 문제 등도 있어 널리 퍼지지 않았습니다. 전자화폐를 본격적으로 지원하는 시점은 페이팔PayPal이나 신용카드사, 은행 등이 제공하는 인터넷 송금 · 결제 서비스가 등장했을 때입니다.

[표 1-1]은 비트코인이 등장하기 전에 발생했던 주요 사건을 정리한 것입니다.

표 1-1 비트코인 등장 전 주요 사건

연도	기술	주요 사건
1976년	암호학	공개 키 암호 등장
1977년	암호학	RSA 암호 개발
1979년	암호학	해시 트리(머클 트리) 제안
1981년	암호학	해시 체인 제안
1983년	인터넷	아파넷에서 TCP/IP를 표준 프로토콜로 선택, IPv4 주소 사용
1983년	전자화폐	은닉 서명 제안과 전자화폐에 적용
1991년	인터넷	세계 최초의 월드 와이드 웹 사이트 탄생(CERN)
1995년	인터넷	윈도우 95의 등장과 인터넷 대중화
1997년	전자화폐	해시캐시 등장(작업 증명 알고리즘의 원형)
1998년	전자화폐	비트 골드, b-money 등의 전자화폐 등장
1998년	전자화폐	인터넷 송금 · 결제 서비스 페이팔 설립
1999년	인터넷	냅스터(Napster) 등 P2P 소프트웨어 등장
2000년	인터넷	닷컴 버블
2004년	전자화폐	외환 송금 프로토콜 리플(Ripple)[29] 개발 시작

----

25 해시캐시에서 사용한 대량의 해시 연산은 작업 증명(Proof of Work) 알고리즘의 원형이 되었습니다. 작업 증명 알고리즘은 블록체인의 주요 기술 중 하나입니다. 2.2에서 더 자세히 설명합니다.

26 Adam Back. hash cash postage implementation. May. 1997. http://www.hashcash.org/papers/announce.txt

27 Nick Szabo. Bit Gold. Unenumerated. Dec. 2005. http://unenumerated.blogspot.jp/2005/12/bit-gold.html

28 Wei Dai. b-money. Nov. 1998. http://www.weidai.com/bmoney.txt

29 옮긴이_ https://ko.wikipedia.org/wiki/리플_(암호화폐)

1.3.2 비트코인의 등장과 보급

비트코인의 등장은 P2P 네트워크를 악의적인 목적으로 이용하려는 사람을 막는 기술 기반을 마련한 것입니다. 덕분에 암호화폐 기술이 발전할 수 있었습니다.

프로토타입 비트코인 시스템 운영

'Bitcoin: A Peer-to-Peer Electronic Cash System'을 읽어본 사람 대부분은 "구현할 수 있을까?"라는 회의적인 반응을 보였습니다. 사토시 나카모토는 우선 시스템을 구축해 운영하는 것을 목표로 했습니다. 그리고 2009년 1월 프로토타입 비트코인 시스템을 운영하기 시작했습니다.

이 시스템은 해시캐시처럼 컴퓨터로 대량의 연산(채굴Mining이라고 합니다. 2.2.2 참고)을 실행해 'BTC'라는 전자화폐를 조금씩 발행했습니다. 또한 시스템 안에서 BTC를 문제없이 전송하는 것을 확인했습니다.

거래소 등장과 비트코인 결제

프로토타입 비트코인 시스템에서 발행한 BTC는 단순한 데이터일 뿐 어떠한 가치가 있는 화폐는 아니었습니다. BTC를 사거나 팔 수 있는 서비스가 있어야 했습니다. 시스템 운영 후 약 9개월 만인 2009년 10월, BTC 거래 사이트인 'New Liberty Standard'가 등장합니다. 1달러당 1,309.03 BTC(BTC를 채굴하는 데 필요한 전기 요금 기준)라는 가격을 매겨 거래를 시작했습니다.[30]

BTC를 이용한 첫 결제는 2010년 5월 22일에 이루어졌습니다. 당시 BTC를 채굴하던 프로그래머였던 라스즐로 핸예츠Laszlo Hanyecz는 2010년 5월 19일, 한 커뮤니티에 피자 2판을 배달해주면 10,000BTC를 지급하겠다는 게시글을 등록합니다. 사흘이 지난 2010년 5월 22일 제르코스Jercos라는 닉네임을 사용하는 사람이 피자 2판을 배달하고 10,000BTC를 받았습니다.

한편 초기 BTC 채굴은 소규모 커뮤니티 중심으로 이뤄졌습니다. 그런데 2010년 7월 11일 슬래시닷Slashdot에 비트코인 버전 0.3에 관한 기사[31]가 실린 후 채굴자가 늘기 시작했습니다.

---

30 2009 Exchange Rate. New Liberty Standard. http://newlibertystandard.wikifoundry.com/page/2009+Exchange+Rate

31 Bitcoin Releases Version 0.3. Shashdot. Jul. 2010. https://news.slashdot.org/story/10/07/11/1747245/bitcoin-releases-version-03

비트코인 시스템은 채굴하는 컴퓨터의 연산 능력에 따라 채굴 난이도를 자동으로 조정합니다. 채굴자가 늘면 새로운 BTC를 채굴하기 어려운 것이죠. 이에 따라 간편한 구매 수단이 필요했습니다. 움직임은 빨랐습니다. 슬래시닷 기사 공개 1주일 뒤인 7월 18일에 마운트 곡스$^{Mt.\ Gox}$[32]라는 거래소가 등장했습니다. 거래소 계정이 있는 사람끼리 달러를 입금해 BTC를 자유롭게 교환할 수 있었습니다. 거래 방식이 간단하고 연중무휴로 이용할 수 있어 BTC 거래를 더욱 가속화시켰습니다.

대중에게 알려진 비트코인

2010년 11월 위키리크스^{WikiLeaks}에서 공개한 미국 외교 기밀문서에는 주요 신용카드사나 페이팔 등에 위키리크스에 기부하지 말라는 압력을 가했다는 내용이 있습니다. 이에 PC 월드[33]와 타임지[34] 등은 금융 기관이 정치권의 압력으로 특정 집단을 억압할 때의 대안(자의적으로 송금을 막을 수 없는 비트코인 활용)으로 비트코인의 유용성을 다루기 시작합니다. 이는 비트코인의 긍정적인 사용 사례를 대중에게 알리는 계기가 되었습니다.

물론 부정적인 사용 사례가 알려지기도 했습니다. 2013년 6월, 불법 마약을 판매하는 웹 사이트 실크로드$^{Silk\ Road}$에서 BTC로 거래가 이뤄졌다는 사실을 확인한 것입니다.[35] 비트코인을 돈세탁에 악용한다는 비난 여론이 컸습니다.

이처럼 긍정적/부정적 사례가 함께 존재했지만 비트코인에 관한 대중적 관심은 계속 높아져 갔습니다. 2011년 6월 12일에는 1BTC에 30달러 이상의 가격이 매겨졌습니다. 2011년 초와 비교했을 때 가격이 50배 상승하여 첫 번째 비트코인 버블이라는 사람도 있습니다. 그런데 불과 일주일이 지난 6월 19일 마운트 곡스를 비롯한 여러 거래소에서 BTC를 해킹해 도둑질하는 일이 벌어져 BTC 가격이 폭락했습니다. 이렇게 비트코인에 관심이 높아지는 만큼 다양한 문제도 함께 일어났습니다.

---

32 옮긴이_ 거액의 해킹 사건으로 파산했으며 2018년 3월에 복구했던 BTC를 판매하여 채무액을 갚았습니다. https://www.mtgox.com/

33 Keir Thomas. Could the Wikileaks Scandal Lead to New Virtual Currency? PCWorld. Dec. 2010. https://www.pcworld.com/article/213230/could_wikileaks_scandal_lead_to_new_virtual_currency.html

34 Jerry Brito. Online Cash Bitcoin Could Challenge Governments, Banks. Time. Apr. 2011. http://techland.time.com/2011/04/16/online-cash-bitcoin-could-challenge-governments/

35 Schumer Pushes to Shut Down Online Drug Marketplace. NBC New York. Jun. 2011. https://www.nbcnewyork.com/news/local/Schumer-Calls-on-Feds-to-Shut-Down-Online-Drug-Marketplace-123187958.html

채굴 경쟁

2012년 하반기에는 채굴 전용 칩 개발 경쟁이 시작되었습니다. 2012년의 해시 레이트[Hash Rate][36]는 10TH/s(테라 해시 속도, 1초당 10×10^{12}회=10조 회)에서 20TH/s였습니다. 그런데 2013년 2월, 채굴 전용 칩인 비트코인 ASIC[37](3.3.7 참고)을 개발해 채굴을 시작하면서 3월에는 40TH/s를 돌파하는 등 채굴 속도가 급격히 높아졌습니다.

비트코인 ASIC을 이용한 채굴은 새로운 채굴자에게 기술적 · 금전적 장벽이기도 했습니다. 또한 다수의 연산 자원을 투입한 부정행위, 해시 레이트 편차 때문에 생기는 코인 독점, 채굴에 발생하는 엄청난 전력 소비 등의 문제도 나타났습니다.

블록체인에 주목

BTC 가격이 급등하거나 급락하는 변동성은 결제 수단으로 사용하기 어렵게 하는 요소입니다. 앞에서 소개한 실크로드 폐쇄, 마운트 곡스의 해킹 사건은 BTC 가격이 폭락하는 원인을 제공했습니다. 따라서 한동안 BTC의 신뢰도에 의문을 품는 사람이 많았습니다.

하지만 비트코인의 가능성을 믿는 사람들도 많습니다. 그래서 비트코인의 문제점을 극복할 수 있는 다양한 해결책을 연구하거나 블록체인을 다른 분야에 적용하려는 시도가 진행 중입니다.

표 1-2 비트코인 등장과 보급 사이에 있었던 주요 사건

연월	주요 사건
2008년 11월	'Bitcoin: A Peer-to-Peer Electronic Cash System' 공개
2009년 1월	사토시 나카모토가 구축한 비트코인 프로토타입 시스템 공개
2009년 10월	기존 화폐로 BTC를 거래하는 첫 거래소 등장
2010년 5월	실제 재화(피자)를 BTC로 첫 결제
2010년 7월	슬래시닷에 비트코인 버전 0.3 기사 공개
2010년 11월	위키리크스 외교 기밀문서 유출 사건에서 비트코인 언급
2011년 6월	인터넷 마약 거래 사이트 실크로드 적발. 마약 거래에 BTC 사용 사실이 알려짐
2013년 2월	BTC 가격 상승, 전용 칩을 이용한 채굴 시작
2013년 10월	실크로드 폐쇄
2014년 2월	BTC 최대 거래소 마운트 곡스 폐쇄

---

36 1초당 해시 연산 횟수를 나타냅니다. 채굴하는 컴퓨터의 연산 능력을 표현합니다.

37 옮긴이_ https://en.bitcoin.it/wiki/ASIC

1.3.3 블록체인의 발전

블록체인은 지금까지 불가능하다고 여겼던 관리자 없는 암호화폐 플랫폼을 구축했습니다. 하지만 실제 활용하려면 아직 해결해야 할 문제가 있습니다. 또한 블록체인을 다른 분야에 활용할 가능성도 살펴봐야 합니다.

비트코인 기반의 블록체인 플랫폼 개발

비트코인을 다양하게 활용하려는 노력은 진행 중입니다. 2011년에는 라이트코인[38](4.1.2 참고)이나 네임코인[39] 등 비트코인 시스템을 발전시킨 암호화폐 시스템이 등장했습니다. 그리고 2013년에는 비트코인 네트워크를 활용해 만든 플랫폼인 마스터코인(현재는 Omni Layer[40], 4.1.1 참고)과 카운터파티[Counterparty][41](4.2.2 참고) 등이 등장했습니다.

이더리움의 등장

블록체인을 활용하려는 움직임은 2015년 이더리움이 등장하면서 큰 전환점을 맞았습니다. 이더리움은 누구나 자유롭게 새 블록체인 애플리케이션을 만들어 배포할 수 있는 플랫폼입니다. 덕분에 블록체인 애플리케이션 개발 장벽이 크게 낮아졌습니다. 지금도 새 블록체인 플랫폼 다수는 이더리움을 기반으로 만듭니다.

이더리움은 발행 전에 암호화폐를 미리 판매해 투자금을 확보하는 ICO[Initial Coin Offering][42](5.1.4 참고)를 정착시키기도 했습니다. 2014년 7월 정식 공개에 앞서 'ETH'라는 암호화폐를 미리 판매해 투자금으로 약 1,500만 달러를 확보했습니다.

2017년 중반에는 ICO로 확보하는 투자금이 벤처캐피털의 투자금보다 많아졌습니다. 블록체인 기반 신규 사업을 하려는 기업가와 투자자에게 ICO는 아주 매력적입니다.

---

38 옮긴이_ https://ko.wikipedia.org/wiki/라이트코인
39 옮긴이_ https://en.wikipedia.org/wiki/Namecoin
40 옮긴이_ https://www.omnilayer.org/
41 옮긴이_ https://counterparty.io/
42 마스터코인을 만들 때 처음 진행한 것으로 알려져 있습니다.

비즈니스 활용

2015년 이후 블록체인을 비즈니스에 활용하려는 움직임이 활발해졌습니다. 이더리움처럼 누구나 참여할 수 있는 블록체인 플랫폼은 특정 사용자만 이용하도록 제한해야 하거나, 뛰어난 성능을 갖춘 시스템이 필요할 때는 꼭 효율적이라고 할 수 없습니다. 따라서 원하는 비즈니스에 맞게 블록체인을 활용할 수 있는 프레임워크 개발이 진행 중입니다.

2015년 9월에는 금융 업계 주도로 블록체인의 기반 기술인 분산 원장(4.3.1 참고) 플랫폼을 제공하는 'R3 컨소시엄[43]'이 출범했습니다. 그리고 2015년 12월에는 리눅스 재단Linux Foundation 에서 블록체인 기반 오픈 소스 소프트웨어를 개발하는 '하이퍼레저 프로젝트Hyperledger Project[44]' (4.3.2 참고)를 시작했습니다.

블록체인의 문제 해결 노력과 암호화폐 시장 성장

2017년은 블록체인의 문제점을 해결하는 연구가 발전하고 암호화폐 시장도 성장한 해입니다.

블록체인은 관리자 없이 운영하는 플랫폼이므로 동작시킨 후에는 플랫폼 사양을 변경하기가 어렵습니다. 새 플랫폼 사양을 제안하더라도 사용자가 합의하지 않으면, 서로 호환하지 않는 여러 개의 블록체인 플랫폼으로 나뉠(하드 포크라고 합니다) 수도 있습니다.

실제 2017년 여름쯤 기존 BTC가 나뉘는 것 아니냐는 우려 때문에 비트코인 동향에 주목했던 적이 있습니다. 결국 2017년 8월 BTC와는 다른 암호화폐인 비트코인 캐시Bitcoin Cash[45] (4.1.2 참고)로 나뉘어 2개의 비트코인 기반 암호화폐가 등장했습니다.

BCH를 시작으로 BTC를 하드 포크해 새로운 암호화폐를 만들려는 계획이 계속 발표되었습니다. BTC를 하드 포크하면 기존 BTC의 소유액만큼 새로운 암호화폐를 자동으로 소유합니다. 각각의 가치를 판단해 원하는 암호화폐를 선택할 수 있죠. 이 때문에 결국 비트코인 기반 암호화폐의 수요가 더욱 높아져 가격이 상승했습니다. 2017년 1BTC 당 100만 원 정도에 거래되었던 BTC는 여러 가지 하드 포크 계획이 발표된 11월 무렵 1,000만 원을 돌파했습니다. BTC 선물 거래가 시작된 12월에는 2,000만 원을 넘기도 했습니다.

---

43 옮긴이_ https://www.r3.com/
44 옮긴이_ https://en.wikipedia.org/wiki/Hyperledger
45 옮긴이_ BCH 혹은 BCC라는 통화 기호를 사용합니다. https://ko.wikipedia.org/wiki/비트코인_캐시

한편 2017년 후반에는 다른 블록체인 플랫폼 사이에 암호화폐를 교환하는 '원자 교환Atomic Swap[46]', 빠른 속도로 암호화폐를 거래하면서도 거래 수수료는 상대적으로 낮은 '라이트닝 네트워크Lightning Network[47]' 등과 같은 기술이 등장했습니다. 앞으로 암호화폐의 발전 가능성을 높이는 배경이라고 할 수 있습니다.

2017년 12월을 기준으로 암호화폐의 시장 규모는 비트코인이 약 250조 원, 리플이 약 90조 원, 이더리움이 약 80조 원으로 상위 암호화폐 3개의 전체 시장 규모가 약 420조 원입니다.[48] 2017년은 암호화폐 시장이 무시할 수 없을 정도로 성장한 원년으로 역사에 기록될 것입니다.

표 1-3 블록체인에 관한 관심을 고조시킨 주요 사건

연월	주요 사건
2011년경	라이트코인, 네임코인 등 BTC 이외의 암호화폐 등장(알트코인[49]의 등장)
2013년 8월	마스터코인(현재는 Omni Layer)이 첫 ICO를 진행해 약 50만 달러 확보
2014년 1월	카운터파티 플랫폼 등장
2014년 7월	이더리움이 ICO를 진행해 약 1,500만 달러 확보
2015년 7월	이더리움 초기 버전(프론티어) 등장
2015년 9월	R3 컨소시엄 발족
2015년 12월	하이퍼레저 프로젝트 시작
2017년 8월	ICO로 모인 투자액이 벤처캐피털의 투자액 초과
2017년 8월	비트코인 캐시 등장(BTC의 첫 하드 포크)
2017년 9월	블록체인 플랫폼 사이에 암호화폐를 교환하는 '원자 교환' 성공
2017년 12월	비트코인 메인넷에서 라이트닝 네트워크 동작 확인
2017년 12월	1BTC 가격이 2,000만 원을 넘음

---

46 옮긴이_ https://en.wikipedia.org/wiki/Atomic_swap
47 옮긴이_ https://en.wikipedia.org/wiki/Lightning_Network
48 Historical Snapshot. CoinMarketCap. December 31, 2017. https://coinmarketcap.com/historical/20171231/
49 옮긴이_ 비트코인 이후에 등장한 암호화폐를 지칭하는 용어입니다.

1.4 암호화폐의 가치

블록체인과 암호화폐의 개념을 처음 접한 사람이라면 암호화폐가 실제 화폐 가치를 얻을지 불안해할 수도 있습니다. 이는 "돈이란 무엇인가?"라는 질문을 명확히 설명할 사람이 적은 것처럼 쉽게 판단하기 어려운 부분입니다. 이 절에서는 블록체인을 본격적으로 이해하기 전에 화폐 가치의 본질을 생각해보겠습니다. 암호화폐의 가치는 이 절을 읽고 직접 판단해보기 바랍니다.

1.4.1 화폐의 분류

화폐를 생각하면 원, 엔, 달러, 유로 등 여러 나라의 화폐 단위 혹은 지폐와 동전 같은 화폐 형태를 떠올릴 수 있습니다. 은행 계좌에 입금된 금액도 화폐입니다. 그럼 도서 상품권이나 선불카드 등도 화폐일까요? 지급 수단으로 사용할 수는 있지만 화폐라고 하기에는 위화감이 있을 수도 있습니다. 먼저 화폐 관련 용어를 살펴보겠습니다.

그림 1-4 화폐와 통화 분류

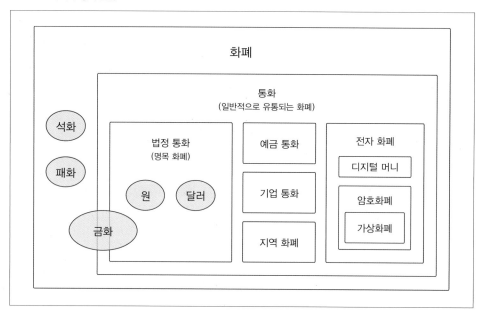

통화와 화폐의 차이

돈의 공식적인 표현으로 '통화'나 '화폐'라는 용어를 사용합니다. 유통 수단이나 가치의 척도로 사용할 수 있어야 통화 또는 화폐라고 할 수 있습니다.

통화는 유통하는 화폐라는 뜻입니다. 금화도 화폐 기능이 있지만 일반적으로 유통하지는 않으므로 '통화'가 아닙니다.

법정 통화와 비법정 통화

통화를 '법정 통화'의 줄임말로 사용할 때도 있습니다. 법정 통화는 한 국가의 법에서 결제나 지급 수단으로 이용할 권리를 보장하는 화폐입니다. 한국의 법정 통화는 한국은행에서 발행하는 지폐와 동전입니다. 한국에 있는 상점(면세점 제외)이라면 어떤 상품을 살 때 '원' 사용을 금지할 수 없습니다.

금과 은, 은행 계좌의 예금인 '예금 통화[50]', 기업이 발행하는 포인트인 '기업 통화', 신용카드 거래는 법정 통화가 아닙니다. 상점에서는 신용카드나 포인트 카드 거래를 거부할 수 있습니다. 특정 지역 사회 안에서 유통되는 '지역 화폐'도 있습니다. 참고로 법정 통화를 암호화폐와 구별하려고 '명목 화폐Fiat Money'라고 할 때도 있습니다.

전자화폐

'전자화폐'의 정의는 여러 가지입니다. 이 책에서는 물리적 실체 없이 디지털 데이터로 표현하는 통화라고 하겠습니다. '디지털 머니', '암호화폐', 암호화폐의 한 종류인 '가상화폐'는 이 책에서 '전자화폐'입니다.

디지털 머니는 법정 통화 결제를 디지털로 대체한 것입니다. 티머니처럼 오프라인에서 IC 카드 기반으로 사용하는 사례, 구글 플레이나 애플 아이튠스의 기프트 카드처럼 온라인 서비스 결제에 사용하는 사례가 있습니다.

암호화폐는 암호화 기술로 관리 주체가 없는 화폐 실현을 목표로 개발한 것입니다. 아직 발전하는 기술이며 통화 안정성이 확립되지 않았습니다.

---

50 옮긴이_ 통장에 찍힌 숫자로 존재하는 통화입니다. 실제 법정 통화를 발행한 양보다 각 통장에 찍힌 예금 통화의 양이 더 많을 수 있어 법정 통화라고 하지 않습니다.

가상화폐는 디지털로 거래 내역을 기록·이전할 수 있는 화폐를 말합니다. 불특정 다수가 구매 및 판매할 수 있는 '재산'이기도 합니다. 암호화 기술을 적용하지 않았다거나, 국가에서 앞 특징 과 같은 화폐 거래를 법제화했다면 가상화폐입니다. 단, 법정 통화를 이체하는 인터넷 뱅킹은 '가상화폐'에 포함하지 않습니다. 또한 은행에서 블록체인 기반의 암호화폐를 만들어 법정 통화 같은 가치를 부여하더라도 법적으로 인정하는 '가상화폐'에는 포함하지 않습니다.

1.4.2 화폐의 가치

암호화폐는 새로운 화폐 개념이므로 어떻게 가치를 보장하는지 궁금할 수 있습니다. 여기서는 암호화폐 가치를 설명하기 전 기존 화폐가 어떤 형태로 가치를 창출하는지 생각해보겠습니다.

생필품

화폐 가치를 상상하기 쉬운 상황은 생필품을 화폐로 다룰 때입니다. 소금과 쌀은 많은 사람의 생활에 꼭 필요한 물품입니다. 또한 일정 단위(가마, g 등)를 매겨 다른 생필품의 가치도 부여 할 수 있습니다. 사과 1개를 소금 100g, 귤 1개를 소금 50g으로 교환한다면 사과 1개는 귤 2 개로 교환하는 것입니다. 일한 품삯을 생필품으로 줄 때도 있었습니다.

그러나 생필품은 없어지거나 시간이 지나 썩으면 가치를 부여하기 어렵습니다. 또한 소금과 쌀 이 흔해지면 가치가 낮아집니다. 가치를 저장하기 어렵습니다.

귀금속

가치 저장이 중요하다면 금과 은 등의 귀금속을 화폐로 다룰 수 있습니다. 귀금속은 현대 사회 에서도 인정하는 물품입니다. 매장량이 한정적이라는 희소성, 소유하고픈 사람이 일정 수 이상 있음을 인정하기 때문입니다.

단, 교환 수단으로는 문제점이 많습니다. 첫 번째, 귀금속은 다른 금속을 섞어 가치를 떨어뜨릴 수 있습니다. 이를 해결하려고 법으로 품질 기준을 둡니다. 또한 무게를 기준으로 자국 법정 통 화와 상응하는 가치를 부여해 전 세계에서 관리합니다. 두 번째, 귀금속을 운송하는 비용이 비 싼 편이라 안전하게 바꿀 장치를 마련해둡니다. 국가에서 발행하는 '태환 지폐[51]'입니다.

---

51 옮긴이_ 금이나 은을 바꿀 수 있는 지폐입니다. 국가나 법정 통화를 관리하는 은행이 발행해 가치를 보장합니다.

통화

통화가 태환 지폐를 대신해 주류가 된 이유는 무엇일까요? 태환 지폐를 포함한 귀금속은 가치 저장에는 적합하지만 가치를 만드는 데는 적합하지 않기 때문입니다.

사람은 사회를 유지하는 다양한 상품과 서비스를 만듭니다. 사람이 살아가는 데 필요한 농작물도 있고, 공업 제품이나 엔터테인먼트 서비스 등도 있습니다. 이러한 재화나 서비스에 금을 화폐로 이용했다고 가정해봅시다. 금의 총량이 100이라면 전체 가치도 100으로 고정됩니다.

그런데 새로운 기술을 발명하거나 기존 기술을 개선해 상품과 서비스가 현재의 2배 가치가 되었다고 가정한다면, 상품이나 서비스에 지급하는 금은 절반이어야 합니다. 이는 금의 총량이 고정되었기 때문에 발생하는 문제입니다.

사실 태환 지폐는 국가가 발행해 관리하므로 다른 나라에서 살 수 있습니다. 그러나 전 세계 금 총량이 정해져 있으므로 많은 국가의 경제가 동시에 발전하면 금 쟁탈전이 벌어질 것입니다. 따라서 국가의 경제 규모에 맞게 화폐를 유통할 수 있도록 통화를 사용합니다. 즉, 법정 통화는 국가가 경제 규모에 맞는 삶을 보장하려고 만든 것입니다.

지금까지 설명한 화폐 가치 내용을 정리하면 [표 1-4]와 같습니다.

표 1-4 화폐 종류와 가치의 근거

화폐 종류	구체적인 예	가치의 근거
생필품	소금, 쌀 등	많은 사람에게 필요하다는 유용성이 있음
귀금속	금, 은 등	전 세계 매장량이 한정되었다는 희소성이 있음
통화	원, 엔, 달러 등	통화 가치를 국가가 보장함

1.4.3 암호화폐의 가치

암호화폐에는 어떤 가치가 있을까요? 암호화폐 종류마다 가치의 근거는 다릅니다. 이번에는 암호화폐의 시장 규모[52]와 대표적인 암호화폐인 BTC(비트코인) XRP(리플), ETH(이더리움)의 가치를 소개합니다.

---

[52] Cryptocurrency Market Capitalizations. https://coinmarketcap.com/

그림 1-5 암호화폐 시장 규모(2018년 9월 기준)

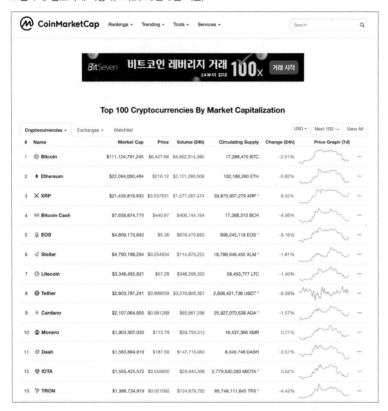

BTC의 가치

2018년 9월 26일 기준 BTC의 시장 규모(시가 총액)는 124조 원가량입니다. BTC의 최소 단위[53]는 0.00000001이며 그 이하로 나눌 수 없습니다. BTC에는 다음 특징이 있습니다.

- 약 2,100만 BTC라는 총량이 정해져 있으며 그 이상 발행할 수 없습니다.
- 2,100만 BTC는 컴퓨터의 연산 자원을 투입하는 채굴(2.2.2 참고)의 보상으로 일정량을 소유합니다.
- BTC 등장 초기에는 채굴에 성공하면 보상으로 한 번에 50BTC를 얻을 수 있었습니다.
- 채굴 보상으로 받는 BTC의 양은 약 4년에 한 번씩 50BTC → 25BTC → 12.5BTC처럼 반으로 줄어듭니다.

---

53 비트코인을 만든 사토시 나카모토의 이름을 따서 '1 사토시'라고도 합니다.

그림 1-6 BTC 발행 속도와 최대 보상

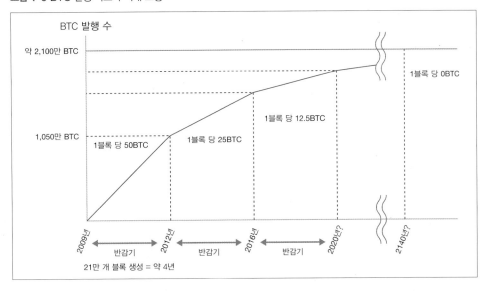

BTC의 가치를 부여하는 근거는 '희소성'입니다. 물론 BTC를 법정 화폐와 교환하거나, 실제 상점에서 거래하는 등의 사례가 생기면서 통화 가치를 부여하려는 움직임도 계속되고 있습니다. 키프로스 쇼크[54] 때문에 법정 통화에 위기감을 느낀 사람들이 자산을 옮기는 수단으로 BTC를 이용했습니다. 중국에서는 외화 반출 금지라는 규제 때문에 BTC로 자산을 이동시키기도 했죠. 이런 현상은 금과 비슷한 특징입니다.

다양한 사회 현상에 따라 BTC와 법정 통화의 교환 가격이 오르면서 BTC를 화폐로 인정하는 사람들이 늘었습니다.

XRP의 가치

XRP[55]는 전 세계의 여러 은행이 실시간으로 화폐를 송금하려고 만든 리플^{Ripple} 프로토콜을 암호화폐 기술로 재구축한 것입니다. XRP는 다양한 통화를 송금하는 도중에 환전하는 통화입니다. 예를 들어 한국 '원'을 미국 '달러'로 송금한다면 '원' → 'XRP' → '달러'라는 환전 과정을 거쳐 보냅니다.

----

54 2013년 키프로스에서 발생한 금융 위기입니다. 그리스 국가 부도 때문에 키프로스의 금융 기관에 막대한 부실 채권이 생겨 유럽 연합(EU)과 IMF에 구제를 요청했습니다.

55 https://ripple.com/kr/xrp/

발행할 수 있는 금액이 정해져 있다는 점은 BTC와 같습니다. 하지만 채굴 보상으로 화폐를 받지 않고 총량을 한꺼번에 생성한 후 운영합니다. XRP의 총량은 1,000억 XRP며, 최소 단위[56]는 0.000001XRP입니다. 그중 유통하는 양은 약 398억 XRP(2018년 9월 기준)고 나머지는 리플 랩스Ripple Labs 및 자회사에서 관리합니다. XRP 가격 변동에 따라 가치가 심하게 낮아지지 않도록 조정한다는 뜻입니다. 국가가 관리하는 법정 통화의 성격에 가깝습니다.

그림 1-7 XPR 공급량(공식 사이트에서 인용)

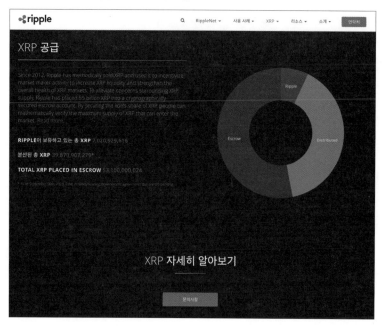

단, 특정 조직이 통화 유통량을 관리하는 점은 암호화폐 이념인 '탈중앙화'와 어긋난다는 의견도 있습니다. 리플 랩스는 에스크로라는 통화 예탁 기능으로 회사의 의도에 따라 XPR을 내보낼 수 없도록 제한한다고 설명합니다.[57]

56　드롭(Drop)이라고 합니다.

57　https://ripple.com/kr/insights/ripple-escrows-55-billion-xrp-for-supply-predictability/

ETH의 가치

이더리움은 전 세계 컴퓨터를 P2P 네트워크 기반의 블록체인에 연결해 거대한 컴퓨팅 기반을 구축하는 프로젝트입니다(3장에서 자세히 설명합니다). 분산 컴퓨팅과 비슷하지만 디지털로 표현한 자산 상태를 전 세계로 공유해 프로그램으로 다룰 수 있다는 차이가 있습니다. 이러한 이더리움 플랫폼의 특성도 ETH의 가치 중 하나입니다.

암호화폐 관점의 ETH는 발행량에 제한이 없으므로 생필품과 비슷한 특징이 있는 통화입니다. 따라서 통화 가치가 낮아지는 일을 막으려고 ETH의 발행 속도를 프로토콜로 제어합니다. 또한 송금이나 결제 이외의 이더리움 플랫폼 기반 애플리케이션을 실행하는 연료라는 측면에서도 가치가 있습니다. [표 1-5]는 방금 소개한 세 가지 암호화폐의 특징을 정리한 것입니다.

표 1-5 대표적인 암호화폐와 기존 화폐 비교

암호화폐 이름	가치 보장 기준	발행 제한	탈중앙화	비교할 화폐 가치 대상
BTC	암호학이 보장하는 희소성이 있음	○	○	금, 은 같은 귀금속
XRP	유통량을 보장하는 기업 신용	○	×	원, 달러, 엔 같은 법정 통화
ETH	암호화폐와 다양한 분야에 활용할 애플리케이션 실행 기반	×	○	소금, 쌀 같은 생필품

1.4.4 암호화폐의 의미

암호화폐는 화폐를 누구나 자유롭게 설계·발행할 수 있는 기술입니다. 미래에 다양한 화폐가 등장할 가능성을 만든 것이기도 합니다.

지금까지 사람들이 사용해온 화폐 대부분은 자연에 우연히 존재하던 것을 화폐로 삼은 것입니다. 지금까지 사람이 채굴한 금의 양은 약 15만 톤이며, 남은 매장량은 6만 톤 정도로 알려져 있습니다. 전체 매장량은 사람이 임의로 늘리거나 줄일 수 없습니다. 또한 전 세계 어디에서나 비슷한 양의 금을 채굴할 수 없습니다. 이 부분도 사람이 의도한 것은 아닙니다.

하지만 암호화폐는 사람이 자유롭게 총량을 설정할 수 있습니다. 채굴 난이도와 분배 규칙도 자유롭게 설계할 수 있죠. 이는 기존의 통화 대신 새로운 통화를 '발명'할 수 있음을 뜻합니다. 앞으로 통화를 사용하는 지역, 용도에 따라 다양한 특징이 있는 수많은 암호화폐가 등장할 것으로 기대합니다.

법정 통화의 문제점도 일부 해결할 가능성이 있습니다. 법정 통화는 가치 차이 때문에 여러 가지 문제가 발생합니다. 예를 들어 지역별로 부동산 시세에 차이가 크면 현재 사는 지역의 집을 팔고 다른 지역의 집을 살 수 없습니다. 같은 직종, 같은 시간 아르바이트를 했는데 시급이 다르면 상대적 박탈감을 느낍니다. 이는 상황에 따라 삶의 질이 달라질 수도 있는 문제입니다.

이러한 문제를 막고자 국가마다 다른 통화의 교환 비율이나 물가를 조정하는 정책을 실행해 그 차이를 흡수합니다. 그런데 같은 나라 안이라면 이러한 차이를 극복하기 어려울 것입니다. 이런 경제 격차를 보완하는 장치로 암호화폐를 이용하면 어느 정도 문제를 해결하는 데 도움을 줄 수 있을 것입니다.

1.4.5 새로운 경제 체제 구축

현대 자본주의는 개인이나 기업의 이익을 극대화하는 방향으로 행동합니다. 민주주의는 사회 전체의 이익을 해치는 행동이나 이윤추구를 막습니다. 예를 들어 범죄의 처벌 및 방지, 공공사업 활동 등은 이익을 얻는 행동은 아니지만 사회에는 필요한 활동입니다. 국가는 국민에게 걷은 세금을 사용해 이러한 활동을 합니다. 하지만 문제를 해결하는 데는 아직도 부족합니다.

이렇게 자본주의에서 해결할 수 없는 문제를 암호화폐의 '탈중앙화' 구조로 해결하려는 노력이 있습니다. 문제를 해결하는 새로운 경제권을 만드는 것입니다.

부의 편중 상태 해소

NEM[58]은 'New Economic Movement'의 줄임말로 부의 편중 상태를 해소하는 방향으로 경제 활동을 유도하는 블록체인 플랫폼입니다(4.1.3 참고). 부정행위에 자동으로 불이익을 주는 프로토콜을 구현하는 등의 화폐 유통 아이디어가 있습니다. NEM 같은 암호화폐 기반의 경제 체제 구축이 활성화되면 암호화폐가 주류인 세상이 빠르게 다가올지도 모릅니다.

---

58 https://nem.io/

자연 자원의 지속 활용

자본주의는 지속적인 경제 성장을 요구하므로 석유나 석탄과 같은 화석 연료, 해양 자원 등을 사용할 뿐 고갈을 신경 쓰기 어렵습니다. 실제로 지구가 재생산할 수 있는 자원의 1.7배를 소비한다는 발표[59]가 있습니다.

물론 국가 차원으로 환경세 도입이나 신에너지 사용 보조금 지급 등으로 대처 방안을 마련했지만, 전 세계가 한마음으로 자원 고갈 문제에 대처한다고는 말할 수 없습니다. 따라서 암호화폐로 지구가 재생산할 수 있는 자원량을 미리 계산하고, 한정된 자원으로 생활할 수 있는 새로운 경제 체제를 구상하는 사람들이 있습니다.

'베리디움Veridium[60]'은 지구상 자원에 해당하는 암호화폐를 발행하고 자원의 매장량에 따라 자원의 이용 비용을 적절하게 계산합니다. 이를 이용해 자원을 적절하게 사용하는 시장 구현을 목표로 합니다. 돌이킬 수 없는 영향을 끼칠 정도의 자원 소비를 막고 지속해서 경제 활동을 하자는 노력입니다. 최근 IBM과 협업해서 탄소배출권 거래를 지원하고 있습니다.

---

59 옮긴이_ https://www.overshootday.org/newsroom/press-release-english-2017-calculator/

60 http://veridium.io/

블록체인 이해하기

이 장에서는 비트코인을 중심으로 블록체인의 구성 요소와 기술 기반을 살펴봅니다. 먼저 타임스탬프 서버와 작업 증명 알고리즘을 소개하고 이를 바탕으로 블록체인에서 암호화폐를 만드는 자료구조를 설명합니다.

2.1 블록체인의 타임스탬프 서버

블록체인의 개념은 'Bitcoin: A Peer-to-Peer Electronic Cash System' 2쪽 '타임스탬프 서버'에서 처음 소개되었습니다.[1] 이는 블록체인과 타임스탬프 사이에 깊은 연관성이 있다는 뜻입니다. 이 절에서는 블록체인과 타임스탬프의 관계, 기존 타임스탬프 기능이 블록체인에서 사용하는 타임스탬프 서버로 발전하는 과정을 살펴봅니다.

2.1.1 타임스탬프를 사용하는 이유

타임스탬프는 '2017-10-17 18:00:00' 같은 형식으로 날짜와 시간을 표시하는 문자열입니다. 어떤 일이 일어난 날짜와 시간을 저장해 해당 사실을 증명하거나 앞뒤 관계를 알립니다. 화폐 거래에서는 계좌의 거래 내역이나 영수증에 적힌 시각이 타임스탬프입니다. 거래 사실을 증명하는 데 중요한 역할을 합니다.

[그림 2-1] 계좌 송금의 예를 살펴볼까요? 친구 A, B, C가 평창 올림픽을 보러 가서 교통 비용, 식사 비용, 숙소 비용을 각각 전담해 계산했다고 합시다. 그리고 전체 비용을 합해 3등분하니 A는 B에게 3만 원, C에게 5만 원을 줘야 하고, B는 C에게 3만 원을 줘야 하는 상황이 되었습니다. 따라서 A는 어떤 날 12시에 B에게 3만 원을, 3시에 C에게 5만 원을 송금했고, B는 1시에 C에게 3만 원을 송금했습니다.

---

[1] 해당 문서에서 '블록체인'이라는 용어가 직접 등장하지는 않습니다.

그림 2-1 실생활에서의 화폐 송금

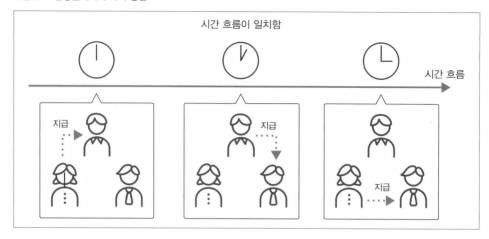

각 계좌에는 돈을 송금한 시각, 금액, 누구에게 갔는지에 관한 내역이 있습니다. 따라서 정상적으로 송금했는지는 자신의 계좌 내역을 기준으로 확인할 겁니다. 이때 가장 먼저 확인하는 것은 보통 송금 시각입니다. 계좌 내역에는 이 책에서 말하는 타임스탬프가 포함되어 있습니다.

기본적으로 타임스탬프에는 두 가지 특성이 있습니다.

- 모두가 같은 시간 흐름을 공유할 수 있습니다. 예를 들어 C가 중국에 출장 간 동안 돈을 받았더라도 표준 시간 기준으로 한국 시각이 언제인지 알 수 있습니다. 즉, 어떤 사실을 확인할 때 같은 관점으로 바라보는 기준을 정합니다.
- 시간은 되돌릴 수 없습니다. 송금 시스템이 고장 나지 않았다는 전제로 시간 기록은 개인이 되돌릴 수 없습니다(타임머신이 등장한다면 바꿀 수 있을지도 모릅니다). 즉, 시간 기록은 변하지 않는 부분이므로 사실을 증명할 수 있습니다.

이는 타임스탬프 서버를 만드는 이유 중 하나입니다.

2.1.2 타임스탬프의 문제점

앞 예에서 송금 시스템이 고장 났다면 A, B, C의 송금 시각이 잘못되었거나 거래 내역이 없을 수도 있습니다. 이는 송금 사실을 증명하기 어렵다는 뜻입니다.

디지털 타임스탬프는 다음 같은 문제가 있습니다.

- 사용 환경에 따라 실제 시간과 컴퓨터에 설정된 시간이 같다고 보장할 수 없습니다.
- 별도의 설정이나 애플리케이션으로 사용자가 쉽게 변경할 수 있습니다.

스마트폰 소셜 게임에서 기기의 타임스탬프를 조작하면 어떤 문제가 발생할까요? 특정 시간에만 받을 수 있는 아이템을 여러 개 받으려는 사용자가 있을 겁니다. 또한 시간을 미래로 설정해 앞으로 발생할 퀘스트의 혜택을 미리 받으려는 사용자도 있겠죠. 이를 내버려 두면 게임 전체의 균형이 무너져 해당 게임을 즐기는 사람이 줄 것입니다.

이렇게 나쁜 의도를 품은 타임스탬프 조작은 막아야 합니다. 최근의 애플리케이션이나 시스템 대부분은 서비스를 동작시키는 서버 시간을 확인해 정상적으로 이벤트가 발생했는지 판단합니다. 이는 타임스탬프 서버로 발전합니다.

그림 2-2 타임스탬프 기반 송금의 문제점

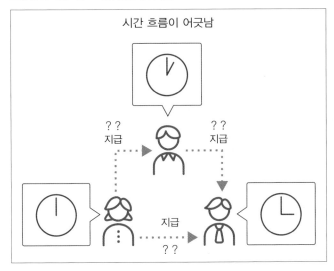

2.1.3 중앙 집중형 시스템과 타임스탬프

불특정 다수가 이용하는 인터넷 서비스 구축 방법은 여러 가지가 있습니다. 그중 '중심이 되는 시스템'(예: 중앙 서버, 메인 프레임)으로 모든 작업을 처리하는 방식을 '중앙 집중형 시스템'이라고 합니다. 예를 들어 A가 B에게 송금할 때는 은행에 있는 중앙 서버가 A와 B의 계좌 잔액을 바꾸고 타임스탬프 등을 기록으로 남깁니다.

중앙 집중형 시스템은 서비스의 데이터 무결성을 유지하기 쉽습니다. 또한 '중심이 되는 시스템'만 잘 관리하면 신경 쓸 일이 별로 없습니다. 반면 '중심이 되는 시스템'의 작업 처리량이 많으면 시스템이 느려지거나, 정지하거나 에러가 발생하는 등 서비스 전체 상태에 영향을 줍니다. 시스템 관리자가 나쁜 의도로 데이터를 조작하거나 서비스를 중단시키는 것을 막을 수 없기도 합니다.

그림 2-3 중앙 집중형 시스템의 타임스탬프 관리

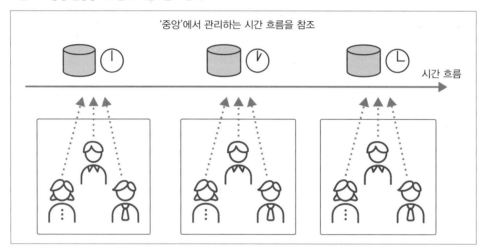

예를 들어 스마트폰 소셜 게임은 앱과 연결된 중앙 서버만 잘 관리하면 사용자가 큰 불만을 갖지 않을 겁니다. 하지만 신규 이벤트를 열었는데 동시에 너무 많은 사용자가 접속해 서비스를 이용하지 못할 수도 있습니다. 이를 막으려고 중앙 서버를 이중화하거나 서버 스펙을 업그레이드하는 등의 대책을 마련합니다. 그러나 대책을 세우더라도 시스템이 안전하게 동작한다는 보장이 없습니다.

이러한 중앙 집중형 시스템의 특징은 타임스탬프에도 그대로 적용됩니다. 중앙 서버에 큰 문제가 없으면 타임스탬프 기록을 신뢰할 수 있습니다.

하지만 중앙 서버에 문제가 발생하거나 관리자의 실수, 부정행위 등이 있으면 타임스탬프의 기록을 신뢰할 수 없습니다. 비트코인을 만든 이유는 "관리자 없이 신뢰할 수 있는 화폐 거래 구조를 만들고 싶다"입니다. 이를 구현하기 위해 중앙 집중형 시스템이 아닌 새로운 구조를 고민해야 했습니다.

2.1.4 탈중앙화 시스템과 타임스탬프

중앙 집중형과 반대 방식으로 시스템을 구축한다면 P2P 시스템을 고려해볼 만합니다. P2P 시스템의 장·단점은 다음과 같습니다.

- 노드의 자원을 모아 사용하므로 '관리자가 없는 시스템'을 만들기 쉽습니다.
- 데이터 무결성을 유지하기 어려우므로 타임스탬프 기록의 신뢰성을 보장할 수 없습니다.

'소리바다', '비트토렌트[BitTorrent]' 등 P2P 파일 공유 서비스라면 꼭 타임스탬프 기록의 신뢰성을 보장할 필요는 없습니다. 그런데 계좌 내역이나 장부 등을 관리하는 P2P 서비스는 타임스탬프의 신뢰성을 보장하는 데이터 처리 방법이 필요합니다. 고민 끝에 모든 노드가 특정 시간 흐름을 공유한 후, 앞뒤 순서를 암호학에 기초한 자료구조로 판단하는 타임스탬프 구조를 고안했습니다.

블록체인은 기존 P2P 시스템과 다른 타임스탬프 구조를 포함한 '탈중앙화 시스템[2]'을 구축한 것입니다. 어떤 중앙에 집중된 구조가 아니라는 분산 시스템의 특징과, 특정 기업이나 관리 조직이 시스템을 통제하지 않는다는 개념을 조합해 다양한 사람이 시스템을 운영하는 기반을 마련한 것입니다.

[그림 2-4]는 블록체인의 타임스탬프 구조입니다.

그림 2-4 블록체인의 타임스탬프 구조

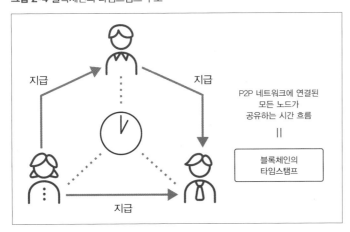

---

2 옮긴이_ https://ko.wikipedia.org/wiki/탈중앙화된_자율조직

2.1.5 해시 체인 타임스탬프

분산 시스템이나 P2P 시스템에 연결된 노드는 '절대 시각' 대신 시각 2개의 앞뒤 순서를 구분할 수 있는 '상대 시각'으로 시간 흐름을 정의합니다. "기록 A 다음에 B를 저장했다"라는 앞뒤 순서를 이용하는 것입니다. 이는 분산 시스템의 논리 타임스탬프 구현으로 연결되었습니다.[3]

그림 2-5 논리 타임스탬프 기반 송금 모델

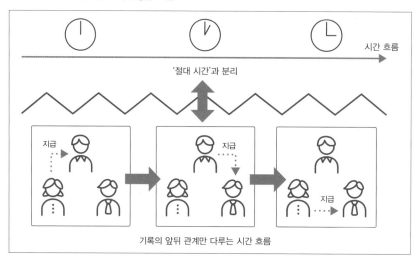

블록체인은 암호화 해시 함수[4]로 논리 데이터 저장 순서를 정의합니다. 대표적인 예는 비트코인에서 이용하는 SHA-256[5] 등이 있습니다.

[그림 2-6]은 SHA-256의 입·출력 예입니다. 데이터 a를 암호화 해시 함수로 계산한 값은 h(a)입니다. 해시 함수는 계산하기는 쉽지만 반대로 입력값을 구하는 것은 어려운 일방향 함수이므로 h(a)의 값으로 a를 계산(데이터 조작)하기는 어렵습니다. 따라서 해시값 h(a)는 데이터 a가 안전한 데이터라는 것을 논리적으로 보장합니다. 또한 입력값인 a가 조금만 변해도 h(a)는 전혀 다른 값이 됩니다. 이는 데이터 검증을 쉽게 만들고, 뒤에서 언급하는 작업 증명 알고리즘을 '확률 게임'으로 생각할 수 있게 하므로 매우 중요합니다.

---

3 Leslie Lamport. "Time, clocks, and the ordering of events in a distributed system". Communications of the ACM. 21 (7): 558–565. 1978. http://lamport.azurewebsites.net/pubs/time-clocks.pdf

4 임의의 입력 데이터를 대표하는 작은 값(해시값이나 다이제스트라고 합니다)과 원 입력 데이터와의 관계를 찾기 어려운 함수입니다. https://ko.wikipedia.org/wiki/암호화_해시_함수

5 옮긴이_ https://ko.wikipedia.org/wiki/SHA

그림 2-6 SHA-256의 입·출력 예

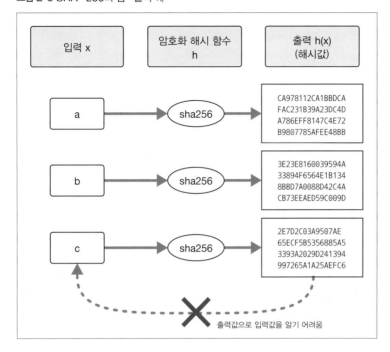

한편 h(a)를 b라고 정의해 h(b)를 계산하면 h(b)는 h(a)가 안전한 데이터임을 보장하면서 데이터의 앞뒤 순서도 알 수 있습니다. 데이터 하나에 재귀적으로 암호화 해시 함수를 적용한 기술을 '해시 체인[6]'이라고 합니다. 일회성 비밀번호 인증[7] 시스템 구현 등에 사용합니다.

그림 2-7 해시 체인의 예

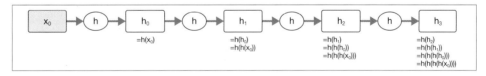

[그림 2-7] 해시 체인을 확장해 해시 함수의 입력값으로 임의의 데이터를 넣는다고 생각하면 [그림 2-8]의 x_0~x_3은 각 데이터, h_0~h_3은 암호화 해시 함수로 계산한 해시값입니다.

---

6 옮긴이_ https://en.wikipedia.org/wiki/Hash_chain
7 옮긴이_ 잊어버린 비밀번호를 새로 설정하기 전 시스템에서 임의의 비밀번호를 설정하는 것입니다.

그림 2-8 해시 체인 확장

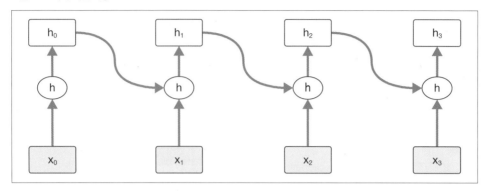

[그림 2-7] 해시 체인은 데이터 x_0에 재귀적으로 암호화 해시 함수를 적용해 해시값 h_0, h_1, h_2, …를 계산합니다. 하지만 원 데이터는 x_0뿐입니다. [그림 2-8] 해시 체인은 재귀적으로 해시값을 구할 때 입력 데이터로 x_0, x_1, x_2, …를 더합니다. 즉, h_3을 계산하려면 h_2와 x_3, h_2를 계산하려면 h_1과 x_2가 있어야 한다는 재귀 관계가 성립합니다. 그럼 $x_0 \langle x_1 \langle x_2 \langle$ …처럼 임의 데이터의 앞뒤 순서를 논리적으로 정의할 수 있습니다.

해시값 h_1, h_2, h_3, …에 있는 1, 2, 3, …을 '해시 체인 타임스탬프'라고 합니다. 지금까지 타임스탬프는 시간을 나타내는 것으로 설명했으므로 이상하게 생각하는 사람도 있을 겁니다. 그림 [로그 2-1]과 [로그 2-2]로 유닉스의 타임스탬프와 해시 체인의 타임스탬프를 비교하겠습니다.

로그 2-1 유닉스의 타임스탬프 표시 예

```
| data | created_at(unix_timestamp) | created_at(utc)     |
+------+----------------------------+---------------------+
| x0   |                          0 | 1970-01-01 00:00:00 |
| x1   |                          1 | 1970-01-01 00:00:01 |
| x2   |                          2 | 1970-01-01 00:00:02 |
| x3   |                          3 | 1970-01-01 00:00:03 |
```

로그 2-2 해시 체인의 타임스탬프 표시 예

```
| data | created_at(hash_chain_timestamp) |
+------+----------------------------------+
| x0   |                                0 |
| x1   |                                1 |
```

```
| x2 |                              2 |
| x3 |                              3 |
```

유닉스의 타임스탬프와 해시 체인의 타임스탬프 모두 정수로 표시합니다. 유닉스의 타임스탬프는 1970년 1월 1일 0시 0분 0초에서 1초씩 흐르는 시각을 정수로 표시하며, 해시 체인 타임스탬프는 새로운 데이터를 추가할 때마다 1씩 증가시킨다는 차이가 있을 뿐입니다.

2.1.6 해시 체인과 해시 트리 타임스탬프

P2P 시스템에서 해시 체인을 활용하려면 해결해야 할 문제가 두 가지 있습니다.

> 1 P2P 네트워크의 모든 노드가 항상 최신 타임스탬프를 확인할 수 있어야 합니다.
> 2 어떤 노드에서 과거 데이터를 조작했음을 확인하거나 데이터 조작 자체를 막을 수 있어야 합니다.

앞 문제는 해시 체인 타임스탬프로 해결할 수 없습니다. 블록체인은 모든 데이터를 연결한 '블록'으로 노드 전체와 데이터를 공유해 이 문제를 해결합니다. 블록은 '해시 트리'를 해시 체인으로 구성해 만듭니다.

해시 트리

해시 트리[8]는 1979년 랠프 머클이 제안한 트리 구조의 해시 체인입니다. 제안한 사람의 이름에 따라 머클 트리라고도 합니다. 보통 이진 트리 구조입니다([그림 2-9] 참고).

해시 트리는 어떤 데이터를 여러 조각으로 나눈 후 조각 2개를 묶어 해시값을 계산합니다. 이때 조각이 홀수면 같은 조각을 복사해 2개로 묶은 후 해시값을 계산합니다. 그리고 계산한 해시값끼리 다시 2개로 묶는 방식으로 해시값이 하나만 남을 때까지 반복 계산합니다. 마지막에 남은 하나의 해시값을 해시 루트 혹은 최상위 해시라고 합니다.

---

8 옮긴이_ https://ko.wikipedia.org/wiki/해시_트리

그림 2-9 해시 트리

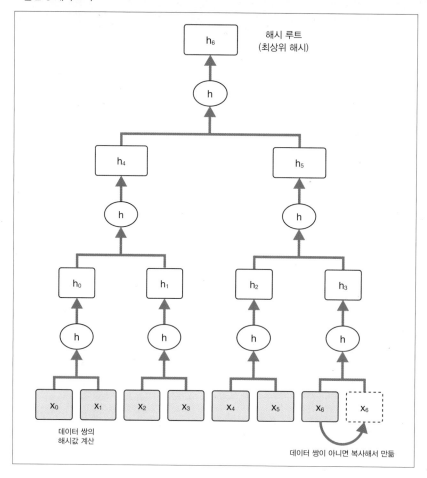

처음 해시 트리를 사용한 사례는 암호화에 사용하는 키 하나로 일회용 패스워드 여러 개를 생성하는 자료구조 구현이었습니다. 이후 P2P 네트워크에서 대용량 파일을 받을 때 파일이 손상 및 조작되었는지 확인하는 데 사용했습니다. 대용량 파일을 원 파일과 같은 방식으로 나눠 해시 루트 값을 계산하고 원 파일이 있는 곳의 해시 루트 값과 비교하는 것입니다. 해시 루트 값이 다르면 해시 루트를 계산하는 데 사용한 두 해시값을 원 파일의 해시값과 비교해 파일 손상 및 조작을 계속 확인합니다.

이 작업을 반복하면 해시값이 다른 파일 조각을 효율적으로 파악할 수 있습니다. 받은 파일이 손상 및 조작되었을 때 해당 파일 조각만 다시 받아 다운로드 시간을 줄일 수 있습니다.

해시 트리와 해시 체인으로 블록 만들기

해시 트리 구조를 활용하면 해시 체인 타임스탬프를 블록 단위로 만들 수 있습니다. 이때는 모든 데이터를 대상으로 해시 트리를 만든 후 해시 체인으로 묶습니다. [그림 2-10]은 해시 트리 기반의 블록을 해시 체인으로 묶는 예입니다.

그림 2-10 해시 트리를 해시 체인으로 구성

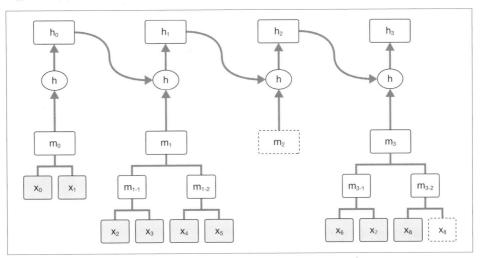

[그림 2-8] 해시 체인은 새 데이터를 넣을 때마다 해시 체인의 데이터 개수가 늘지만, [그림 2-10]은 여러 데이터를 블록으로 묶었으므로 블록 단위로 해시 체인의 데이터 개수가 늡니다.

이제 블록 단위로 계산한 해시값을 다시 타임스탬프로 다루겠습니다. [로그 2-3]은 어떤 데이터 $x_0 \sim x_8$, 데이터에 해당하는 블록 번호, 블록 번호와 일치하는 해시 체인 타임스탬프입니다.

로그 2-3 블록 번호와 해시 체인 타임스탬프 표시 예

```
| data | block | created_at(hash_chain_timestamp) |
+------+-------+----------------------------------+
| x0   |     0 |                                0 |
| x1   |     0 |                                0 |
| x2   |     1 |                                1 |
| x3   |     1 |                                1 |
| x4   |     1 |                                1 |
| x5   |     1 |                                1 |
| x6   |     3 |                                3 |
```

```
| x7 |   3 |                           3 |
| x8 |   3 |                           3 |
```

단순한 해시 체인에 새 데이터를 넣을 때는 데이터가 늘어날 때마다 타임스탬프 숫자가 증가했습니다. 그런데 해시 트리 기반의 해시 체인은 같은 타임스탬프 숫자에 데이터가 여러 개 속해 있습니다. 이는 x_0과 x_1을 '동시'에 생성한 데이터로 다룬다는 뜻입니다. 유닉스 같은 운영체제에서 생성 시간이 같은 타임스탬프가 있는 것과 마찬가지입니다.

한편 [로그 2-3]에는 타임스탬프 숫자가 2인 데이터가 없습니다. 이는 블록 단위로 해시 체인을 생성할 때 새 데이터가 없어도 타임스탬프 숫자가 증가할 수 있다는 뜻입니다(해시 함수를 이용합니다). 이는 시각을 저장하는 타임스탬프의 원래 사용 의도에도 부합합니다.

지금까지 기존 타임스탬프 기능이 블록체인의 타임스탬프 서버로 발전한 과정을 살펴봤습니다. 지루했을 수도 있지만 블록체인을 이해하려면 반드시 한 번은 읽어야 하는 부분입니다.

2.2 작업 증명 알고리즘

블록 기반의 타임스탬프 서버는 "P2P 네트워크의 모든 노드가 항상 최신 타임스탬프를 확인할 수 있어야 한다"는 부분을 깔끔하게 해결하지 못했습니다. 새로 만든 블록의 정보를 모든 노드가 공유할 때까지 다음 블록을 만들지 않아야 최신 타임스탬프라는 것을 보장하기 때문입니다. 이 절에서 소개하는 '작업 증명Proof of Work' 알고리즘은 방금 소개한 결점을 보완해 완벽한 최신 타임스탬프를 구현하는 블록 생성 방법(합의 알고리즘)의 하나입니다. 1999년 마르쿠스 야콥손Markus Jakobsson과 아리 주엘스Ari Juels가 제안한 서비스 부정 사용 방지 규칙입니다.[9]

2.2.1 작업 증명 알고리즘의 동작 원리

작업 증명 알고리즘은 서비스 제공자가 제시한 특정 작업을 완료해야 사용자가 서비스를 이용할 수 있는 것입니다.

---

9 Markus Jakobsson, Ari Juels. Proofs of Work and Bread Pudding Protocols. Communications and Multimedia Security. Kluwer Academic Publishers: 258-272. 1999. http://www.hashcash.org/papers/bread-pudding.pdf

이때 서비스 제공자가 작업 완료를 검증하는 시간이 길면 안 됩니다. 작업을 완료하기 어려워도 '작업 완료' 검증은 쉬워야 합니다. 이러한 예로 스도쿠[10]가 있습니다.

그림 2-11 스도쿠 문제와 정답의 예

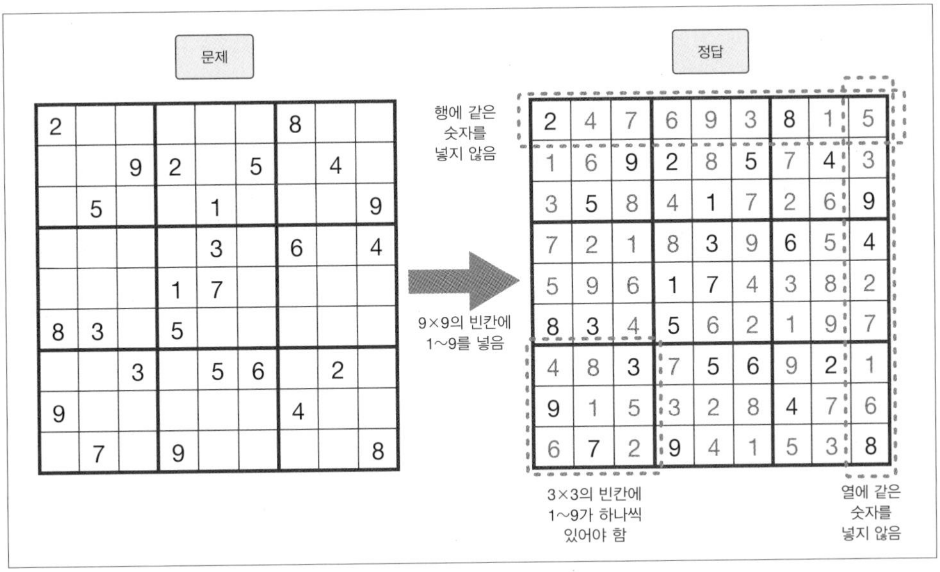

스도쿠는 9×9의 빈칸에 1~9라는 숫자를 채우는 퍼즐입니다. 다음과 같은 조건을 만족해야 합니다.

- 행과 열에 같은 숫자를 넣어서는 안 됩니다.
- 3×3의 빈칸에 1~9가 하나씩 있어야 합니다.

많은 시행착오를 겪으며 정답을 찾지만, 앞 조건과 일치하는지로 정답을 확인하므로 정답을 찾는 것보다 검증하는 것이 쉽습니다.

작업 증명 알고리즘은 대량의 스팸 메일이나 DDoS 공격 차단 등 비정상적 서비스의 사용을 막는 데 장점이 있습니다. 예를 들어 메일 하나를 보내고 확인하는 데 총 2초가 걸린다고 생각해봅시다. 100만 통의 스팸 메일을 보내고 확인하는 데 총 200만 초가 걸립니다. DDoS 공격도 대량의 요청을 한꺼번에 처리하지 않는 구조라면 서비스를 중지시키기 어려울 겁니다.

---

10 https://ko.wikipedia.org/wiki/스도쿠

그러나 작업 시간이 일정한 건 서비스 전체 관점에서 봤을 때 여러 가지 문제가 있습니다. 예를 들어 컴퓨터 성능과 상관없이 서비스 처리 속도가 일정하면 성능 좋은 컴퓨터로 빠른 서비스를 이용하려는 사람의 불만을 살 겁니다. 반대로 성능 좋은 컴퓨터 사용자에게 서비스 처리 속도 기준을 맞춰도 불만이 있기 마련입니다. 성능 좋은 컴퓨터를 사용하는 사람도 성능 나쁜 컴퓨터를 사용하는 사람도 일정 수준으로 서비스를 이용할 수 있게 해야 합니다.

다음 설명할 블록체인의 작업 증명 알고리즘은 기존 작업 증명 알고리즘의 단점을 해결합니다.

2.2.2 비트코인의 작업 증명 알고리즘

다음 특징이 있는 암호화 해시 함수를 생각해봅시다.

- 출력값이 0~9,999까지 1만 개 있습니다.
- 출력값이 99 이하인 입력값 x를 찾습니다.
- 입력값 x는 출력값(해시값)을 기반으로 계산하기 어렵습니다.

x는 출력값이 99 이하인 값을 찾을 때까지 여러 번 바꾸면서 해시 함수로 계산해야 합니다. 하지만 출력값이 99 이하인지 확인하는 사람은 해당 x값을 단 한 번 계산할 뿐입니다. 이것이 비트코인에서 구현한 작업 증명 알고리즘의 원리입니다.

그림 2-12 블록체인의 작업 증명 알고리즘 구조

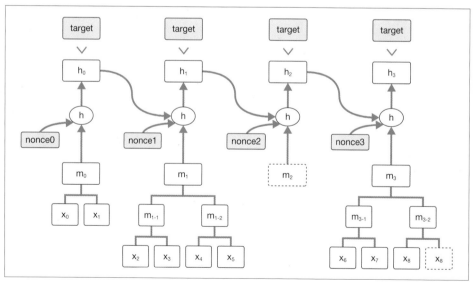

비트코인은 "암호화 해시 함수의 특정 해시값 이하인 입력값(논스nonce[11]) 찾기"를 작업 증명 알고리즘으로 삼습니다. 실제로 블록 안 다른 정보는 변하지 않으므로 입력값의 차이는 논스가 결정합니다. 논스를 증가시키면서 블록의 해시값(출력값)이 타깃target[12] 이하인 논스를 찾는 것이 작업 증명 알고리즘을 푸는 방법입니다(왼쪽 [그림 2-12] 참고).

실제 비트코인은 암호화 해시 함수 SHA-256을 두 번 연산하는 Double SHA-256을 작업 증명 알고리즘으로 사용합니다(이 함수의 해시값은 256비트고 10^{78}개가 있습니다). 비트코인은 블록체인 안 모든 노드가 특정 타깃 이하인 블록의 해시값(이전 블록의 해시값 혹은 임의 데이터의 해시 루트)을 찾게 합니다.

작업 증명 알고리즘을 올바르게 풀었을 때 보상으로 새 블록을 생성(암호화폐를 받음)하는 것을 '채굴'이라고 합니다. 그리고 채굴하는 노드를 '채굴자'라고 합니다. 비트코인은 모든 채굴자가 채굴한다고 가정했을 때 평균 10분에 1회 정도 새 블록을 생성하도록 타깃을 조정합니다. 이를 '블록 간격'이라고 합니다. 최근 2,016블록의 타깃을 검토해 블록 생성 시간이 2,016×10분보다 빠르면 논스를 찾기 어렵게 블록 간격을 조정합니다. 반대로 2,016×10분보다 블록 생성 시간이 늦으면 논스를 찾기 쉽게 블록 간격을 조정합니다. 단, 블록 간격 변화가 심하면 중복으로 블록이 생성되는 등의 문제가 발생하므로 1/4~4배로 블록 간격 변화를 제한합니다.

블록 하나의 용량은 1MB 이하로 설정합니다. 이는 "P2P 네트워크에서 전 세계 채굴자에게 1MB 데이터를 공유하는 데 약 10분이 걸린다"라고 가정한 것입니다. 물론 비트코인에서 설정한 10분이라는 블록 간격이나 1MB라는 블록 용량 제한은 네트워크 상황과 비트코인 이용 빈도에 따라 동적으로 변해야 합니다. 실제로 블록 간격을 조정한 새 암호화폐 플랫폼 개발이나 비트코인 블록 용량을 변경하려는 움직임이 있습니다.

지금까지 소개한 내용으로 비트코인이 무엇인지 정리하면 다음과 같습니다.

1 해시 트리와 해시 체인 타임스탬프 서버 구축
2 작업 증명 알고리즘으로 10분에 1회 '블록' 생성
3 1~2로 블록의 앞뒤 순서를 정의해 거래 내역의 안전성 보장
4 탈중앙화 P2P 네트워크에서 블록을 채굴한 보상으로 받는 화폐를 소유하거나 거래

---

11 옮긴이_ 최초 0에서 시작해 조건을 만족하는 해시값을 찾을 때까지 1씩 증가하는 계산 횟수를 말합니다.
12 조건을 만족하는 블록의 최대 해시값을 말합니다.

다음으로는 블록체인에 실제 시간을 연결하는 방법을 살펴보겠습니다.

2.2.3 블록 타임스탬프와 네트워크 조정 시간

해시 체인 타임스탬프 개념을 사용하는 블록체인에서 '10분에 1회'라는 시간 개념을 어떻게 적용할 수 있을까요? 비트코인은 '블록 타임스탬프[13]'와 '네트워크 조정 시간Network-adjusted Time'을 이용해 실제 시간을 블록체인의 타임스탬프 서버에 저장합니다.

블록 타임스탬프는 블록에 설정하는 유닉스 타임스탬프입니다. 블록의 해시값 계산이 끝났을 때 함께 저장합니다.

그림 2-13 블록 타임스탬프 구조

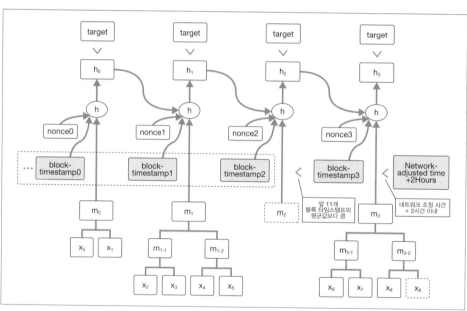

블록 타임스탬프는 블록을 생성한 채굴자가 마음대로 설정할 수 없도록 다음처럼 몇 가지 설정 조건을 둡니다.

---

13 https://en.bitcoin.it/wiki/Block_timestamp

- '앞에 있는 11개 블록 타임스탬프값의 중앙값[14]'보다 커야 합니다.
- 네트워크 조정 시간은 P2P 네트워크에서 자신과 연결된 모든 노드가 반환한 블록 타임스탬프의 중앙값입니다.
- 네트워크 조정 시간보다 2시간(11개 이상의 블록을 생성할 수 있는 시간) 이상 지난 시각은 블록 타임스탬프 값으로 설정할 수 없습니다.

앞 조건대로라면 블록 타임스탬프는 실제 시간과 1~2시간 오차가 발생할 수 있습니다. 즉, 앞 뒤 블록 2개 정도는 블록 타임스탬프 순서가 반대일 수도 있습니다. 그래도 수많은 블록을 다룬다면 이 정도 문제는 감안하기로 합의한 것입니다. 물론 다음에 설명하는 '나카모토 합의'로 이러한 블록의 순서를 결정할 수 있습니다.

2.2.4 나카모토 합의

비트코인의 작업 증명 알고리즘은 블록 간격을 평균 10분으로 유지하고, 블록을 생성했을 때 보상을 지급해 P2P 네트워크 전체에 최신 블록 정보를 안정적으로 공유합니다. 그러나 앞에 서 설명한 블록 타임스탬프의 오차 때문에 최신 블록 정보가 도달하기 전 새 블록을 생성할 수 도 있습니다. 블록 높이[15]가 같은 블록이 2개 이상 있는 상태죠. 비트코인은 두 블록 중 생성 할 때 작업 증명 알고리즘을 푸는 난이도가 높았던 블록(논스를 찾기 어려운 블록)을 선택합니 다. 또한 블록 높이가 다른 블록 2개가 있다면 뒤로 더 많은 블록이 연결된 블록(긴 체인longest chain)을 선택합니다. 또한 높이를 '나카모토 합의'라고 합니다.

블록은 기본적으로 다음과 같은 세 가지 특성이 있습니다.

1 앞에 있는 블록은 뒤에 연결한 블록이 선택받지 못하더라도 해당 블록에 있는 정보를 저장해둡니다. 선택받지 못한 블록과 같은 블록 높이를 갖는 새 블록이 생성되면 선택받지 못한 블록에 있는 데이터를 블록에 저장하지 않은 데이터로 취급해 새 블록에 저장하려고 합니다.
2 블록 높이가 같은 2개의 블록에 서로 다른 정보가 있으면, 작업 증명 알고리즘의 난이도가 높은 블록을 선택해 전달합니다.
3 블록 높이가 다른 2개의 블록이라면, 긴 체인의 정보를 선택해 전달합니다.
4 2와 3은 최소 3~5개의 블록을 추가해야만 유효합니다.

---

14 옮긴이_ 블록 타임스탬프값을 큰 순서대로 나열했을 때 한가운데 있는 값입니다.
15 블록 높이는 다른 블록의 해시값을 포함해 연결한 블록의 전체 개수입니다.

이러한 특성은 블록의 정보 유실을 막고, 암호화폐를 동시에 2명에게 보내는 '이중 지급'을 막습니다. [그림 2-14]와 [그림 2-15]에서 이를 살펴보겠습니다.

그림 2-14 블록의 분기 1

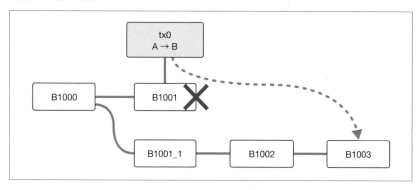

[그림 2-14]는 블록 B1000에서 A가 B에게 암호화폐를 송금하는 거래 tx0을 저장한 블록 B1001을 생성했습니다. 그런데 B1001의 정보를 전달하기 전 같은 블록 높이를 갖는 블록 B1001_1이 생성되었고 이어서 블록 B1002, B1003이 생성되었습니다. 이때 블록 B1001은 경쟁에서 선택받지 못한 블록입니다.

하지만 블록 B1001_1에는 특별한 거래 내역이 없으므로 블록 B1003이 생성되는 시점에는 블록 B1001이 선택받지 못했음을 인식하고 거래 tx0을 저장합니다.

그림 2-15 블록의 분기 2

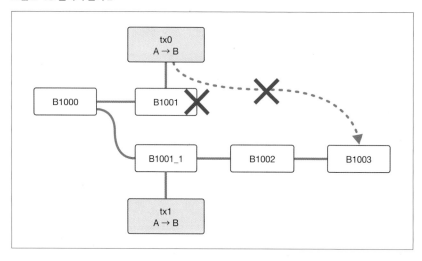

[그림 2-15]는 블록 B1001과 같은 블록 높이인 B1001_1을 생성할 때 A가 B에게 암호화폐를 송금하는 거래 tx1을 저장했습니다. 이때 B1001과 B1001_1의 거래 내용이 같으므로 블록 B1001에 저장된 거래 tx0은 이중 지급으로 판단해 이를 무시합니다.

작업 증명을 이용한 합의 알고리즘은 P2P 네트워크에서 탈중앙화 시스템을 구현하는 방법입니다. 실제로 2009년에 등장한 비트코인은 2018년 현재까지 정상적으로 동작하고 있습니다. 하지만 다양한 상황과 요구를 만족하려면 아직 해결해야 할 문제가 몇 가지 있습니다. 10장에서 더 자세히 설명하겠습니다.

2.3 UTXO

앞 절에서는 데이터의 앞뒤 관계 정의, 작업 증명 알고리즘 구현, 탈중앙화 시스템을 구축하는 방법을 소개했습니다. 이 절에서는 비트코인의 블록체인에서 구현한 송금 시스템의 자료구조를 살펴보겠습니다.

2.3.1 계정 기반 잔액 저장 방식

온라인 송금 시스템 대부분은 사용자가 만든 계정에 은행 예금 계좌를 연결해 잔액이 얼마인지 알려줍니다. 이는 계정에 기반을 둔 자료구조입니다. 잔액을 저장하는 자료구조 자체는 간단하지만, 여러 계정의 잔액을 동시에 업데이트하는 거래 기능을 구현해야 합니다.

예를 들어 [그림 2-16]처럼 앨리스의 계좌 잔액이 100원, 밥의 계좌 잔액이 200원일 때, 앨리스가 밥에게 50원을 송금하는 상황을 생각해보겠습니다.

그림 2-16 계정 기반 잔액 저장 방식의 송금 구조

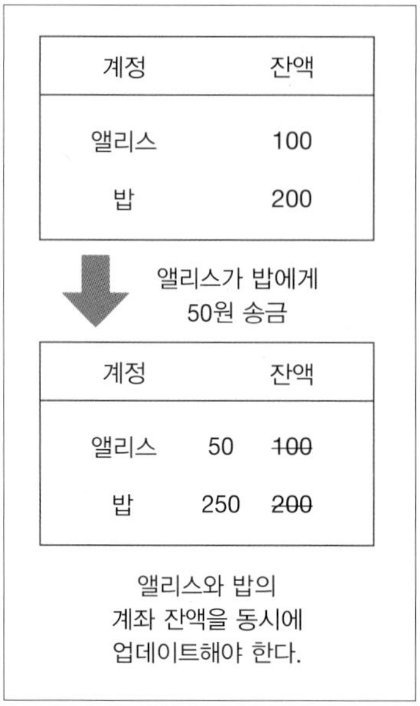

정상적으로 송금하려면 다음 기능을 구현해야 합니다.

- 앨리스의 계좌 잔액이 50원 이상인지 확인하는 기능
- 앨리스의 계좌에서 50원을 밥의 계좌에 보내는 기능
- 밥의 계좌 잔액에 50원을 더하는 기능

그런데 송금 시스템에 장애가 발생해 잔액을 업데이트하지 못했다고 생각해봅시다. 잔액을 복구하려면 송금 요청대로 업데이트하거나 송금 전 상황으로 되돌려야 합니다. 앨리스의 계좌 잔액에 50원을 뺐는데 밥의 계좌 잔액에 50원을 더하지 않으면 50원은 결국 사라지는 셈입니다.

2.3.2 거래 기반 방식

실제 화폐를 줄 때는 지폐와 동전으로 필요한 금액을 조합합니다. 지폐와 동전으로 정확한 금액을 맞출 수 없다면 더 큰 돈을 주고 거스름돈을 받습니다. 즉, 금액에 따라 화폐 소유권을 서로 바꾸는 것입니다.

그림 [그림 2-16] 온라인 송금 예를 [그림 2-17]처럼 실제 화폐 거래와 비슷하게 바꿔보겠습니다. 화폐를 50원 단위로 나눠 두 사람 계좌의 총 잔액만큼 발행(6개)했습니다. 그리고 각각

화폐에 번호 1~6을 설정해 1~2는 앨리스가, 3~6은 밥이 소유합니다. 앨리스가 밥에게 50원을 송금하려면 앨리스가 소유한 번호 1~2 중 하나를 밥에게 양도하면 됩니다([그림 2-17]에서는 화폐 번호 2의 소유권을 밥으로 변경합니다). 이제 송금 과정에 장애가 발생해도 화폐 번호 2의 소유권이 앨리스에게 있다면 50원이 사라질 일은 없습니다.

그림 2-17 거래 기반 방식의 송금 구조

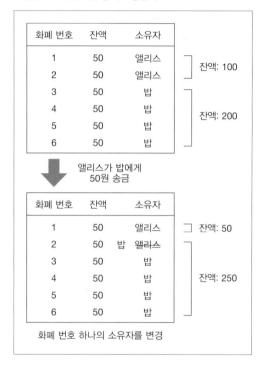

거래 기반 방식은 잔액을 확인할 때 두 사람의 화폐 총 잔액을 계산해 일정 단위로 나눠야 하는 번거로움이 있습니다. 그러나 송금 기능을 간단하게 구현할 수 있고 문제가 발생할 가능성도 적습니다. 그런데 실제 송금 금액은 10원 단위나 1원 단위가 될 수도 있으므로, 다양한 송금 금액을 효율적으로 낼 방법을 고민해야 합니다. 이는 '환전소' 기능을 추가하면 해결할 수 있습니다. 두 가지 예를 살펴보겠습니다.

[그림 2-18]은 50원과 100원이라는 두 가지 화폐 단위로 송금할 때 환전소를 사용하는 예입니다. 처음에 100원 3개를 발행해 앨리스는 1개, 밥은 2개를 소유합니다. 앨리스가 밥에게 50원을 송금하려면 앨리스는 100원 밖에 없으므로 송금할 수 없습니다. 이때 환전소를 두면 100원 1개를 50원 2개로 나눠 50원을 밥에게 송금하고 남은 50원은 자신의 계좌에 넣어둡니다.

그림 2-18 더 큰 돈을 주고 거스름돈을 받는 송금 구조

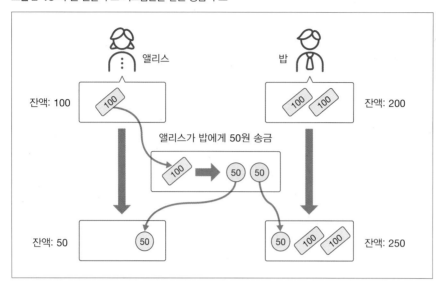

다음으로 [그림 2-19]처럼 밥이 앨리스에게 180원을 송금하는 상황을 살펴보겠습니다.

그림 2-19 특정 금액을 바꾸고 거스름돈을 받는 송금 구조

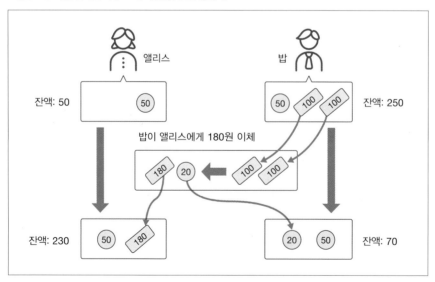

밥이 소유한 금액은 100원 2개와 50원 1개입니다. 따라서 환전소에 100원 2개를 보내 180원과 20원으로 바꾼 후 180원을 앨리스에게 송금하고 20원을 자신의 계좌에 넣어둡니다.

이처럼 환전소는 원하는 금액을 자유롭게 송금하고 거스름돈을 받는 자료구조를 만들어 효율적인 송금 환경을 구현합니다. 이는 비트코인 등의 암호화폐에서 사용하는 'UTXO'로 발전합니다.

2.3.3 계정 기반 잔액 저장 방식과 거래 기반 방식의 비교

계정 기반의 잔액 저장 방식은 여러 거래가 동시에 발생했을 때 순서대로 하나씩 처리해야 합니다. 계좌 잔액이 100원 있는 계정에 2명이 동시에 50원씩 송금한다고 생각해보죠. 잔액을 동시에 150원으로 업데이트하면 최종 계정 잔액은 150원이 되어 50원이 사라집니다. 송금을 하나씩 처리해 잔액을 100원 → 150원 → 200원으로 업데이트해야 합니다. 이 처리 방식은 병렬 처리 기반의 분산 시스템과 궁합이 나쁩니다.

한편 거래 기반 방식은 50원을 송금하는 두 거래가 동시에 실행되더라도 최종 잔액에 영향을 주지 않습니다. 분산 시스템의 송금 기능으로 효율적인 자료구조입니다. [그림 2-20]은 두 가지 방식을 비교한 것입니다.

그림 2-20 계정 기반 잔액 저장 방식과 거래 기반 방식의 비교

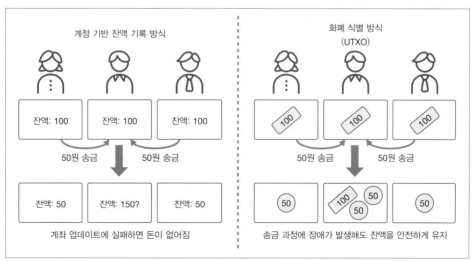

2.3.4 UTXO

비트코인은 해시 트리를 구성한 후 해시 루트를 블록의 해시값 계산에 사용합니다. 이를 블록에 저장해 새 블록을 생성한 시점 이전과 현재의 거래 내역이 있음을 보장합니다. 단, 블록에 저장한 거래 데이터는 누구나 자유롭게 볼 수 있으므로 자신이 소유한 암호화폐를 다른 사람이 사용할 수 없는 구조가 필요합니다. 이 구조가 UTXO입니다.

UTXO는 암호화폐를 저장하는 자료구조입니다. Unspent Transaction Output의 앞 글자를 딴 용어로 '사용하지 않은 거래 출력'이라는 뜻입니다. 거래 전 자신이 소유한 암호화폐 금액을 나타내는 단위기도 하고, UTXO를 다른 사람에게 받거나 보내 암호화폐를 거래(출력)하니 절묘한 용어 선택인 셈입니다.

UTXO에는 다음과 같은 특징이 있습니다.

- 다른 사람에게 일정량의 암호화폐를 받을 때 생성됩니다.
- 받은 금액 그대로를 UTXO로 저장합니다. 예를 들어 A, B, C에게 각각 1BTC, 2BTC, 3BTC를 받아 총 6BTC를 소유했다고 가정합시다. 자신의 지갑에는 6BTC가 한꺼번에 묶인 것이 아니라 1, 2, 3BTC 각각을 UTXO로 저장합니다.
- UTXO 안 일부 금액을 송금할 때는 새 UTXO를 생성하고 기존 UTXO는 파기합니다. 예를 들어 3BTC가 있는 UTXO에서 2BTC를 다른 사람에게 송금하면 2BTC가 있는 UTXO와 1BTC가 있는 UTXO를 생성합니다. 3BTC가 있는 UTXO는 파기합니다.

공개 키 암호와 UTXO

비트코인의 블록체인에서 사용하는 공개 키 암호는 암호화에 사용하는 키와 복호화에 사용하는 키가 서로 다릅니다. 공개 키를 사용해 암호화폐의 이용 권한을 잠그고, 자신의 비밀 키로만 암호화폐 이용 권한을 얻습니다. 이때 비트코인 스크립트[16]로 이용 권한의 잠금과 해제 등을 구현합니다([그림 2-21] 참고).

---

16 옮긴이_ https://en.bitcoin.it/wiki/Script

그림 2-21 공개 키와 비밀 키로 암호화폐 잠금 및 해제

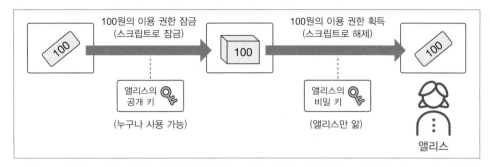

UTXO 개념에 따라 앨리스가 밥에게 50원을 송금하는 상황은 [그림 2-22]와 같습니다.

그림 2-22 UTXO를 이용한 송금 기능

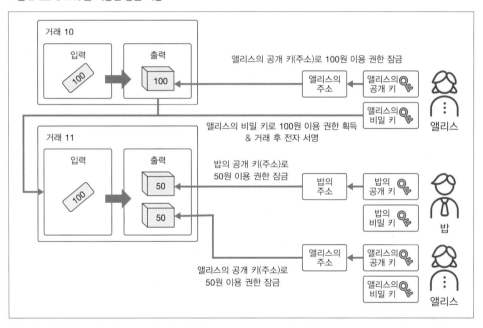

이 상황에는 주소라는 개념이 등장합니다. 주소는 공개 키 암호로 암호화폐를 받거나 보내는 임의 문자열입니다. 공개 키를 바탕으로 만들고, 비밀 키가 있는 애플리케이션으로 암호화폐의 이용 권한을 얻을 수 있습니다.

먼저 '거래 10'은 앨리스가 자신의 공개 키로 만든 주소를 이용해 100원을 받았다는 것으로 시작합니다. 앨리스가 받은 100원은 '잠금' 상태며 앨리스의 비밀 키로만 이용 권한을 얻을 수 있습니다.

'거래 11'에서 앨리스는 자신의 비밀 키로 '거래 10'의 100원에 설정한 잠금을 해제해 밥에게 50원을 송금하고 나머지 50원은 다시 자신의 주소로 보냅니다. 밥의 공개 키를 이용해 만든 주소로 50원에 잠금을 설정하고 나머지 50원은 자신의 공개 키를 이용해 만든 주소로 잠금을 설정하는 것입니다. 이 과정에서 UTXO는 잠겨서 사용하지 않은 암호화폐입니다. '거래 10'의 앨리스가 소유한 100원은 이미 '거래 11'에서 잠금 해제되어 사용했으므로 다시 사용할 수 없습니다.

마지막으로 '거래 11' 내역은 앨리스의 비밀 키를 이용해 전자 서명합니다. '거래 11'이 앨리스가 한 거래임을 보장하는 것입니다.

코인베이스 거래와 채굴

비트코인은 새 블록을 생성한 채굴자에게만 보상으로 첫 번째 인덱스에 들어가는 새 암호화폐(UTXO)를 발행합니다. 이를 '코인베이스 거래'라고 합니다. 당연하겠지만 과거 거래 내역이 없고 앞으로 거래하는 내역을 저장합니다. 또한 채굴자는 자신이 소유한 UTXO에 거래(UTXO 잠금과 해제 과정)가 발생했을 때 일정 금액을 '수수료'로 받을 권리가 있습니다. 앨리스가 100원의 잠금을 해제해 밥에게 50원을 보내고 40원만 자신의 주소로 가져왔다면 나머지 10원은 앨리스가 수수료로 책정해 채굴자에게 전달한 것입니다.

거래하는 사람이 수수료를 높게 책정하면 채굴자가 가져가는 수익이 그만큼 커지므로 작업 중인 블록에 UTXO를 저장시킬 가능성이 커져 거래 성립 시간이 짧아집니다. 수수료를 책정하지 않아도 언젠가 UTXO가 다른 블록에 저장되겠지만, 블록 생성 속도보다 빠른 대량 거래가 발생했다면 다른 블록에 저장되는 시간이 매우 느릴 수 있습니다.

UTXO는 거래 내역을 블록체인에 저장해 특정 관리자가 없더라도 암호화폐를 발행 및 송금할 수 있습니다. 따라서 비트코인 등 많은 암호화폐에서 UTXO 기반 자료구조를 사용합니다. 물론 앞서 설명한 계정 기반 잔액 저장 방식으로 계좌를 관리하는 블록체인 플랫폼도 있습니다. 3장에서 소개하는 이더리움은 송금 이외의 기능을 계정 기반 잔액 저장 방식의 자료구조로 구현합니다.

스마트 계약과 이더리움 이해하기

이 장에서는 블록체인에서 계약 자동화를 구현하는 스마트 계약을 소개합니다. 또한 스마트 계약을 실행하는 대표적인 블록체인 플랫폼인 이더리움을 살펴보고 비트코인과의 차이점도 알아봅니다.

3.1 스마트 계약

이 절에서는 스마트 계약의 의미와 블록체인의 스마트 계약을 살펴보겠습니다. 그리고 스마트 계약의 여러 가지 사례를 소개하겠습니다.

3.1.1 스마트 계약

현실의 권리 증명이나 이동 등을 포함한 계약을 자동으로 실행하는 구조를 스마트 계약Smart Contract이라고 합니다.

블록체인의 암호화폐 교환은 송금과 보관을 자동으로 실행하는 '계약'입니다. 블록을 채굴하는 노드에 수수료를 지급하는 것이 자동 실행은 아니라는 의견도 있지만, 사람이 수수료 지급 작업에 개입하는 것이 아니므로 자동 실행이라고 할 수 있습니다.

비트코인은 처음 만든 의도대로 암호화폐를 교환하는 용도로 사용하지만, 비트코인의 기반이 된 블록체인 자체는 데이터 조작 방지 등의 특성을 다양하게 활용할 수 있습니다. 예를 들어 저작권과 소유권 등의 정보를 블록체인에 저장하면 특정 시점에 누가 권리를 소유하는지 명확하게 증명할 수 있습니다. 권리를 양도하거나 교환할 때도 누구에게 소유권이 이동했는지 명확하며 소유권의 과거 이력을 확인할 수도 있습니다.

또한 기존 비즈니스의 교환 비용을 블록체인으로 대체할 수 있습니다. 예를 들어 중앙 기관, 기업, 사람 사이의 비용 확인 절차와 교환 과정을 생략하면 시간 비용, 인건비 등을 줄일 수 있습니다. 그리고 유통 과정의 중간 수수료가 없어지면 거래 및 교환 과정에서 사용자에게 더 합리적인 비용을 제시할 수 있습니다.

3.1.2 넓은 의미의 스마트 계약

스마트 계약은 비트코인 등장 전부터 존재하던 개념입니다. 1997년 비트 골드의 스폰서이기도 한 암호학자 닉 스자보Nick Szabo가 처음 제안했습니다.

그는 많은 사람에게 친숙한 자판기를 예로 들어 스마트 계약을 소개했습니다. 자판기는 '사용자가 필요한 금액'을 넣어 '사고 싶은 상품의 버튼'을 누른다는 두 가지 조건을 만족하면 '사용자에게 상품을 제공'하는 계약을 자동으로 실행합니다. 이 계약은 거래 행동 자체를 뜻합니다.

그림 3-1 자판기의 거래 계약

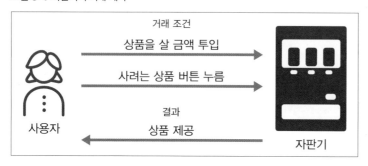

2장에서 소개한 송금 과정을 스마트 계약으로 표현하면 다음과 같습니다.

- 앨리스는 100원 이상의 금액이 있다.
- 앨리스가 밥에게 100원을 송금하도록 요청했다.
- 앞 두 가지 조건을 만족하면 밥은 앨리스에서 100원을 받는다.

실제로 오프라인에서 법정 통화를 손에 넣는 건 자동화할 수 없습니다. 스마트 계약은 화폐 교환의 자동화를 구현하는 것입니다. 티머니의 잔액을 자동으로 충전하는 건 스마트 계약입니다. '충전할 필요가 있는 잔액과 충전 금액'을 설정하고 '충전에 필요한 은행 계좌'를 등록하면 설정한 잔액 이하일 때 자동으로 일정 금액을 충전하기 때문입니다.

앞 예와 같은 스마트 계약의 개념을 '넓은 의미의 스마트 계약'이라고 합니다.

3.1.3 블록체인의 스마트 계약

블록체인의 스마트 계약은 블록체인 안에서 동작하는 자동 계약 프로그램을 뜻합니다. 현실의 거래 가치 기준을 프로그램으로 구현한 후 설정한 기준을 만족하면 계약을 자동으로 실행합니다. 앞 자판기 예에서는 실제로 받은 상품이 맞는지 사용자가 직접 확인해야 합니다. 그러나 블록체인의 스마트 계약에서는 상품이 맞는지 확인하는 과정까지 프로그램이 담당합니다. 이는 다음과 같은 장점이 있습니다.

첫 번째, 상대를 신뢰하지 않아도 거래에 문제가 발생하지 않습니다. 현실에서는 상점에서 쇼핑하거나, 개인 사이에 물품이나 화폐를 교환할 때 상대방을 신뢰한다는 전제를 둡니다. 상대를 신뢰할 수 없다면 거래 자체를 꺼리죠. 그러나 거래를 스마트 계약에 맡기면 상대를 믿지 못하더라도 신뢰할 수 있는 거래를 자동으로 실행합니다. '탈중앙화' 블록체인은 거래 정보를 블록에 저장해 누구든 참고할 수 있으므로 조작하기 어렵습니다. 투명한 거래가 가능합니다.

두 번째, 중개자가 필요 없으므로 비용을 절감할 수 있습니다. 상대방의 신뢰를 판단할 수 없는 거래라면 중개자나 신용 기관 등이 있어야 합니다. 신용카드로 상품을 결제할 때는 상점에 신용카드를 줍니다. 상점에서 신용카드를 결제 단말기에 넣으면 신용카드 회사는 상품을 결제할 수 있는 신용카드인지 문의하는 과정을 거쳐 결제합니다. 정상적으로 결제가 승인되었을 때만 상점이 소비자에게 상품을 줍니다.

만약 소비자가 상품을 받지 못하면 그 손해는 신용카드 회사가 책임집니다. 상점도 소비자에게 돈을 받을 수 없는 상태를 피할 수 있습니다. 대신 이러한 신뢰를 보장하는 비용으로 수수료를 지급합니다. 신용카드는 이 과정을 프로그램으로 자동 실행해서 수수료 비용을 줄입니다.

신용카드 회사는 소비자의 이름, 주소, 현재 소득, 직장 등 다양한 개인 정보를 받아 신용카드의 사용 한도를 정합니다. 상점도 신용카드 회사에 위치, 상점 주인 이름, 업종 등의 정보를 제출해 신용카드 가맹점으로 등록합니다. 한 번 이 과정을 거치는 시간이 필요하지만, 이후에는 확인 절차에 필요한 시간들을 아낄 수 있습니다.

3.1.4 스마트 계약의 실제 예

이번에는 스마트 계약에서 기대하는 부분과 현재 사례를 소개합니다. 여기서 소개하는 것 이외에도 여러 가지 논의가 진행 중이며, 다양한 기술도 계속해서 발전 중입니다.

법을 자동으로 이행

법에 따른 상속 조건을 스마트 계약으로 구현한다고 생각해봅시다. 법적 효력을 갖는 상속장을 작성해 재산 분할 조건을 정했더라도 실제 재산을 나눌 때는 상황에 따라 여러 가지 논란이 생깁니다. 이때 스마트 계약으로 재산을 관리하고 자동으로 재산을 나누게 하면 상속받는 상황이 벌어졌을 때 즉시 재산을 나눌 수 있습니다.

또한 계약 체결과 계약 실행을 스마트 계약으로 자동 실행할 수 있다면 월급 미지급 등의 문제, 제3자의 계약 이행 등을 감시할 필요도 없으므로 관련 비용을 줄일 수 있습니다.

그림 3-2 재산 분할의 스마트 계약

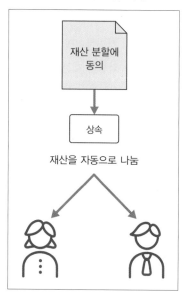

콘텐츠 수익을 자동으로 지급

음악이나 영상 콘텐츠 제작자는 음반 회사나 영화 배급사와 계약합니다. 그리고 이들과 공급 계약을 맺은 콘텐츠 서비스 업체가 소비자에게 콘텐츠를 제공합니다. 소비자가 콘텐츠 서비스 업체에 사용료를 지급하면 중간 유통 업체의 이익을 뺀 금액을 최종 콘텐츠 제작자에게 지급합니다.

스마트 계약을 이용하면 소비자가 지급한 사용료를 콘텐츠 제작자에게 자동으로 지급하는 구조를 만들 수 있습니다.

보험금 자동 지급

보험에 스마트 계약을 활용하면 보험금을 받는 상황(계약 조건 등)을 블록체인에 저장할 수 있고, 이를 근거로 보험금을 자동 지급할 수 있습니다.

사고 상황의 과실을 평가해야 하는 교통사고 등의 보험금 지급을 자동화하는 것은 어려울지도 모릅니다. 하지만 프랑스 대형 보험 회사인 악사ˣˣˣ는 스마트 계약으로 탑승 예정 비행기 도착이 일정 시간 지연되었을 때 자동으로 보험금을 지급합니다.[1] 또한 암호화폐를 이용한 비행기 보험 서비스 InsurETH도 있습니다.

카 렌트

스마트 계약으로 카 렌트 서비스를 운영한다고 생각해봅시다. 자동차를 제공하는 사람은 어떤 자동차를 소유했는지, 어떤 조건에서 빌려줄 것인지 등의 정보를 사전에 등록합니다. 차를 빌릴 사람은 차종, 빌릴 기간, 어느 지역에서 빌릴 것인지 등을 프로그램에 보냅니다.

조건이 일치하면 즉시 렌트 계약을 완료하고 차를 빌릴 수 있습니다. 결제 역시 스마트 계약을 구축할 수 있습니다. 자율 주행 기술이 발전한다면 렌트 계약 후 빌린 사람이 있는 곳까지 자동차가 오게 만들 수도 있을 것입니다.

---

1 fizzy(https://fizzy.axa/). 프랑스와 미국 사이 직항 노선을 대상으로 보험을 운영 중입니다.

그림 3-3 카 렌트의 스마트 계약

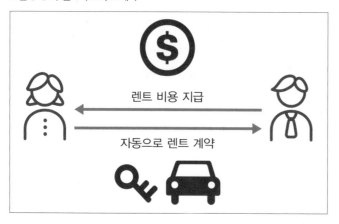

자동 기부 시스템

각종 단체나 기관에서 실행하는 모금 활동은 기부한 금액을 제대로 사용하는지, 기관에서 밝힌 기부금 총액이 맞는지 확인하기 어렵습니다. 이럴 때 "목표 금액에 도달하면 미리 지정된 기부처에 보낸다"라는 스마트 계약을 구현하면 모금 활동이 투명해집니다. 또한 누구나 기부 내역을 볼 수 있도록 해두면 외부에서도 모금 활동의 진행 상황을 확인할 수 있습니다.

고용 계약 시스템

각 고용자의 계약 정보를 미리 스마트 계약으로 구현해두면 월급을 자동으로 지급할 수 있습니다. 피고용자가 고용 계약 내역을 블록체인에 저장해서 월급을 투명하게 지급하는 것입니다. 고용주가 야근을 지시했다면 피고용자는 고용 계약에 따라 추가 근무 수당을 자동으로 받을 수 있습니다. 덤으로 급여 지급 관련 업무도 줄어듭니다.

전자 투표

미리 개표 날짜와 시간을 정한 스마트 계약을 구현하면 전자 투표로 선거할 수 있습니다. 스마트 계약의 소스 코드를 공개하면 자의적인 부정 선거를 막을 수 있고, 유권자에게 선거 규칙을 명확하게 공개할 수 있습니다. 투표 결과를 집계하는 비용도 줄일 수 있습니다.

기타 스마트 계약의 활용 분야

산지 증명이나 출자 증명 등 거래 내역을 추적해야 하는 분야와 금융 분야 대부분은 스마트 계약을 활용하기 좋습니다. 확실하게 기록을 보관할 문서나 계약서, 제3자가 신뢰를 증명해야 하는 분야는 대부분 스마트 계약을 적용할 수 있습니다.

물론 스마트 계약은 블록체인의 구조일 뿐, 현실 세계에 물리적인 영향을 끼치지는 않습니다. 또한 사람 없이 모든 상황을 프로그램만으로 판단할 수 없기도 합니다. 최종 판단을 내리는 사람이 있더라도 단순 작업을 덜 수 있으므로 스마트 계약은 앞으로도 계속 유용할 것입니다.

3.2 이더리움

여러분은 이메일, SNS, 전자 결제, 전자상거래 사이트 등 다양한 애플리케이션과 서비스를 이용할 것입니다. 여기에는 서비스를 관리하는 사업자가 있으며, 사업자를 신뢰한다는 전제로 이용합니다. 하지만 서비스가 정지해 손해를 입었을 때도 있을 것입니다. 클라우드 스토리지 서비스, 전자상거래 사이트, SNS 등의 서비스가 정지해 이용할 수 없는 상황 등입니다.

또한 모든 정보를 하나의 서비스 사업자에게 맡기면 데이터가 손실되거나 노출될 위험이 있습니다. 서비스 사업자는 외부에서 접근할 수 없는 위치에 정보를 저장하지만, 정보가 유출되었다는 뉴스는 심심찮게 들립니다. 일부 국가에서는 채팅 내용을 살펴본다고도 합니다. 사업자가 정보를 어떻게 저장하는지는 이용 약관에 명시되어 있지만, 관리자를 완전히 신뢰하기는 어려운 것이죠.

하지만 블록체인은 관리자 없이도 신뢰성 높은 환경을 제공합니다. 그리고 플랫폼 위에 애플리케이션을 실행시켜 다양한 서비스를 안전하게 이용할 수 있도록 합니다. 이 절에서 살펴볼 이더리움Ethereum은 블록체인을 이용하는 대표적인 플랫폼입니다.

3.2.1 이더리움

이더리움은 이더리움 재단Ethereum Foundation에서 관리하는 블록체인 플랫폼입니다. 2015년 비탈릭 부테린Vitalik Buterin이 개발했습니다. 비트코인으로 블록체인 네트워크에서 탈중앙화 애플리케이션을 실행할 수 있는 스크립트 언어를 제공합니다. 그리고 이더ether라는 화폐 단위를 매개체로 애플리케이션을 개발하거나 이용할 수 있습니다.

이더리움에서 동작하는 애플리케이션은 특정 조건의 처리를 사전에 설정하며 해당 조건에 부합해야 실행할 수 있으므로 '스마트 계약'을 구현하는 데 적합합니다.

3.2.2 이더리움 탄생 비화

비탈릭 부테린은 17살 때 비트코인을 처음 접했습니다(아버지가 소개했다고 알려져 있습니다). 이내 비트코인에 흥미를 느끼고 다양한 정보를 인터넷에서 찾아 비트코인 관련 기사를 작성했습니다. 기사 하나당 5BTC를 받고 집필했다고 합니다.

대학 재학 중에는 일주일에 30시간 이상 비트코인 관련 프로젝트에 참여했고, 프로젝트의 현실을 느끼려고 대학을 그만둔 후 5개월간 전 세계를 여행했다고 합니다. 여행에서 알게 된 점은 암호화폐 이외의 목적으로 블록체인을 사용하려는 사람이 많다는 것, 현재 블록체인 프로젝트로는 애플리케이션의 개발 및 운영이 어렵다는 것이었습니다. 그래서 애플리케이션을 개발할 수 있는 블록체인 플랫폼을 만들자고 생각했습니다.

그 결과 탄생한 것이 애플리케이션을 실행하는 블록체인 플랫폼인 이더리움입니다. 이더리움 이전의 블록체인 프로젝트가 특정 목적에 사용하려고 개발했다면, 이더리움은 프로토콜을 규정해 범용성을 갖는다고 할 수 있습니다.

3.2.3 이더리움은 월드 컴퓨터

부테린은 이더리움을 '월드 컴퓨터'라고 소개했습니다. 전 세계가 접속할 수 있는 컴퓨터라는 뜻입니다. 이더리움의 기반이 되는 블록체인은 전 세계에 있는 수많은 컴퓨터로 구성되어 있으며, 어떤 컴퓨터 하나가 고장 나더라도 정지되지 않습니다. 따라서 블록체인 안 애플리케이션은 자체적으로 문제가 없다면 항상 동작합니다.

이더리움은 국가가 규제할 수 없고, 특정한 관리 없이 작업 로그 및 상태를 블록체인에 저장해 투명성을 유지합니다.

3.2.4 이더리움의 역사와 로드맵

이더리움은 등장 초기부터 실험적인 플랫폼으로 정의했습니다. 4단계 업데이트로 플랫폼을 완성한다는 계획으로 프로젝트가 진행 중입니다. 업데이트마다 하드 포크한다는 특징도 있습니다. 이더리움의 로드맵은 [표 3-1]과 같습니다.

표 3-1 이더리움의 역사와 로드맵

단계	내용
프런티어(Flontier)	2015년 7월 30일 실시. 명령 줄 인터페이스 기반 탈중앙화 애플리케이션 개발의 기초 테스트입니다. 이더리움을 개발 · 채굴하고 네트워크를 형성하는 단계입니다.
홈스테드(Homestead)	2016년 3월 14일 실시. 노드가 생기면서 생태계를 구축하는 단계입니다. 거래의 고속화 및 안정화도 추구합니다.
메트로폴리스(Metropolis)	2017년 10월 17일 실시. 대중화를 위한 인프라가 형성되는 단계입니다. 1단계 하드 포크 비잔티움(Byzantium)은 4,370,000번째 블록을 기준으로 제로 지식 증명 zk-SNARK, 블록 생성 시간 안정화, 예외 처리로 가스(Gas) 반환 등을 도입합니다. 2단계 하드 포크인 콘스탄티노플(Constantinople)은 2018년에 진행할 예정이며 이더리움 채굴을 작업 증명(PoW)과 지분 증명(PoS)을 혼합해 사용하는 방식으로 전환할 것입니다.
세레니티(Serenity)	진행일 미정. 지분 증명 알고리즘의 안정화를 위한 마지막 단계입니다.

2018년 9월 기준, 메트로폴리스 단계가 진행 중입니다. 메트로폴리스는 두 번의 하드 포크를 진행할 예정인데, 이미 1단계 비잔티움은 진행했습니다. 이후 플랫폼 기능을 위한 안정화와 거래 속도 향상, 더 나은 암호화 기술과 익명 기능 구현을 진행합니다. 최종 단계는 합의 알고리즘을 지분 증명으로 전환하는 것을 목표로 합니다.

3.3 비트코인과 이더리움의 차이

이더리움도 블록체인에 바탕을 둔 플랫폼입니다. 그런데 비트코인의 블록체인과 비교하면 구조에는 일부 차이가 있습니다. 자세한 사항은 6장에서 살펴볼 것입니다. 이 절에서는 차이점을 간략하게 소개합니다.

3.3.1 이더리움의 화폐 단위

비트코인은 '방해 없이 신속하게 화폐를 송금'하려는 목적의 암호화폐 플랫폼입니다. 반면 이더리움은 암호화폐는 물론 스마트 계약 등의 애플리케이션을 블록체인에서 실행하는 플랫폼입니다. 추구하는 목표가 다르므로 구조에 차이가 발생할 수밖에 없습니다.

이더리움에는 내부 화폐 단위로 '이더'가 있습니다. 암호화폐나 애플리케이션을 실행하는 연료로 사용합니다. 이더리움에서는 이 비용을 '가스^{Gas}'라고 합니다. 또한 [표 3-2]와 같은 화폐 단위가 준비되어 있습니다. 최소 단위는 'wei'입니다. 이더만 알아도 애플리케이션을 개발하는데는 충분합니다.

표 3-2 이더리움의 화폐 단위

통화 단위	최소 단위(wei) 기준 환산 금액
wei	1
kwei, ada, babbage, femtoether	1,000
mwei, lovelace, picoether	1,000,000
gwei, shannon, nanoether, nano	1,000,000,000
szabo, microether, micro	1,000,000,000,000
finney, milliether, milli	1,000,000,000,000,000
ether	1,000,000,000,000,000,000
kether, grand	1,000,000,000,000,000,000,000
mether	1,000,000,000,000,000,000,000,000
gether	1,000,000,000,000,000,000,000,000,000
tether	1,000,000,000,000,000,000,000,000,000,000

3.3.2 거래 수수료 '가스'

비트코인은 블록에 거래를 저장할 때 수수료를 지급해야 합니다. 이더리움 거래는 네트워크에 속한 노드에 연산을 시키는 것이므로 노드에 주는 연료가 필요합니다. 이때 수수료를 연료로 사용합니다. 따라서 이더리움의 수수료는 프로그램 연산을 위한 연료라는 뜻으로 '가스'라고 합니다.

거래를 실행할 때는 '가스 가격Gas Price'과 '가스 제한Gas Limit'을 설정합니다. '가스 가격×가스 제한'이 지급할 수 있는 '가스 상한'입니다.

가스를 상한액까지 모두 사용하는 건 아니며, 사용하지 않은 가스는 돌려받습니다. 가스가 부족하면 거래에 실패할 수 있으므로 충분한 가스를 준비해야 합니다. 연산량이나 업데이트 정보량이 많으면 소모하는 가스도 많기 때문에 거래 전 연산량이나 업데이트 정보량을 예상하는 것이 좋습니다.

가스 상한을 두는 다른 이유는 무한 루프를 막는 것입니다. 이더리움에서 스마트 계약을 구현하는 프로그래밍 언어는 튜링 완전²이라는 특징이 있으므로 while 문과 for 문을 실행할 수 있습니다. 무한 루프에 빠지면 해당 프로세스를 종료해 다른 프로세스를 실행할 수 없습니다. PC라면 무한 루프 프로그램을 강제로 종료하는 등의 방법을 사용할 수 있습니다. 하지만 이더리움 네트워크에는 적용할 수 없는 방법입니다. 가스 상한이 있다면 프로세스 수에 따라 가스를 모두 소모했을 때 무한 루프를 중지할 수 있습니다.

3.3.3 계정 구조

이더리움은 암호화폐, 가위바위보 실행, 비디오 대여, 티머니 잔액 관리 등 다양한 분야에 사용할 수 있습니다. 따라서 실행 결과로 다양한 정보를 담을 수 있어야 합니다.

이더리움의 거래는 계정을 두고 관리합니다. [표 3-3]처럼 두 가지 종류가 있습니다.

표 3-3 계정 종류

계정 종류	설명
외부 계정	이더리움 사용자를 위한 계정입니다. 주소와 연결해 잔액 정보를 갖습니다.
계약 계정	계약 증명이 있는 계정입니다. 주소와 연결해 코드 정보 및 잔액 정보를 갖습니다. 외부 계정에서 생성합니다.

이더리움은 블록 크기에 제한을 두지 않습니다. 그런데 모든 이더리움 사용자의 잔액 정보를 블록에 넣으면 블록 크기가 엄청나게 커집니다. 이를 막으려고 계정 정보와 이더 잔액 정보는

---

2 어떤 컴퓨터 알고리즘이든 이론적으로 시뮬레이션할 수 있는 프로그래밍 언어를 뜻합니다. 튜링 기계와 같은 능력이 있다고 가정합니다. 현실에 맞는 속도로 동작하는지는 고려하지 않습니다.

상태 트리[State Tree][3]에 저장합니다. 상태 트리는 블록 외부에 보관하고, 각 블록에는 상태 트리의 루트 노드 값만 저장합니다.

상태 트리는 블록에 저장한 거래를 기반으로 만듭니다. 0에서 n 블록까지의 거래를 순회해 블록 n개만큼의 상태 트리를 만드는 것입니다. 각 계정 상태를 상태 트리의 각 노드에 넣은 다음, 노드에 있는 계정 주소(키)들로 해시값을 계산해 상태 트리의 루트 노드 값을 구합니다. 어느 지점에서 상태가 무단으로 변하면 상태 트리의 루트 노드 값이 변하므로 데이터가 조작되었음을 알 수 있습니다.

한편 상태 트리의 노드 안 주소는 20바이트의 문자열로 구성합니다. 루트 노드부터 특정 노드까지의 주소 이름을 합하면 제법 긴 문자열입니다. 문자 단위로 어떤 노드를 검색해 상태를 삽입하는 것은 비효율적입니다. 따라서 이더리움의 상태 트리는 분기한 노드 검색을 문자가 아닌 문자열로 다룸으로써 검색할 분기를 줄여 상태 삽입을 효율화합니다. 이를 패트리샤 트리라고 합니다. 상태 트리는 해시 트리와 패트리샤 트리를 결합한 구조이므로 머클 패트리샤 트리라고도 합니다. 상태 트리에 저장하는 계정 정보는 [표 3-4]와 같습니다.

표 **3-4** 상태 트리에 저장하는 계정 정보

계정 정보	설명
nonce	계정에서 보낸 거래 횟수입니다. 거래가 성립할 때마다 1씩 증가합니다.
balance	계정의 잔액 정보를 wei로 나타냅니다.
storageRoot	계정과 연결된 저장소 트리(Storage Tree)의 루트 노드를 나타내는 256비트 해시값입니다. 기본값은 비어 있습니다. 저장소 트리는 머클 패트리샤 트리 안 각 계정에 보관한 데이터(문자열이나 소유권 등)의 관계를 나타내는 자료구조입니다. 계약 계정이라면 계약 정보로 다루는 배열이나 문자열을 저장합니다.
codeHash	EVM(Ethereum Virtual Machine, 3.3.8 참고) 코드의 해시값입니다. 계약 계정은 실행 코드를 저장하고, 외부 계정은 공백 문자를 해시값으로 저장합니다.

상태 트리를 포함한 이더리움의 블록 구조는 [그림 3-4]와 같습니다(6.1.4, [표 6-2] 참고).

---

3 옮긴이_ 이더리움의 상태 값을 다루는 해시 트리입니다.

그림 3-4 이더리움 블록 구조[4]

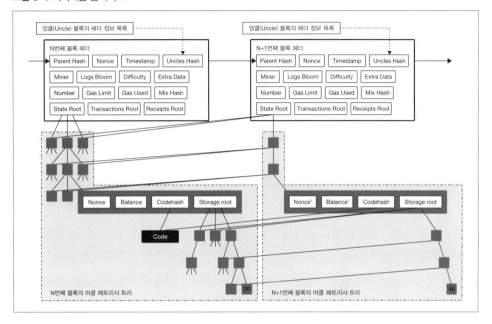

3.3.4 잔액 확인 방식의 차이

비트코인은 사용하지 않은 금액을 담은 UTXO의 합으로 잔액을 표현합니다. 이더리움은 송금 내역을 블록에 거래로 저장한 후, 계정 정보를 담은 상태 트리를 만들어 잔액을 표현합니다.

UTXO의 장점은 다수를 보유했을 때 병렬로 거래할 수 있다는 것입니다. 채굴자도 거래마다 실행 여부를 병렬로 확인할 수 있습니다. 단점은 잔액 확인 구조가 복잡하다는 것입니다. 잔액을 확인하려면 블록에서 소유한 UTXO를 모두 찾아 합을 계산해야 합니다. 잔액 상태를 나타낼 때 매번 구성 정보를 찾아야 하는 번거로움이 있습니다.

이더리움 계정 구조의 장점은 계정 정보를 별도의 자료구조로 분리해 빠른 검색이 가능하다는 것입니다. 단점은 계정 상태를 바꿀 때 선입선출FIFO 방식으로 작업을 실행해야 한다는 것입니다. 계정 상태는 유일해야 하므로 여러 프로세스에서 동시에 상태를 조작하는 병렬 처리라면 문제가 발생할 가능성이 크기 때문입니다. 이더리움은 비트코인보다 블록 생성 속도와 거래 속도를 빠르게 처리하는 구조를 만들어 단점을 보완합니다.

---

4 옮긴이_ 엉클(Uncle) 블록은 선택되지 못한 블록을 뜻입니다.

3.3.5 블록 생성 속도의 차이

비트코인의 블록 생성 속도는 10분에 1회 정도입니다. 거래를 확정할 때까지 최소 10분이 소요된다는 뜻입니다. 실제로 거래 확정 전 다시 블록을 생성할 수도 있으므로 최소 6 블록(60분)을 생성하기 전까지 거래를 확정하지 않는다고 알려져 있습니다. 반면에 이더리움의 블록 생성 속도는 약 15초로 비트코인의 40배입니다. 거래 확정 과정도 비트코인보다 빠릅니다.

그런데 블록 생성 속도가 빠르면 채굴자가 동시에 블록을 생성할 확률이 높아진다는 문제가 있습니다. 보통 블록 높이가 같은 여러 개의 블록을 생성하면 그중 하나만 선택해야 합니다. 열심히 채굴해 블록을 생성했는데 수수료를 받을 수 없는 엉클 블록이 되는 것이죠.

엉클 블록이 많아지면 네트워크에 참여하는 사람이 적을 것입니다. 이더리움은 채굴자의 블록이 엉클 블록이 되더라도 보상을 줘서 문제를 해결합니다. 블록을 빠르게 생성하는 채굴 풀[5]은 다음 블록 생성도 빠르므로 엉클 블록이 될 확률이 낮아 보상을 독식할 확률이 높습니다. 하지만 엉클 블록에도 보상이 있으면 채굴 속도가 빠른 사람이 보상을 독식할 수 없으므로 이더리움 생태계를 건전하게 유지할 수 있습니다.

3.3.6 블록 선택 방식의 차이

비트코인은 블록 높이가 같은 여러 개의 블록을 생성했을 때 나카모토 합의에 따라 여러 블록 중 생성할 때 작업 증명 알고리즘을 푸는 난이도(블록을 생성하는 난이도)가 높았던 블록을 선택한다고 했습니다.

이더리움은 블록 높이가 같은 여러 개 블록이 있을 때 각 체인에 묶인 블록들의 생성 난이도 전체를 더한 결과가 가장 높은 체인을 메인 체인으로 선택합니다. 이 구조를 수정 고스트 프로토콜[6]이라고 합니다. 이때 두 체인 중 하나가 엉클 블록을 포함하면 엉클 블록의 난이도까지 합해서 난이도를 더한 결과로 삼습니다.

---

5 채굴 연산량은 날마다 커지므로 개인이 운영하는 시스템은 채굴 확률이 점점 낮아집니다. 따라서 여러 사람이 모이거나 채굴 전문 회사를 만들어 채굴하고 기여도에 따라 보상을 나누는 형태가 생겼습니다. 이를 채굴 풀이라고 합니다. 중국 비트메인(Bitmain)에서 운영하는 앤트풀(Antpool)과 ViaBTC에서 운영하는 채굴 풀이 유명합니다. 5.2.7도 참고하기 바랍니다.

6 Modified GHOST(Greedy Heavist Observed Subtree) Protocol이라고 합니다. https://github.com/ethereum/wiki/wiki/White-Paper#modified-ghost-implementation

그림 3-5 블록 개수로 메인 체인 선택

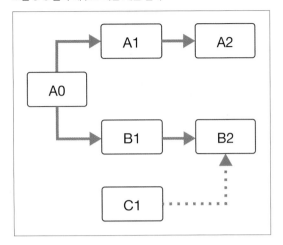

[그림 3-5]에서는 각 블록의 생성 난이도가 1로 같다고 가정한 상태에서 블록 A0과 연결된 블록 A1과 B1을 생성합니다. 그리고 무엇을 메인 체인으로 선택하는지 보여줍니다. 체인 A에 블록 A2가 생성되면 블록 생성 난이도의 전체 결과는 2입니다. 그런데 체인 B에는 블록 B2 생성 전 A1 및 B1과 같은 블록 높이인 엉클 블록 C1이 블록 B2와 함께 포함되었습니다. 따라서 B 체인의 블록 생성 난이도 전체 결과는 3입니다. 따라서 B 체인을 메인 체인으로 선택합니다.

3.3.7 작업 증명 알고리즘의 차이

비트코인의 작업 증명 알고리즘은 논스를 변경한 후 SHA-256 해시 함수로 연산을 반복합니다. 이때 전용 연산 하드웨어를 도입하면 더 빠르게 연산할 수 있습니다. 전용 연산 하드웨어의 예는 회로 구조를 프로그램할 수 있는 FPGA[7]나 특정 처리 전용 집적 회로인 비트코인 ASIC 입니다. CPU나 GPU보다 훨씬 빠른 속도로 연산한다는 장점이 있고, 전용 연산 하드웨어를 도입한 일부 사용자가 채굴 보상을 독식할 수 있다는 단점도 있습니다.

---

7 옮긴이_ https://ko.wikipedia.org/wiki/FPGA

이더리움의 작업 증명 알고리즘은 이더해시Ethash[8]를 사용합니다. 특징은 다음과 같습니다.

- 블록의 헤더를 스캔해 블록을 대상으로 계산할 수 있는 값인 시드를 추출합니다.
- 시드에서 16MB 단위의 의사 랜덤 캐시(pseudo random cache)를 만들고 GB 크기를 갖는 비순환 유향그래프(DAG[9]) 기반의 데이터셋을 만듭니다.
- 1GB 이상의 데이터셋에서 일부를 추출해 특정 조건이 될 때까지 임의의 값을 변경하면서 채굴하게 합니다.
- 데이터셋은 3만 블록 단위로 바뀌며 선형으로 커집니다. 이를 이용해 일정 패턴으로 메모리 읽기 연산을 못하게 막습니다. 데이터셋 저장공간도 일정하지 않도록 합니다.

앞 특징을 이용해 전용 연산 하드웨어의 장점을 없앱니다. 즉, 특정 주체가 채굴 보상을 독식할 수 없게 합니다.

물론 GB 크기의 데이터를 한 번에 처리하는 전용 연산 하드웨어를 도입할 수 있다고 반론을 제기할 수도 있을 것입니다. 그런데 현재 하드웨어 기술로는 방금 설명한 전용 연산 하드웨어를 구축하는 데 큰 비용이 듭니다. 블록 채굴 보상과 비교했을 때 경제적인 이득이 없습니다.

3.3.8 이더리움 가상 머신

이더리움은 애플리케이션을 실행하는 기반으로 튜링 완전한 가상 머신을 제공합니다. 이를 이더리움 가상 머신Ethereum Virtual Machine, EVM이라고 합니다. 스마트 계약은 코드 작성 후 EVM에서 실행할 수 있는 상태로 이더리움 블록체인에 배포합니다. 이더리움은 처리 속도, 데이터 크기, 스펙상의 제약[10] 등과 관계없이 어떤 애플리케이션이든 실행할 수 있다는 것을 보장합니다.

스마트 계약의 코드는 상태 트리, 상태 트리 안 계정 정보의 저장소 트리를 변경할 수 있습니다. 자세한 내용은 6장에서 살펴보겠습니다.

----

8 옮긴이_ https://github.com/ethereum/wiki/wiki/Ethash
9 방향은 있지만 서로 순환하는 노드가 없는 그래프를 말합니다. https://en.wikipedia.org/wiki/Directed_acyclic_graph
10 옮긴이_ 실제로 EVM 상의 프로그램에 제한이 없는 것은 아닙니다. 호출 스택 깊이 등 제한이 있습니다.

3.3.9 거래

이더리움의 거래는 비트코인처럼 암호화폐를 송금할 때 발생합니다. 그런데 외부 계정에서 계약을 만들 때, 계약 안 함수를 호출할 때도 거래가 발생합니다. 어떤 계약에서 다른 계약을 호출하는 메시지라는 개념도 있습니다.

거래와 메시지는 계정에 있는 잔액, 상태 트리, 저장소 트리를 변경합니다. 데이터 변경 없이 읽기만 하는 'call'이라는 처리도 있습니다. call에서는 가스를 발생하지 않습니다.

블록체인 2.0과 스마트 계약 플랫폼

이 장에서는 순수 통화 개념 이외의 가치를 암호화폐에 부여하거나 암호화폐 이외의 용도로 블록체인을 사용하는 예를 살펴봅니다. 그리고 비트코인 이후 등장한 알트코인을 소개합니다. 이더리움 기반으로 공용 환경에서 스마트 계약을 구축하는 플랫폼과 도구를 살펴봅니다. 기업용으로 활용하는 플랫폼도 소개합니다.

4.1 블록체인 2.0과 알트코인

이 절에서는 순수 통화 개념 이외의 별도 가치를 암호화폐에 부여한 블록체인 2.0 사례, 비트코인 이후에 등장한 암호화폐를 뜻하는 알트코인과 그 기반인 알트체인을 살펴보겠습니다.

> **TIP** 이 장에서 소개하는 다양한 플랫폼과 사례는 기술을 제공하는 기반이자 실제 거래할 수 있는 독자적인 암호화폐를 제공할 때가 많습니다. 두 가지 관점이 있다는 사실을 생각하고 읽기를 권합니다.

Column 메인넷, 테스트넷, 코인, 토큰

이 절의 내용을 설명하기 전 네 가지 용어를 설명하겠습니다. 메인넷은 독립적인 암호화폐로 인정하는 프로그램을 출시·운용하는 네트워크입니다. 테스트넷은 블록체인 애플리케이션을 개발할 때 사용하는 메인넷과 같은 구조의 네트워크입니다.

메인넷이 있는 블록체인(혹은 다른 암호화폐) 시스템에서 발행한 암호화폐를 코인이라고 합니다. 메인넷의 블록체인 시스템을 빌려 독자적인 암호화폐를 발행하면 토큰이라고 합니다. 보통 토큰 사용이 활발해지면 별도의 메인넷을 만들어 코인으로 승격시킵니다. 지금부터는 코인과 토큰의 개념을 구분하겠습니다.

먼저 [그림 4-1]을 살펴봅시다. 이 절에서 소개할 블록체인 2.0과 알트코인 등의 연관 관계를
소개합니다.

그림 4-1 블록체인 2.0과 알트코인

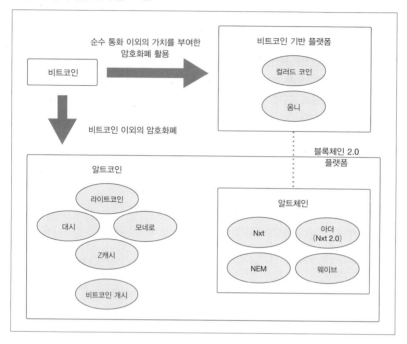

4.1.1 블록체인 2.0

블록체인은 디지털 데이터의 소유자를 정의하고, 거래를 증명할 수 있으며, P2P 네트워크에서
소유권을 양도할 수 있습니다. 이런 블록체인의 특징을 이용해 귀금속, 보석, 주식 등의 거래
내역을 디지털화하려는 움직임이 있습니다. 주식은 이미 디지털화하지 않았냐는 사람도 있을
겁니다. 그런데 특정 은행이나 증권 회사 등을 통해 거래해야 하며, 돈이 있더라도 마음대로 거
래할 수 없습니다. 블록체인은 이러한 제한을 없애 자유로운 거래 환경을 만들 것으로 기대합
니다.

비트코인의 블록체인은 암호화폐 시스템 구축과 지원 등의 목적으로 만든 것입니다. 하지만 비
트코인 스크립트Bitcoin Script라는 프로그래밍 언어로 유연하게 사용할 여지는 두었습니다. 여기에

서는 '블록체인 2.0[1]' 중 하나로 비트코인의 블록체인에 다른 가치를 부여하는 프로젝트인 '컬러드 코인Colored Coins'과 '옴니Omni'를 살펴보겠습니다.

컬러드 코인

컬러드 코인[2]은 BTC를 특정 자산과 연결해 별도의 가치를 부여하겠다는 플랫폼 제안입니다. '컬러드'라는 이름을 붙인 이유는 비트코인과는 다른 '색', 예를 들어 'BTC'를 '한빛코인'으로 여기도록 프로토콜을 변경해 활용하겠다는 것입니다.

그림 4-2 컬러드 코인의 구조

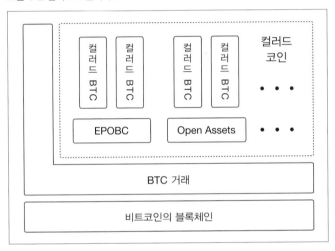

실제 컬러드 코인을 바탕으로 구현한 프로토콜이 있습니다. 처음으로 컬러드 코인의 제안을 충실하게 구현한 'EPOBC[3]'와 나스닥에서 사용해 유명해진 'Open Assets[4]'입니다. 단, 두 프로토콜은 서로 호환하지 않습니다. 또한 비트코인 기반이므로 적지만 수수료가 발생합니다. '10분에 1회'라는 블록 간격을 준수해야 하는 등의 제약도 있습니다.

----

1 옮긴이_ 비트코인의 블록체인을 다른 용도로 활용하는 것은 블록체인 2.0으로 정의할 수 없다는 시각도 있습니다. 하지만 이 책에서는 블록체인 2.0에 포함하겠습니다.

2 옮긴이_ https://en.bitcoin.it/wiki/Colored_Coins

3 옮긴이_ https://github.com/chromaway/ngcccbase/wiki/EPOBC

4 옮긴이_ https://github.com/OpenAssets/open-assets-protocol

옴니

옴니Omni 역시 비트코인의 블록체인 안에서 자체 암호화폐를 만들어 특정 자산과 연결해 거래하는 플랫폼 개발 프로젝트입니다(초기 프로젝트 이름은 '마스터코인Mastercoin'이었습니다). 프로젝트를 활성화하고자 옴니 플랫폼 전체의 기축 통화로 OMNI라는 암호화폐를 발행하기도 했습니다.

그림 4-3 옴니의 구조

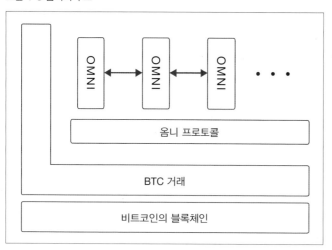

컬러드 코인에서 발행한 자체 암호화폐는 다른 블록체인 플랫폼과 서로 호환하지 않지만, 옴니에서 발행한 자체 암호화폐는 분산 거래 시스템을 이용해 다른 블록체인 플랫폼의 암호화폐와 교환할 수 있기도 합니다.

옴니 플랫폼을 기반으로 자체 암호화폐를 만든 예로는 '메이드세이프MaidSafe'가 잘 알려져 있습니다. 개인이 소유한 CPU, 메모리, 저장공간 등의 컴퓨팅 자원을 암호화폐에 담아 P2P 네트워크에서 거래합니다. 프로젝트를 시작할 때 메이드세이프 암호화폐 소유권을 준다는 ICOInitial Coin Offering (5.1.4 참고)를 진행해 운영 자금을 받았습니다.

4.1.2 알트코인

알트코인은 'Alternative Coin'의 줄임말로 비트코인을 대체할 수 있는 암호화폐를 뜻합니다.

이 책에서는 비트코인 이외의 블록체인 기반 암호화폐를 알트코인이라고 하겠습니다.

라이트코인

라이트코인Litecoin[5]은 비트코인의 블록체인 기반으로 새롭게 만든 플랫폼이며 LTC라는 코인이 있습니다. 블록 간격을 약 2.5분에 1번으로 설정해 비트코인보다 간편하게 채굴할 수 있는 것을 목표로 삼습니다.

비트코인보다 4배가량 빠른 속도로 블록을 생성하므로 블록 생성의 반감기도 4배인 84만 블록으로 설정되어 있습니다. 약 4년에 한 번씩 채굴 보상 금액이 줄어드는 점은 비트코인과 같습니다.

그림 4-4 비트코인과 라이트코인의 블록 간격 차이

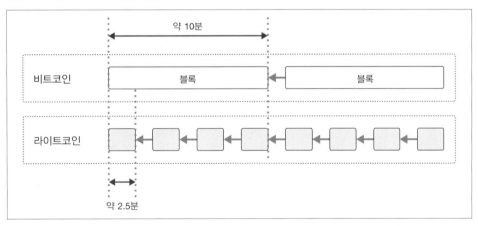

또한 '스크립트Scrypt[6]'라는 비교적 복잡한 합의 알고리즘을 사용해 채굴 독점을 막으려 했습니다. 그러나 스크립트용 ASIC이 개발되어 실패했습니다.

---

5 옮긴이_ https://ko.wikipedia.org/wiki/라이트코인
6 옮긴이_ 연산을 실행할 때 일부러 메모리에 넣는 데이터를 늘려 무차별 데이터 삽입으로 암호를 찾을 수 없게 만드는 알고리즘입니다. https://en.wikipedia.org/wiki/Scrypt

그림 4-5 대시의 거래 구조

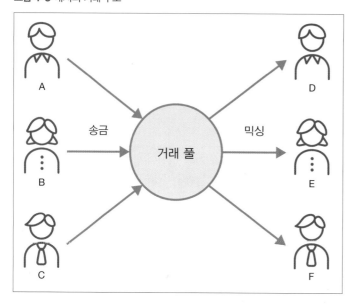

익명 암호화폐

블록체인에 저장한 거래는 특정 블록 잔액, 개인 정보, 라이프 스타일 특징을 알 위험이 있습니다. 이를 해결하려고 대시DASH[7] (예전 이름은 다크코인Darkcoin), 모네로MONERO[8], Z캐시Zcash[9] 등 거래 익명성을 강화한 암호화폐가 등장했습니다. DASH, XMR, ZEC라는 코인이 있습니다.

대시는 송금의 익명성을 높이려고 '믹싱Mixing'이라는 방식으로 거래를 실행합니다. 믹싱은 어떤 두 사람이 직접 거래하는 것이 아니라 거래 풀을 이용하는 것입니다. 즉, 사람 사이에 거래한 흔적을 남기지 않아 개인 정보를 알기 어렵게 하는 것이죠. 단, 거래 풀을 이용하는 사용자가 어느 정도 있어야 효과가 있습니다([그림 4-5] 참고).

모네로는 대시와 달리 '링 서명Ring Signatures'으로 사람 사이의 거래 익명성을 높였습니다. 링 서명은 여러 사람이 그룹 하나를 형성해서 거래에 서명합니다. 즉, 거래 하나를 여러 개의 거래로 나눈 후 그룹에 있는 사람이 개별적으로 서명하는 것입니다.

---

7 옮긴이_ https://ko.wikipedia.org/wiki/Dash_(암호화폐)

8 옮긴이_ https://ko.wikipedia.org/wiki/모네로

9 옮긴이_ https://ko.wikipedia.org/wiki/Zcash

제3자는 그룹의 누가 서명했는지, 거래 총액이 얼마인지 알기 어렵습니다.

그림 4-6 모네로의 거래 구조

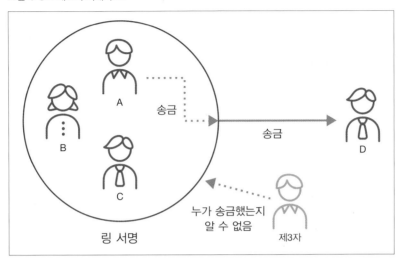

단, 이 방식은 이중 지급의 위험성이 있으므로 크립토노트^{CryptoNOTE}[10]라는 프로토콜로 이를 막습니다. 또한 크립토나이트^{CryptoNight}[11]라는 작업 증명 알고리즘으로 누구나 쉽게 채굴에 참여할수 있게 합니다.

방금 살펴본 대시와 모네로는 거래 내역 추적을 어렵게 하는 것이지, 거래 내역을 완전히 숨기는 것은 아닙니다. Z캐시는 '제로 지식 증명$^{Zero-knowledge\ proof}$[12]'으로 거래 익명성을 보장합니다.

제로 지식 증명은 정보가 있는지를 제3자가 증명하는 암호화 기술입니다. Z캐시는 제로 지식증명으로 암호화폐를 보낸 사람의 주소와 금액 등의 정보를 거래 당사자 두 사람 이외에는 아무도 알 수 없게 숨깁니다.

---

10 옮긴이_ 거래 추적 방지, 이중 지급 방지, 블록체인 분석 방지, 평등한 작업 증명 알고리즘 등을 구현하는 암호화폐 지원 프로토콜입니다. https://en.wikipedia.org/wiki/CryptoNote

11 옮긴이_ 일반적인 CPU로도 채굴할 수 있게 만든 작업 증명 알고리즘입니다. https://en.bitcoin.it/wiki/CryptoNight

12 옮긴이_ 어떤 두 사람이 거래할 때 정보를 보내는 사람은 연속적으로 질문하고, 정보를 받는 사람은 질문을 모두 맞춰 거래를 검증하는 방법입니다. https://ko.wikipedia.org/wiki/영지식_증명

비트코인 캐시

비트코인 캐시는 비트코인의 블록 용량 제한을 없애려고 기존 비트코인을 하드 포크한 알트코인입니다. BCH라는 코인이 있습니다.

비트코인의 블록 용량은 약 1MB로 설정되어 있습니다(2018년 9월 기준). 그리고 블록 하나를 생성하는 10분 동안 1초에 최대 7번의 거래만 처리할 수 있습니다. 또한 비트코인의 블록체인 시스템은 중간에 블록 용량을 변경하면 이전 블록과 호환하지 않아 잘못된 블록으로 처리합니다.

이러한 비트코인의 단점에 불만을 느끼는 사람이 다수 있었습니다. 그래서 기존 비트코인을 원하는 대로 바꾸고자 호환하지 않는 새로운 버전으로 나누게 됩니다. 이를 하드 포크라고 합니다. 하드 포크한 블록체인 시스템을 기존 사용자가 찬성하면 이 시스템은 기존 시스템의 발전으로 인정합니다. 그러나 일부 사용자만 동의하면 하드 포크한 시점에 새로운 블록체인 시스템으로 나뉘는 것입니다.

블록 용량을 늘리는 것이 주목적이었던 비트코인의 하드 포크는 아쉽게도 모든 사용자의 합의를 얻지 못했습니다. 그 결과 기존 비트코인(BTC)과 블록 용량 제한이 없어진 비트코인 캐시(BCH)로 나뉘었습니다. 비트코인 캐시는 기본 블록 용량 8MB로 확장했고, 임의로 블록 크기를 변경할 수 있도록 바꿨습니다.

그림 4-7 비트코인과 비트코인 캐시 비교

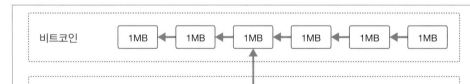

비트코인 캐시처럼 기존의 암호화폐를 하드 포크해 만든 새 암호화폐를 '포크 코인'이라고도 합니다. 비트코인 캐시 이후에도 비트코인 골드, 비트코인 다이아몬드, 슈퍼 비트코인 등의 포크 코인[13]이 있습니다. 기존 비트코인이 있는 사람은 이러한 포크 코인을 자동으로 받습니다. 따

---

13 옮긴이_ https://en.bitcoinwiki.org/wiki/List_of_Bitcoin_forks

라서 비트코인 이외에도 점유율이 높은 암호화폐를 하드 포크해 새 기능을 추가하는 알트코인이 유행처럼 등장하고 있습니다.

4.1.3 알트체인

블록체인 네트워크를 구축해 암호화폐 발행과 거래 증명 등의 기능을 제공하는 플랫폼 개발도 활발합니다. 여기에서는 '블록체인 2.0'을 위한 플랫폼이자 알트코인을 발행할 수 있는 '알트체인'을 살펴보겠습니다.

Nxt

Nxt[14]는 독자적인 암호화폐 발행, 메시지 전송, 투표, 오픈마켓 등의 기능을 제공하는 플랫폼입니다. 해당 플랫폼을 기반으로 둔 NXT라는 코인이 있습니다. 특히 Nxt 오픈마켓은 온라인 디지털 콘텐츠를 안전하게 판매하는 기능이 있습니다. 상품 도착을 확인하지 못하면 자동으로 환불하는 기능도 있습니다.

그림 4-8 Nxt 플랫폼

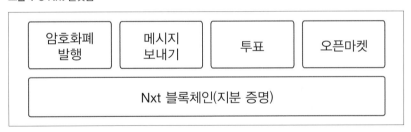

Nxt의 특징 중 하나는 블록 생성에 작업 증명 대신 지분 증명 알고리즘을 적용했다는 것입니다. 작업 증명 알고리즘은 해시 함수 계산 한 번으로 블록을 생성할 확률이 일정합니다. 다른 사람보다 블록 생성 확률을 높여 보상을 얻으려면 많은 연산 자원을 사용해야 합니다. 하지만 Nxt의 지분 증명 알고리즘은 현재 소유한 암호화폐의 잔액에 따라 채굴로 블록 생성할 확률을 동적으로 설정하는 프로토콜을 사용합니다. 따라서 많은 연산 자원을 사용할 필요가 없습니다. 사용자에게 블록을 고르게 분배했다면 채굴 보상을 독점할 수 없습니다.

---

14 옮긴이_ https://en.wikipedia.org/wiki/Nxt

단, 과거에 전체 암호화폐 총금액 절반 이상을 소유했었다면 몇 번이든 채굴로 새 블록 분기를 만들 수 있습니다. 채굴 경쟁 문제가 발생할 수 있으므로 블록 생성 후 약 12시간(1440블록) 이상 다른 블록을 생성할 때까지 체인에 유지되어야 채굴에 참여할 수 있다는 제한을 둡니다.

Nxt는 모든 거래를 하나의 블록체인으로 구성하는 플랫폼이므로 이용자가 늘면 거래 확정을 분산해 처리하기 어렵습니다. 이를 해결하는 것이 다음에 설명할 '아더'입니다.

아더

아더[Ardor][15]는 Nxt의 확장성 문제를 해결하는 프로젝트입니다. Nxt 2.0이라고도 합니다. 메인 체인에 자식 체인을 연결해 블록체인의 분산화를 추구합니다.

아더의 메인 체인은 Nxt의 기능 대부분을 이용하지 않습니다. 대신 메인 체인에 연결할 수 있는 독립적인 자식 체인을 자유롭게 생성해 Nxt의 다양한 기능을 사용합니다. 메인 체인은 자식 체인의 관리와 보호에 집중할 뿐입니다. 특정 서비스나 지역 사회에 맞는 블록체인을 만들고 활용하는 플랫폼이 필요하다면 아더에 관심을 가져보기 바랍니다.

NEM

NEM은 중요도 증명 알고리즘을 이용해 새로운 경제 체제를 구축하려는 프로젝트입니다. 아더와 마찬가지로 Nxt의 문제를 개선하는 프로젝트이기도 합니다. 기축 통화로 활용하는 XEM이라는 코인이 있습니다.

XEM은 처음 공개할 때 약 90억 XEM을 발행해 배포했고 더 발행하지 않습니다. 희소성으로 가치를 부여하는 것입니다. 통화량이 정해져 있는 비트코인과 달리 채굴로 보상을 받는 것이 아니라 NEM 경제권의 중요도(기여도)에 따라 보수를 얻습니다. 이를 중요도 증명[Proof of Importance] 알고리즘이라고 하며, 보상을 얻는 행동을 '수확(5.2.7 참고)'이라고 합니다.

중요도 증명 알고리즘은 Nxt에 적용한 지분 증명 알고리즘의 개선안입니다. 암호화폐를 오래 소유하면 중요도가 낮아지며, 거래가 잦을수록 중요도가 높아지는 구조입니다. 즉, 암호화폐 거래가 활발하도록 유도해 사용자가 암호화폐를 비슷하게 소유하도록 만듭니다. 빈부 격차가 벌어지는 것을 막는 셈입니다.

---

15 옮긴이_ https://www.jelurida.com/index.php/ko/ardor%20블록체인%20플랫폼%20디자인

또한 어뷰징[16]으로 XEM을 주고받았을 때 중요도가 높아지지 않도록 아이젠트러스트++$^{Eigentrust++}$ 알고리즘을 도입했습니다. 네트워크를 구성하는 노드의 중요도를 평가해 부정행위하는 노드의 중요도를 낮춥니다.

NEM 플랫폼은 암호화폐, 전자 서명, 투표 데이터 등을 저장하는 최소 화폐 단위인 모자이크 ^{Mosaics}를 발행할 수 있습니다.[17] 모자이크 발행자는 거래 수수료를 받을 수 있고, 제3자의 거래를 제한할 수 있습니다. 기업 서비스에서 발행하는 포인트를 모자이크로 대체하는 등 비즈니스 분야에서 활용될 가능성도 큽니다.

NEM의 기능을 이용해서 거래를 공증하는 아포스티유^{Apostille}[18] 시스템도 눈여겨볼 만합니다. 부동산 등기, 호적, 인감 증명 등의 공증을 특정 국가나 기관 대신 탈중앙화 개념의 블록체인에서 하는 것입니다.

웨이브

웨이브^{Waves}는 기존 온라인 금융 거래 플랫폼과 대등한 블록체인 기반 암호화폐 플랫폼을 만들려는 프로젝트입니다. Nxt 플랫폼에서 활동했던 개발자가 모여 만들었습니다. WAVES라는 코인도 있습니다.

온라인 뱅킹과 비슷한 UX를 갖추고 있어 누구나 웨이브 플랫폼으로 자유롭게 암호화폐를 발행할 수 있습니다(단, 웨이브 플랫폼으로 발행한 모든 암호화폐가 가치를 지닌다고 보증하지 않습니다). 기존의 화폐 구조에 암호화폐 거래를 이용할 수 있는 플랫폼을 제공해 시장 가치를 키우는 전략입니다.

실제로 '원', '달러' 등의 법정 통화나 BTC, ETH 등의 암호화폐를 송금하면 1:1로 대응하는 WAVES 암호화폐를 발행하는 기능이 있습니다.

웨이브 플랫폼이 성장하면 지금까지 기업에서 운영하는 포인트 카드 등을 발행하는 서비스나, 다른 블록체인 플랫폼으로 암호화폐를 발행하는 서비스가 웨이브 플랫폼 도입을 검토할 것으로 기대됩니다.

---

16 본인 계정 이외(부계정, 다른 사람의 계정)의 다른 계정으로 이용해 어떤 시스템 안에서 부당한 이득을 취하는 행동을 뜻합니다.

17 옮긴이_ NEM의 코인인 XEM도 모자이크로 만든 것입니다.

18 옮긴이_ 원래는 다른 나라의 공문서를 중복으로 인증하지 않겠다는 협약을 의미합니다.

4.2 스마트 계약 플랫폼

블록체인의 스마트 계약은 다양한 분야에 활용할 수 있도록 플랫폼화할 수 있습니다. 예를 들어 이더리움은 다양한 디지털 자산의 소유권을 블록체인에 저장한 후 스마트 계약으로 자산을 관리하거나 이동시킬 수 있는 오픈 플랫폼입니다.

이 절에서는 다양한 블록체인 기반의 스마트 계약 플랫폼과 도구를 알아보겠습니다. 먼저 [그림 4-9]를 살펴봅시다. 이 절에서 소개하는 스마트 계약 플랫폼과 개발 도구의 관계를 나타냅니다.

그림 4-9 스마트 계약 플랫폼과 개발 도구 분류

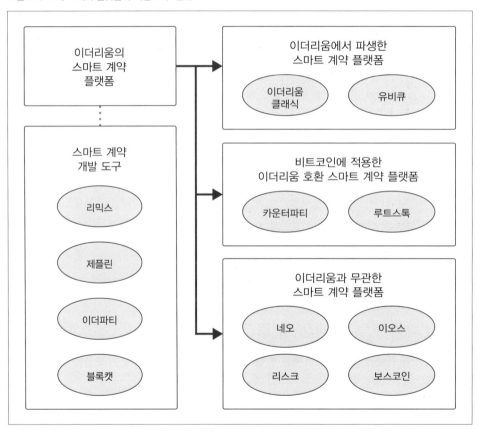

4.2.1 이더리움과 스마트 계약 플랫폼

이더리움은 앞으로도 여러 가지 대형 업데이트가 예정된 진행형 프로젝트입니다. 그러나 이미 이더리움을 기반에 둔 수많은 스마트 계약 플랫폼이 등장했고, 그중에는 이더리움의 스마트 계약을 비즈니스에 활용하는 사례도 있습니다(5장에서 자세히 소개합니다).

여기에서는 첫 번째로 이더리움 기반 스마트 계약 플랫폼을 소개하겠습니다.

이더리움 클래식

이더리움 클래식은 현재 이더리움의 원형입니다. 즉, 하드 포크를 실행한 쪽이 현재의 이더리움입니다. ETC라는 코인이 있습니다.

현재의 이더리움으로 하드 포크한 계기는 2016년 6월에 일어난 DAO 크래킹 사건 때문입니다. 이더리움의 탈중앙화 네트워크 'The DAO^{Decentralized Autonomous Organization}'의 계약 취약점을 공격해 약 360만 이더(당시 약 640억 원)를 도난당했습니다.[19] 이 사건으로 이더리움의 가치가 훼손될 것을 우려한 이더리움 재단은 도난당한 전의 상태로 되돌리려고 복구에 관한 후속 논의를 진행했습니다. 이 논의에서 하드 포크하는 방향이 지지를 얻었습니다. 물론 크래킹이 있었더라도 과거에 일어난 일을 없던 것으로 하는 데 반발하는 사람도 있었습니다. 이 사람들은 하드 포크 이전의 이더리움을 지지하며 이더리움 클래식을 계속 유지하고 있습니다.

이더리움과 이더리움 클래식은 많은 기능이 호환됩니다. 이더리움에서 실행하는 스마트 계약 대부분은 이더리움 클래식에서도 실행할 수 있습니다. 하지만 이더리움은 새로운 기능을 도입해 변하고 있으며, 이더리움 클래식은 기존 플랫폼 형태를 유지하면서 점진적으로 발전하고 있습니다. 앞으로는 두 플랫폼의 호환성이 옅어질 것으로 예상합니다.

예를 들어 이더리움이 작업 증명에서 지분 증명 알고리즘으로 바꾸는 것을 검토한다면, 이더리움 클래식은 작업 증명 알고리즘을 유지하는 방침을 세웠습니다. 또한 이더리움의 암호화폐 발행은 제한이 없지만, 이더리움 클래식은 채굴 보상으로 받는 암호화폐의 양을 500만 블록마다 20%씩 단계적으로 감소시킨다는 정책을 세웠습니다. 암호화폐 최대 발행량을 2억 3천만 ETC로 제한하는 등의 정책도 공개했습니다.[20]

---

19 https://www.nytimes.com/2016/06/18/business/dealbook/hacker-may-have-removed-more-than-50-million-from-experimental-cybercurrency-project.html
20 http://ecip1017.com/

유비큐

유비큐Ubiq[21]는 이더리움의 소스 코드 기반으로 만든 스마트 계약 플랫폼입니다. 기본 기능은 이더리움과 같지만 계속 변화를 추구하는 이더리움과 달리 버그 없는 안정된 플랫폼을 추구합니다.

현재 스마트 계약 플랫폼 대부분은 이더리움 네트워크에 배포합니다. 그런데 지속해서 개선 방향을 논의해 적용하는 이더리움의 성격상 애플리케이션 업데이트나 지속적인 보안 대책 수립 등이 어려울 수 있습니다. 스마트 계약의 안정적인 운영을 고려하면 앞으로 이더리움 클래식이나 유비큐 등 안정적인 플랫폼을 선호할 가능성도 있습니다.

4.2.2 비트코인에서 실행하는 이더리움 호환 스마트 계약 플랫폼

이더리움 기반으로 만든 스마트 계약을 이더리움 이외 플랫폼에서 실행할 수 있습니다. 이더리움 플랫폼의 의존도를 낮춘다는 점에서 긍정적으로 생각하는 개발자가 상당수 있습니다. 이번에는 이더리움 기반 스마트 계약을 비트코인의 블록체인에서 실행하는 플랫폼을 소개합니다.

카운터파티

카운터파티Counterparty[22]는 컬러드 코인이나 옴니처럼 비트코인 시스템의 블록체인에서 암호화폐를 발행하거나 디지털 자산을 거래할 수 있는 비트코인 확장 프로젝트입니다. 다양한 암호화폐 프로젝트의 기능을 적극적으로 도입한다는 특징이 있습니다. 이더리움과 호환하는 스마트 계약도 실행할 수 있으므로 스마트 계약 플랫폼으로 활용할 수 있습니다. 기축 통화로 사용하는 XCP라는 코인이 있습니다.

프로젝트 초기에는 XCP를 발행하는 데 '소각 증명Proof of Burn'이라는 합의 알고리즘을 사용했습니다. 비밀 키가 발견되지 않은 비트코인의 주소에 BTC를 보낸 후 비활성화Burn시키면 새로운 XCP를 발행합니다.

---

21 https://ubiqsmart.com/
22 https://counterparty.io/

루트스톡

앞서 설명한 카운터파티는 BTC를 보내 XCP를 발행할 수 있지만, XCP로 BTC를 발행할 수는 없습니다. 루트스톡Rootstock[23]은 비트코인을 사이드 체인에서 거래할 수 있게 만드는 이더리움 호환 스마트 계약 플랫폼입니다. BTC와 이더리움 기반 코인이나 토큰을 양방향으로 교환하는 기능2 way Peg이 있습니다.

사이드 체인은 메인으로 생각하는 암호화폐를 교환해 거래할 수 있는 다른 블록체인입니다. 예를 들어 BTC를 이더리움 블록체인으로 보내 ETH로 환산해서 거래하면 이더리움 블록체인은 사이드 체인입니다. 사이드 체인에서 거래한 암호화폐는 나중에 다시 메인 체인의 암호화폐로 교환할 수 있습니다.

4.2.3 기타 스마트 계약 플랫폼

이더리움과 비트코인 이외에도 스마트 계약을 실행할 수 있는 독자 플랫폼이 많습니다. 여기에서는 대표적인 플랫폼을 소개합니다.

네오

네오NEO[24]는 중국 중심으로 개발하는 스마트 계약 플랫폼입니다. NEO라는 코인이 있습니다.

다양한 프로그래밍 언어에 대응하는 가상 머신 NeoVM[25]으로 블록체인 이외의 환경에서 스마트 계약을 실행할 수 있습니다. NeoVM에서 지원하는 프로그래밍 언어 컴파일러와 IDE 플러그인은 자바, 코틀린, C#(.NET), 자바스크립트, 타입스크립트, 파이썬, Go 등이 있습니다.

후발주자라는 장점을 살려 다양한 기술을 적용하려고 검토 중입니다. 여러 블록체인 플랫폼과 거래를 실행할 수 있는 NeoX[26], 분산 저장공간 프로토콜 NeoFS[27], 양자 컴퓨팅 기반 암호 체계 NeoQS[28] 등이 있습니다.

---

23 http://www.rsk.co/
24 https://neo.org/
25 옮긴이_ http://docs.neo.org/ko-kr/sc/tutorial.html
26 옮긴이_ http://docs.neo.org/ko-kr/#크로스-체인-상호-운영성-협정-cross-chain-interoperability-agreement—neox
27 옮긴이_ http://docs.neo.org/ko-kr/#분산-저장-프로토콜-distributed-storage-protocol—neofs
28 옮긴이_ http://docs.neo.org/ko-kr/#대-양자-암호-체계-anti-quantum-cryptography-mechanism—neoqs

리스크

리스크LISK**[29]**는 사이드 체인을 이용하는 분산 스마트 계약 플랫폼입니다. 자바스크립트로 개발할 수 있어 많은 웹 개발자에게 관심을 받고 있습니다. LSK라는 코인이 있습니다.

기본적으로 메인 체인에 직접 스마트 계약을 배포하는 것이 아니라 스마트 계약마다 자식 체인을 만들어 실행합니다. 여러 개의 스마트 계약을 병렬로 실행해 처리 능력을 높이고, 스마트 계약에 문제가 발생했을 때 영향을 최소화합니다.

이오스

이오스EOS**[30]**는 비트코인이나 이더리움과는 다른 별도의 블록체인 스마트 계약 플랫폼입니다. 블록체인 노드의 투표로 선정한 대표 노드에게 블록 생성 및 거래 확정 권한을 위임하는 '위임지분 증명Delegated Proof Of Stake'을 합의 알고리즘으로 사용합니다. 덕분에 기존 블록체인 플랫폼보다 거래 처리 속도가 빠르다는 장점이 있습니다. **[31]** EOS라는 토큰이 있습니다.

대표 노드를 블록 프로듀서라고 합니다. 이오스 블록체인 플랫폼에서는 블록 프로듀서를 21명 선정할 수 있습니다. 현재 전 세계의 블록체인 회사가 이오스의 블록 프로듀서로 선정되려고 노력하는 중입니다. **[32]** 한국에서는 EOSYS(http://eosys.io/)와 네오위즈에서 운영하는 EOSeoul(http://eoseoul.io/)이 블록 프로듀서가 되려고 경쟁 중입니다.

보스코인

보스코인BOSCoin**[33]**은 한국에서 만든 블록체인 플랫폼입니다. BOS라는 코인이 있습니다. 스마트 계약 구현에 온톨로지 웹 언어Ontology Web Language, OWL**[34]**와 타임드 오토마타 언어Timed Automata Language, TAL**[35]** 기반의 트러스트 컨트랙트Trust Contracts**[36]**를 사용합니다. 스마트 계약을 배포하기 전

29 https://lisk.io

30 https://eos.io

31 옮긴이_ https://github.com/EOSIO/Documentation/blob/master/TechnicalWhitePaper.md

32 옮긴이_ https://bp.eosgo.io/

33 https://boscoin.io/

34 옮긴이_ 지식을 의미에 따라 연결하는 방법을 컴퓨터에서 다룰 수 있는 형태로 표현한 웹 언어입니다. 시멘틱 웹을 구현할 수 있는 도구이기도 합니다. http://www.w3c.or.kr/Translation/REC-owl-features-20040210/

35 옮긴이_ 계산 능력이 있는 머신으로 풀 수 있는 문제를 해결하는 오토마타의 상태 및 상태 변화에 시간 제약 속성을 추가한 개념입니다. https://en.wikipedia.org/wiki/Timed_automaton

36 옮긴이_ https://boscoin.io/wp-content/themes/boscoin/src/pdf/BOScoinWhitePaper_KO.pdf

에 안전성과 실행 결과를 수학적으로 증명합니다. 에러 발생률이 적은 안전한 스마트 계약을 구현하는 것이 목표입니다.

지금까지 블록체인을 이용한 스마트 계약 플랫폼을 소개했습니다. 현재는 시장 규모가 큰 플랫폼 대부분이 이더리움 기반으로 구축되었습니다. 그러나 이더리움 기반 스마트 계약 플랫폼은 아직 더 발전해야 하는 부분도 많습니다. 그사이에 다른 스마트 계약 플랫폼이 등장해 주류가 될 것인지 관심을 두고 지켜보기 바랍니다.

4.2.4 스마트 계약 개발 도구

이번에는 스마트 계약을 개발할 수 있는 도구를 소개합니다.

리믹스

리믹스Remix[37]는 브라우저에서 솔리디티Solidity 프로그래밍 언어로 스마트 계약 개발과 구축을 지원하는 통합 개발 환경입니다. 브라우저로 사설망이나 테스트넷의 이더리움 블록체인에 연결해 스마트 계약 배포와 테스트를 할 수 있습니다. 이 책에서 주로 사용할 것입니다.

제플린

제플린Zeppelin[38]은 블록체인 플랫폼 안에 스마트 계약을 구현하는 오픈 소스 프로젝트입니다(아파치 제플린과 이름은 같지만 전혀 다른 도구라는 점을 기억하세요). 솔리디티 기반의 스마트 계약을 개발하는 프레임워크인 오픈제플린OpenZeppelin[39]과 스마트 계약을 관리하고 운영하는 플랫폼인 제플린 OSzeppelin_os[40]를 제공합니다.

---

37 https://ethereum.github.io/browser-solidity/

38 https://zeppelin.solutions/

39 옮긴이_ https://openzeppelin.org/

40 옮긴이_ https://zeppelinos.org/

이더파티와 블록캣

이더파티Etherparty[41]와 블록캣BlockCAT[42]은 웹 UI 기반으로 쉽게 스마트 계약을 구현하는 개발 도구입니다. 사용자가 템플릿에 내용을 채우는 방식으로 스마트 계약을 구현하며, 테스트넷 검증과 블록체인 배포까지 처리하는 것이 목표입니다.

4.3 기업용 블록체인 플랫폼

비트코인과 이더리움 같은 블록체인 플랫폼은 퍼블릭 블록체인입니다. 그런데 블록체인을 비즈니스에 활용할 때는 허가 받은 사람만 접근하는 프라이빗 블록체인을 사용할 때도 있습니다. 이 절에서는 프라이빗 블록체인과 클라우드에서 블록체인을 활용하는 플랫폼을 소개합니다.

[그림 4-10]은 이 절에서 소개하는 프라이빗 환경이나 PaaS 클라우드에서 활용하는 블록체인 플랫폼의 관계입니다(점선은 각 플랫폼의 상속이나 의존 관계를 표시한 것입니다).

그림 4-10 프라이빗 환경이나 PaaS 클라우드에서 활용하는 블록체인 플랫폼

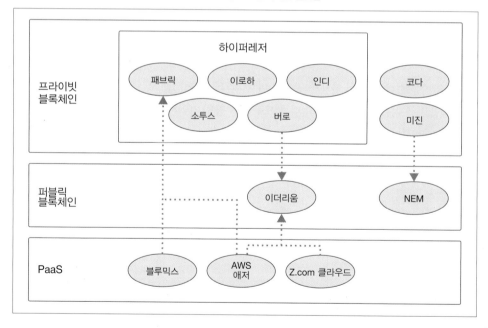

41 https://etherparty.com/

42 https://blockcat.io/

4.3.1 프라이빗 블록체인

퍼블릭 블록체인은 불특정 다수의 사용자로 구성된 P2P 네트워크에서 하나의 '원장Ledger[43]'을 운영하는 기술입니다. 프라이빗 블록체인은 여러 회사를 연결하는 P2P 네트워크나 한 회사 안의 P2P 네트워크에 적용할 수 있습니다. 기존 블록체인의 정의와 맞지 않는다는 의견 때문에 '분산 원장 기술Distributed Ledger Technology, DLT[44]'이라고도 하는 사람도 있습니다.

회사 네트워크 등 비즈니스에서 블록체인 활용을 고려할 때는 반드시 불특정 다수가 참여한다고 생각할 필요가 없습니다. 미리 허가받은 노드만 참여한다고 가정하면 전체 시스템의 규모도 파악하기 쉽고, 시스템 규모에 맞게 성능을 높일 수 있습니다.

4.3.2 하이퍼레저 프로젝트

하이퍼레저Hyperledger[45]는 2015년 12월 리눅스 재단에서 시작한 비즈니스용 블록체인 오픈 소스 프로젝트입니다. 특정 산업이나 기업에서 운영하는 네트워크에서 블록체인을 활용하는 프레임워크와 개발 도구를 제공합니다. 2018년 9월 기준 260개 이상의 대기업, 금융 기관, IT 기업이 참여 중입니다. 하이퍼레저 프로젝트에는 몇 가지 분산 원장 프레임워크 및 도구가 있습니다. 여기에서는 대표적인 것을 소개합니다.

하이퍼레저 패브릭

하이퍼레저 패브릭Hyperledger fabric[46]은 IBM 주도 아래 개발하는 분산 원장 프레임워크입니다. 주요 기능으로 사용자 식별 서비스와 시스템 체인코드 서비스[47]가 있습니다. 사용자 식별 서비스는 사용자 식별 및 권한을 관리하고, 시스템 체인코드는 스마트 계약을 구현합니다(Go, 자바, Node.js로 개발할 수 있습니다). 이 프레임워크로 구축한 서비스 예로는 다이아몬드나 고급 자동차 등의 고액 자산 내역을 관리하는 에버레저Everledger[48]가 있습니다.

---

43 옮긴이_ 거래 내역을 적은 장부를 뜻합니다.
44 옮긴이_ 분산 네트워크의 각 노드(개인)가 데이터베이스를 공유해 동기화하는 기술을 말합니다. 블록체인은 이 기술을 구현한 예입니다.
　　　https://ko.wikipedia.org/wiki/분산원장
45 http://hyperledger.org/
46 https://github.com/hyperledger/fabric
47 옮긴이_ http://hyperledger-fabric.readthedocs.io/en/latest/functionalities.html
48 https://www.everledger.io/

분산 노드는 제한된 사용자를 대상으로 효율성을 높일 수 있는 합의 알고리즘을 사용합니다. 주 노드가 보낸 블록 생성 요청 응답을 집계해 다수가 동의했을 때 블록을 확정하는 PBFT[Practical Byzantine Fault Tolerance][49]나, 합의 전 단계에서 블록 생성을 요청했을 때 원하는 결과와 실제 집계했을 때의 결과가 다르면 블록 생성을 취소하는 SIEVE 등의 합의 알고리즘을 선택할 수 있습니다.

Column │ 비잔티움 장애 허용

시스템에 나쁜 영향을 끼치는 노드를 모델링하는 예로 비잔티움 장군 문제가 있습니다. 배신자가 보내는 교란 메시지를 막아 서로 다른 장소에 있는 비잔티움 장군들이 동시에 성을 공격해서 함락하는 확률을 계산하는 것입니다. 이 원리를 분산 시스템에 적용하면 노드에 발생하는 문제(배신자의 교란 메시지)를 막거나 해결해 신뢰할 수 있는 네트워크를 유지(동시에 성을 공격해서 함락)합니다. 비잔티움 장애 허용(Byzantine Fault Tolerance)은 비잔티움 장군 문제를 해결하는 알고리즘을 이야기합니다. 10.1.4와 10.1.5에서 더 자세히 설명합니다.

하이퍼레저 소투스

하이퍼레저 소투스[Hyperledger Sawtooth][50]는 인텔 주도 아래 개발하는 분산 원장 프레임워크입니다. 신뢰할 수 있는 실행 환경에서 작업 증명 같은 합의 알고리즘의 처리 효율을 향상시키는 '경과 시간 증명[Proof of Elapsed Time, PoET][51]'을 합의 알고리즘으로 사용합니다. CPU의 명가 인텔답게 분산 시스템의 블록 생성 합의에 필요한 신뢰할 수 있는 실행 환경으로 SGX[Software Guard Extensions][52]라는 CPU 아키텍처를 활용합니다.

SGX는 별도의 샌드박스를 만들어 합의 알고리즘을 처리하므로 보안성과 처리 효율을 높이는 구조입니다. C++, 파이썬, 자바, Go, 자바스크립트, 러스트[Rust]로 스마트 계약을 개발할 수 있고, SGX에 대응하는 개발용 에뮬레이터를 제공합니다.

---

49 옮긴이_ https://www.usenix.org/legacy/events/osdi99/full_papers/castro/castro_html/castro.html

50 https://github.com/hyperledger/sawtooth-core

51 옮긴이_ https://sawtooth.hyperledger.org/docs/core/releases/latest/architecture/poet.html

52 옮긴이_ 애플리케이션 무결성, 비밀 데이터 보호, 소프트웨어 및 특정 하드웨어 공격에 대응할 수 있는 인텔 CPU 아키텍처 중 하나입니다. https://en.wikipedia.org/wiki/Software_Guard_Extensions

하이퍼레저 이로하

하이퍼레저 이로하Hyperledger Iroha[53]는 일본 소라미츠Soramitsu사 주도 아래 개발하는 분산 원장 프레임워크입니다. 기존 시스템에 분산 원장을 통합하는 기능을 개발합니다. 성능 향상과 빠른 거래 확정 시간에 중점을 둔 '스메라기Sumeragi'라는 BFT 기반 합의 알고리즘을 사용합니다. 또한 웹 애플리케이션 및 모바일 앱 개발용 라이브러리가 있습니다. C++, 자바, Objective-C, 스위프트, 파이썬, Node.js로 스마트 계약을 개발할 수 있습니다.[54] 히타치, NTT 데이터, 콜루 등 일본 기업이 적극적으로 참여하는 프로젝트입니다.

하이퍼레저 버로우

하이퍼레저 버로우Hyperledger Burrow[55]는 영국 모낙스Monax 주도 아래 개발하는 권한 승인 기반의 스마트 계약 실행 프레임워크입니다. 현재 스마트 계약 구현과 관련해 가장 많은 기술을 축적한 이더리움을 비즈니스에 활용하려는 목적이 있습니다. 즉, 하이퍼레저 프로젝트 최초의 이더리움 기반 스마트 계약 플랫폼입니다.

이더리움 가상 머신으로 블록체인 사용자에게 스마트 계약 플랫폼을 제공합니다. 또한 텐더민트Tendermint[56]라는 합의 프로토콜을 사용합니다. PBFT 기반으로 사용자의 2/3 이상이 동의해야 블록 생성을 확정하는 합의 알고리즘과 다양한 프로그래밍 언어로 개발한 스마트 계약을 실행하는 ABCIApplication BlockChain Interface라는 인터페이스가 있습니다.

Go, 자바스크립트, 파이썬, C++, 자바로 스마트 계약을 개발할 수 있습니다.

하이퍼레저 인디

하이퍼레저 인디Hyperledger Indy[57]는 소브린 재단Sovrin Foundation 주도 아래 개발하는 분산 원장 프레임워크입니다. 특정 국가나 조직에 의존하지 않는 자주적 신원Self-Sovereign Identity, SSI 확인 기능을 구현하는 프로젝트입니다. 앞에서 설명한 하이퍼레저 패브릭에서 ID 시스템을 추가한 기술이라는 사람도 있습니다.

---

53 http://iroha.tech/
54 옮긴이_ http://iroha.readthedocs.io/en/latest/api/index.html
55 https://www.hyperledger.org/hip_burrowv2
56 옮긴이_ http://tendermint.readthedocs.io/projects/tools/en/master/index.html
57 https://www.hyperledger.org/blog/2017/05/02/hyperledger-welcomes-project-indy

하이퍼레저 인디의 기반은 플레넘Plenum[58]이라는 합의 프로토콜입니다. RBFT Redundant Byzantine Fault Tolerance라는 합의 알고리즘을 사용합니다. 모든 노드는 현재 블록을 생성하는 마스터 노드와 다른 블록 생성 요청을 순서대로 정렬하는 백업 노드의 성능을 비교합니다. 그리고 마스터 노드의 성능이 다른 백업 노드보다 좋아야 블록을 생성합니다. 마스터 노드의 성능이 좋지 않으면 시스템에 좋지 않은 영향을 끼치는 노드로 판단하고 블록을 생성하지 않습니다. 즉, 플랫폼의 성능을 중시하는 정책을 취하는 것입니다.

소브린 재단에서는 자주적 신원 확인의 기반인 소브린 ID를 개발해 운영합니다. 다른 하이퍼레저 프로젝트에서도 인디를 이용해 ID 시스템을 추가할 수 있는 도구 및 라이브러리의 제공을 추진하는 중입니다. 닷넷 프레임워크, 자바, 파이썬, iOS에서 스마트 계약을 개발할 수 있습니다.

4.3.3 코다

코다Corda[59]는 글로벌 분산 원장 컨소시엄 R3가 개발하는 금융 분야의 분산 원장 플랫폼입니다. 단, 탈중앙화가 아닌 중앙 집중형 플랫폼에 가깝습니다. 현재 금융 거래는 각 거래 당사자의 입장에 맞춰 거래 내역을 기록·관리합니다. 따라서 거래 당사자 사이의 거래 내역 일관성을 유지하려면 큰 비용을 써야 하는 등의 문제가 있습니다. 이럴 때 코다는 분산 원장 기술로 금융 거래를 통합 관리해 신속한 합의를 구현합니다.

코다에는 블록체인의 개념과 다른 점, 비슷한 점이 모두 존재합니다. 다른 점으로는 블록이나 채굴 등의 개념이 없다는 것, 거래 당사자 사이의 서명으로 거래를 확정한 후 코다를 관리하는 주체가 이중 지급 등이 있는지 확인하는 합의 방식이라는 것, 별도의 타임스탬프 서버를 구축해 실제 거래 시각과 동기화해야 한다는 것이 있습니다. 비슷한 점으로는 비트코인의 블록과 UTXO 개념으로 거래 환경을 제공한다는 점입니다.

스마트 계약은 자바 혹은 JVM 기반 프로그래밍 언어로 개발할 수 있습니다. 또한 아파치 라이선스로 공개[60]했으므로 하이퍼레저 프로젝트에 사용할 가능성도 있는 셈입니다.

----

58 옮긴이_ https://github.com/hyperledger/indy-plenum/wiki
59 https://www.corda.net/
60 https://github.com/corda/corda

4.3.4 미진

미진Mijin[61]은 일본의 테크뷰로[62] 사가 개발하는 NEM 기반의 블록체인 스마트 계약 플랫폼입니다. 퍼블릭 블록체인 기반의 NEM과 프라이빗 블록체인 기반의 미진을 통합하는 에코 시스템 구축도 추진 중입니다. 2018년 3월에는 미진 버전 2인 캐터펄트Catapult[63]의 비공개 베타 테스트를 시작했습니다. 4월에는 캐터펄트 코어 엔진의 평가판을 출시할 예정이며, 5월에는 캐터펄트를 오픈 소스로 공개할 예정입니다.

4.3.5 블록체인 플랫폼을 위한 클라우드 서비스

퍼블릭 블록체인에서 스마트 계약을 배포한다면 서버를 준비할 필요가 없습니다. 하지만 프라이빗 블록체인 플랫폼을 구축한다면 별도의 서버를 준비해야 합니다. 이럴 때 클라우드 서비스로 프라이빗 블록체인 플랫폼을 쉽게 구축할 수 있습니다.

마이크로소프트 애저

애저Azure는 이더리움과 하이퍼레저 패브릭 기반의 블록체인 플랫폼을 구축하거나 운영하는 Blockchain as a Service[64](PaaS 기반)를 제공합니다. 이더리움 스튜디오Ethereum Studio[65]라는 스마트 계약 통합 개발 환경으로 스마트 계약 개발을 지원합니다.

AWS

AWS는 애저와 마찬가지로 이더리움과 하이퍼레저 패브릭 기반의 블록체인 플랫폼을 구축, 운영하는 AWS 블록체인 템플릿AWS Blockchain Templates[66]을 제공합니다. 기본 사용 방법은 'AWS 블록체인 템플릿을 통해 Ethereum 및 Hyperledger Fabric 시작하기[67]'를 참고 바랍니다.

---

61 http://mijin.io/en/
62 http://techbureau.jp/
63 http://mijin.io/en/catapult
64 https://azure.microsoft.com/ko-kr/solutions/blockchain/
65 https://azuremarketplace.microsoft.com/ko-kr/marketplace/apps/ethereum.ethereum-studio?tab=Overview
66 옮긴이_ https://aws.amazon.com/ko/blockchain/templates/
67 옮긴이_ https://aws.amazon.com/ko/blogs/korea/get-started-with-blockchain-using-the-new-aws-blockchain-templates/

IBM 블루믹스

IBM은 하이퍼레저 패브릭을 클라우드에 구축하는 플랫폼인 블록체인 온 블루믹스Blockchain on Bluemix[68]를 제공합니다. 하이퍼레저 패브릭의 스마트 계약을 위한 개발 환경인 하이버레저 컴포저Hyperledger Composer[69] 등도 제공합니다.

---

68 https://console.bluemix.net/catalog/services/blockchain/

69 옮긴이_ https://hyperledger.github.io/composer/latest/introduction/introduction.html

블록체인 서비스 활용하기

이 장에서는 블록체인을 활용해 어떤 서비스를 제공할 수 있는지 살펴봅니다. 그리고 지속 가능한 서비스를
제공하는 데 필요한 수익 구조도 알아봅니다.

5.1 블록체인 서비스 이해하기

2~4장에서는 블록체인의 원리를 설명하고 스마트 계약과 다양한 블록체인 플랫폼을 소개했습
니다. 현재 기존 서비스에 블록체인을 도입하려는 움직임이 활발합니다. 다양한 블록체인 애플
리케이션도 개발되고 있습니다.

하지만 블록체인 도입은 서비스 사용자가 늘 것으로 판단했을 때 실행하는 것이 좋습니다. 이
미 있는 블록체인 기반 서비스를 이용할지, 기존 블록체인 기반 서비스를 조합해 새로운 서비
스를 쉽게 구축할 수 있는지 등도 따져봐야 합니다.

이 절에서는 블록체인 서비스를 이해하는 데 도움이 되는 여러 가지 개념을 설명합니다. 오픈
소스와 비교해 블록체인의 수익 구조도 살펴봅니다.

5.1.1 아키텍처 비교

먼저 블록체인 서비스의 아키텍처를 간단하게 정리해보겠습니다. [그림 5-1]을 참고해 기존
웹 서비스와 비교해보기 바랍니다.

그림 5-1 블록체인 서비스와 웹 서비스 아키텍처 비교

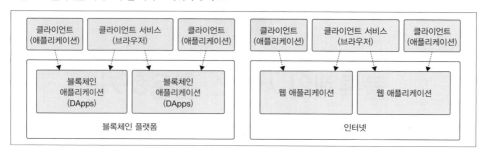

블록체인 서비스의 구성 요소는 클라이언트, 블록체인 플랫폼, 블록체인 애플리케이션 (DApps), 클라이언트 서비스가 있습니다. 웹 서비스 아키텍처와 비교해볼까요? 웹 서비스에서 블록체인 플랫폼에 해당하는 것은 인터넷입니다. 블록체인 애플리케이션에 해당하는 것은 웹 애플리케이션입니다. 또한 웹 애플리케이션이든 블록체인 애플리케이션이든 사용자가 활용하는 인터페이스로 클라이언트 서비스가 존재합니다.

블록체인을 비즈니스에 활용할 때는 아키텍처의 어떤 부분을 사용할지 생각해야 합니다. 기존 블록체인 플랫폼 안에서 동작하는 애플리케이션을 이용할지, 새 블록체인 애플리케이션을 개발할지, 블록체인 플랫폼을 개발할지에 따라 비용과 수익 모델이 완전히 달라집니다.

[그림 5-2]는 개발 난이도에 따라 블록체인을 활용하는 방법을 4단계로 소개한 것입니다.

그림 5-2 난이도에 따른 블록체인 활용 4단계

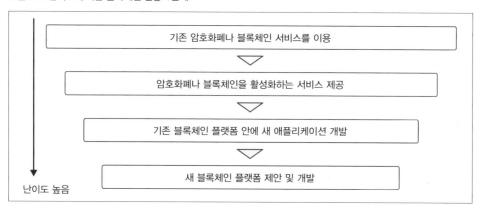

1단계는 기존 암호화폐나 블록체인 서비스로 수익을 효율화합니다. 이 단계에서는 새로운 서비스를 만들지 않고 이미 제공하는 서비스를 이용해 수익을 냅니다.

2단계는 암호화폐나 블록체인을 사용하겠다는 사람에게 필요한 서비스를 제공해서 수익을 냅니다.

3단계는 기존 블록체인 플랫폼 안에 새 애플리케이션을 개발해 수익을 냅니다. 구체적인 예는 5.3에서 소개합니다. 애플리케이션 개발 방법은 6장부터 차례로 소개할 것입니다.

4단계는 새로운 블록체인 플랫폼이나 기술을 제안하고 개발하는 것입니다. 아직 블록체인이 대중화되지 않았으므로 난이도가 가장 높습니다. 10~20년 후를 보고 투자한다는 뜻입니다.

5.1.2 새 비즈니스 모델 구축

블록체인은 1장에서 설명했듯이 화폐를 자유롭게 발행하고 계약을 자동화할 수 있습니다. 화폐 발행의 자유는 지금까지 국가가 독점하던 화폐 발행의 이익(화폐 주조세[1])을 나눈다는 의미가 있습니다([그림 5-3] 참고).

그림 5-3 암호화폐와 DApps를 이용한 화폐 발행 자유

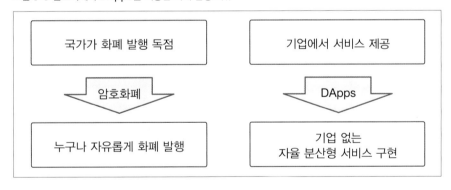

블록체인의 스마트 계약을 이용하면 기업에 의존했던 서비스에 자유도를 부여합니다. 또한 기업 없이 다양한 서비스를 제공할 수도 있습니다. 기존 비즈니스 모델과 다른 새로운 모델을 지금부터 진지하게 검토할 필요가 있습니다.

---

1 화폐 발행에 부과하는 세금입니다. 화폐 발행 권한을 뜻하기도 합니다. https://ko.wikipedia.org/wiki/화폐_주조세

5.1.3 오픈 소스와 블록체인

기업이나 개인이 시간과 비용을 들여 블록체인 애플리케이션을 만드는 이유는 무엇일까요? 블록체인 애플리케이션(DApps)이 등장했을 때의 반응은 오픈 소스가 처음 등장했을 때와 비슷하므로, 오픈 소스와 비교하면서 이 의문에 관한 답을 찾아보겠습니다.

그림 5-4 폐쇄적인 개발 환경과 개방적인 개발 환경 비교

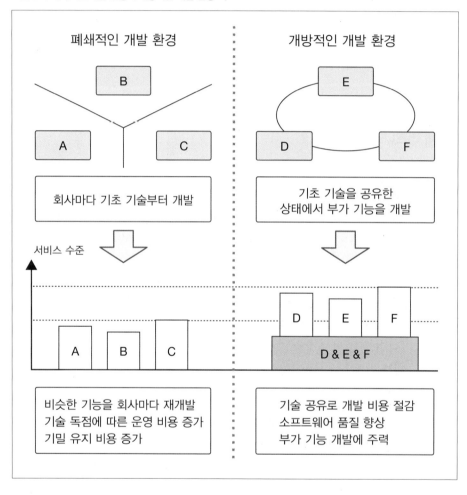

오픈 소스 개발의 혜택

현재 오픈 소스 소프트웨어로 수익을 내거나 업무로 오픈 소스 소프트웨어를 활발하게 개발하는 회사도 있습니다. 누구나 무료로 사용할 수 있는 오픈 소스 소프트웨어로 어떻게 수익을 내는 걸까요?

오픈 소스의 기본 개념은 집단지성으로 소프트웨어의 품질을 높이는 것입니다. 같은 분야에서 일하는 여러 회사의 개발자가 개방된 환경에서 기술을 공유해 좋은 소프트웨어를 개발하고, 이를 함께 사용하는 것이죠. 기초 기술을 공개적으로 개발하면 기술의 표준화 및 버그 발견율을 높일 수 있습니다. 또한 복잡한 소프트웨어를 밑바닥부터 개발하지 않고, 어느 정도 완성된 소프트웨어를 기반으로 회사마다 필요한 기능만 덧붙일 수 있습니다. 즉, 오픈 소스는 효율적인 개발 구조를 만들어 비용을 절감함으로써 수익을 낼 확률을 높이는 것입니다.

오픈 소스로 개발한 리눅스나 넷스케이프 브라우저가 탄생해 여러 사람이 이를 계속 발전시킴에 따라 인터넷도 지금처럼 발전했습니다. 블록체인도 마찬가지입니다. 예를 들어 [그림 5-5]처럼 블록체인으로 각 병원의 환자 진료 기록 정보를 통합해 효율적이고 안전하게 관리하는 방법을 검토할 수 있습니다.

그림 5-5 블록체인 및 분산 원장으로 병원 사이의 데이터 공유

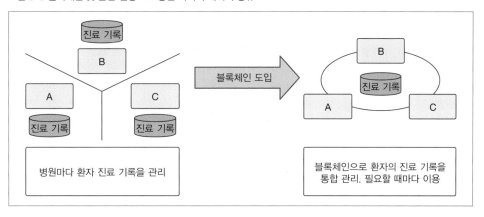

진료 기록 정보 통합과 같은 예는 폐쇄적인 개발 환경에서 개방적인 개발 환경으로 바꾼 오픈 소스 프로젝트와 비슷합니다.

오픈 소스 수익 모델의 종류

오픈 소스로 수익 모델을 만든 사례에서 블록체인의 수익 모델을 어떻게 만들 수 있을지 생각해보겠습니다.

오픈 소스 소프트웨어를 분석하는 문기프트MOONGIFT[2]는 오픈 소스의 비즈니스 모델로 12개 사례[3]를 소개했습니다. 여기서 소개하는 비즈니스 모델은 블록체인으로 수익을 내는 데도 도움이 됩니다.

[표 5-1]은 12개의 비즈니스 모델과 이에 대응하는 블록체인의 비즈니스 활용 사례입니다.

표 5-1 오픈 소스 비즈니스 모델과 블록체인 비즈니스 활용

오픈 소스 비즈니스 모델	설명	블록체인 비즈니스 활용
컨설팅	오픈 소스 소프트웨어 활용 도입 및 교육	블록체인을 활용하는 컨설팅 기업 등장
라이선스 판매	무료와 유료 라이선스를 동시에 제공. 부가 기능이 많은 쪽을 유료 라이선스화	채굴 및 프라이빗 블록체인 등을 유료 라이선스로 판매
지원	기술 지원 제공	암호화폐 결제 기능으로 사용할 때의 기술 지원 등 제안
사용자화	비즈니스에 최적화한 소프트웨어 제공	사용자에게 필요한 암호화폐 및 토큰을 쉽게 발행할 수 있는 플랫폼 제공
SaaS / ASP	일반 사용자에게 인터넷 서비스 제공(예: Wordpress)	온라인 암호화폐 거래소, 지갑 서비스, 스마트 계약 개발 환경 등 다양한 서비스를 SaaS / ASP로 제공
판매	회사에서 사용할 수 있는 오픈 소스 소프트웨어와 플랫폼 판매	디지털 자산을 거래하는 플랫폼으로 블록체인 제안
기부	오픈 소스에 참여하는 기업에게 기부금 요청	암호화폐를 이용한 온라인 기부
대체	오픈 소스 소프트웨어를 발전시켜 기존 시장을 새로운 시장으로 대체	공유 경제 기반으로 새로운 시장 개척
하드웨어와 결합	오픈 소스 소프트웨어를 포함하는 하드웨어 판매	하드웨어 지갑이나 블록체인 기반 IoT 기기 등의 판매
광고	공식 사이트와 오픈 소스 소프트웨어에 광고 포함	지갑 등의 클라이언트 애플리케이션에 광고 포함

---

2 http://moongift.co.jp/

3 https://toiroha.jp/article/detail/35136

오픈 소스 비즈니스 모델	설명	블록체인 비즈니스 활용
재단 설립	재단이나 기업을 설립해 후원자에게 재정 지원 요청(예: 아파치, 모질라 등).	기업의 금전적인 지원을 받는 프로젝트 발족(예: 하이퍼레저 프로젝트).
부가 상품 판매	오픈 소스 소프트웨어 관련 로고를 담은 티셔츠, 책, 인형 등을 판매.	로고, 서적, 디지털 트레이딩 카드 등의 부가 상품 판매.

5.1.4 크라우드 펀딩과 ICO

새 암호화폐나 블록체인 플랫폼을 개발할 때 자금 확보를 목적으로 ICO[Initial Coin Offering]를 발표할 때가 있습니다. 개발 후 해당 플랫폼의 암호화폐를 발행하거나 현재 소유한 암호화폐를 파는 것입니다. 새 프로젝트의 개발 자금을 확보하려고 기부를 받거나 상품을 제공하는 크라우드 펀딩과 비슷합니다.[4]

IPO, 크라우드 펀딩, ICO 등은 자금을 투자하는 사람들의 성향이 다릅니다. IPO로 주식을 사는 이유는 미래에 투자한 자금을 최대 비율로 회수하려는 것입니다. 따라서 비즈니스 모델로 성공할 확률이 높거나 이익이 높을 것으로 기대하는 프로젝트에 투자를 집중합니다.

크라우드 펀딩은 일반인도 부담 없이 소액의 자금을 제공할 수 있는 시스템이 준비되어 있습니다. 프로젝트가 성공했을 때 소정의 증정품을 받거나, 프로젝트에 기여한 사람으로 이름을 남기는 등으로 고마움을 표현합니다. 물론 투자를 목적[5]으로 두는 사람도 있지만 투자금 회수보다 프로젝트의 목적과 이념에 공감해서 협력하려는 사람이 더 많습니다.

크라우드 펀딩으로 영화 제작비를 모으는 예를 생각해보죠. 영화 배급사가 제작을 거절(수익을 내기 어렵다는 이유)한 영화에 일반인이 상당한 자금을 투자할 때가 종종 있습니다. 이는 비즈니스 관점의 영화 평가와 관객의 영화 평가가 반드시 일치하지는 않음을 보여줍니다. 사용자의 폭이 IPO보다 넓은 것입니다.

ICO의 형태나 정의는 명확하지 않습니다. 새 블록체인 플랫폼 프로젝트의 개발 자금을 받은 후 플랫폼에서 사용하는 토큰을 발행해주는 것이 ICO의 일반적인 형태입니다. 이때 발행하는

---

4 기업이 신규 상장하는 주식을 판매하는 IPO(Initial Public Offering)와 비슷하다는 사람도 있습니다.
5 투자금이나 이익금을 반환하는 크라우드 펀딩은 소셜 블렌딩이라고도 합니다.

토큰 일부는 개발자가 소유하고 나머지를 ICO 참가자에게 발행합니다. 토큰은 메인넷으로 발전할 가능성을 고려해 그대로 소유하는 사람도 있고, BTC와 ETH 등 주요 코인으로 바꾸는 사람도 있습니다. 첫 ICO는 1장과 4장에서 소개한 옴니(예전 마스터코인)입니다. 당시 기축 통화였던 MSC 100개당 1BTC로 환산해 5,120BTC(당시 약 50만 달러)를 모았습니다.[6]

토큰은 보통 발행할 때 최대 발행 금액을 정할 때가 많습니다. 서비스 사용자가 많으면 토큰의 가치가 올라 개발자와 ICO에 참여한 사용자의 자산 가치가 오릅니다. 이는 IPO와 비슷한 특징입니다. 2017년 2분기 기준 벤처 투자 회사의 투자 금액보다 ICO로 투자받은 돈이 더 많습니다([그림 5-6] 참고).[7] 앞으로 ICO를 이용하는 투자 플랫폼이 등장할 수도 있습니다.

그림 5-6 VC와 ICO 의한 자금 조달액 추이

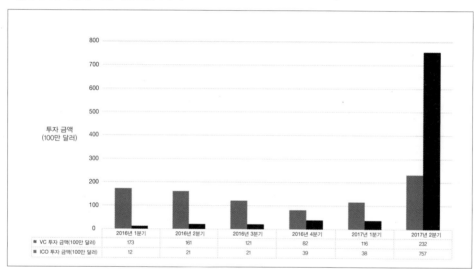

	2016년 1분기	2016년 2분기	2016년 3분기	2016년 4분기	2017년 1분기	2017년 2분기
■ VC 투자 금액(100만 달러)	173	161	121	82	116	232
■ ICO 투자 금액(100만 달러)	12	21	21	39	38	757

ICO는 사회 문제를 창업으로 해결하는 사회 창업가에게 큰 힘이 될 수 있습니다. 보통 사회 창업가의 사업은 지속 가능성이 커도 수익이 낮으므로 큰 투자를 받기 어렵습니다. 하지만 크라우드 펀딩이나 ICO는 사회적인 공감만 형성되면 사회 창업가의 사업을 지원할 수 있을 것입니다. 앞으로 사회 창업가가 진정한 창업가로 평가될지도 모릅니다.

6 Vitalik Buterin. Mastercoin : A Second-Generation Protocol on the Bitcoin Blockchain. Bitcoin Magazine. Nov. 2013. https://bitcoinmagazine.com/articles/mastercoin-a-second-generation-protocol-on-the-bitcoin-blockchain-1383603310/

7 https://www.cbinsights.com/research/blockchain-startup-deals-ico-trend/

ICO는 아직 법적으로 보호받지 못합니다. ICO로 자금을 모아서 프로젝트를 시작하지 않거나 미완성 상태로 방치하더라도 규제하는 법이 없습니다. 그래서 ICO의 공정성과 투명성을 높이는 연구도 계속해서 진행 중입니다. 4.2.2에서 소개한 카운터파티는 비밀 키가 없는 비트코인 주소에 BTC를 보내면 기축 통화인 XCP를 받는 소각 증명 합의 알고리즘으로 ICO의 투명성을 높입니다.

한편 ICO가 활성화되면서 초기 단계에 참여하면 더 많은 암호화폐를 발행해준다거나, 유리한 조건으로 암호화폐를 살 수 있는 조건을 두는 곳이 늘고 있습니다. 나중에 암호화폐 과점 등의 문제가 발생할 수 있습니다. 이를 해결하는 방안으로 노시스Gnosis라는 프로젝트의 ICO는 더치 경매[8] 형식으로 ICO를 진행했습니다. 일정량의 토큰을 높은 가격에 발행한 후, 시간이 지날수록 가격을 내려 사용자가 원하는 시점에 사는 것입니다.

노시스의 ICO는 기간을 늘려 많은 사람이 토큰을 얻을 수 있길 바랐습니다. 그러나 생각처럼 진행되지 않았습니다. ICO에 관한 기대가 커 높은 가격에도 많은 참여가 이뤄진 것이죠. 약 10분 만에 투자액 한도(총 3,000억원)에 도달했습니다. 결국 발행 토큰의 일부만 개발자가 소유하게 되어 형평성 문제를 해결하지 못했습니다.

이 결과를 참고한 라이덴Raiden이라는 프로젝트는 노시스와 같은 결과를 막으려고 발행 토큰의 50% 매각을 조건으로 둔 더치 경매 형식의 ICO를 실시했습니다. 이 ICO는 약 10일 동안 약 4,200명에게 토큰을 분배해 좀 더 의도에 충실한 결과를 냈습니다.[9]

ICO를 하는 사람이 큰 권한을 갖는 새로운 형태도 있습니다. 비탈릭 부테린이 제안한 DAICODAO+ICO[10]는 프로젝트팀이 매달 이용할 수 있는 자금량을 참가자의 투표로 조절할 수 있습니다. 프로젝트 달성이 어렵다면 역시 참가자의 투표로 프로젝트를 끝내고 참여자에게 자금을 돌려주는 기능 등이 있습니다. 일본의 분산 기술 종합 연구소DRI에서 제안한 RICOResponsible ICO[11] RICO는 스마트 계약을 이용해 생성한 발행자의 토큰을 일정 기간 잠그는 기능 등이 있습니다.

---

8 네덜란드에서 꽃 경매 방식으로 제안한 것입니다. 꽃은 수명이 짧아 조기에 경매해야 할 필요가 있었습니다. 따라서 원하는 가격에서 즉시 매각할 수 있는 방식을 선택했습니다.

9 Raiden Network Token Launch concluded. Raiden Network. 2017. https://medium.com/@raiden_network/raiden-network-token-launch-concluded-3fb429e27731

10 Vitalik Buterin. Explanation of DAICOs. Jan. 2018. https://ethresear.ch/t/explanation-of-daicos/465

11 https://github.com/DRI-network/RICO

5.2 암호화폐 기반의 서비스

처음 비트코인이 등장했을 때는 디지털 화폐에 관심이 많은 일부 개발자가 클라이언트와 도구를 개발해 오픈 소스 소프트웨어로 공개했습니다. 따라서 도구와 소프트웨어를 다룰 수 있는 기술이 있어야 했습니다. 하지만 많은 사람이 암호화폐의 가치를 인정하면서 개발자가 아닌 사람도 수수료와 비용을 지급하고 암호화폐를 이용하고 싶어 했습니다.

이 절에서는 개발자가 아닌 사람도 접할 수 있는 암호화폐 기반의 블록체인 서비스를 살펴봅니다. 암호화폐 거래소와 관련 기술, 암호화폐를 이용한 결제, 기부와 모금, 플랫폼 기여 등을 알아볼 것입니다.

5.2.1 암호화폐 거래소

암호화폐 거래소는 암호화폐, 법정 통화, 다른 암호화폐를 서로 교환하는 서비스입니다. 영어로는 'Cryptocurrency Exchanges'라고 합니다. 암호화폐를 얻는 가장 간단한 방법은 이미 암호화폐를 소유한 사람에게 사는 것입니다.

그림 5-7 암호화폐 거래소의 개념

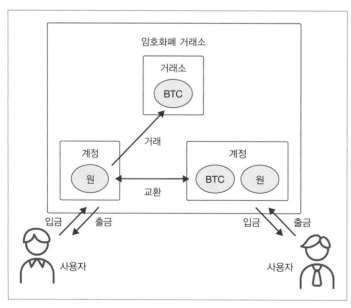

그런데 각자 알아서 암호화폐가 있는 사람을 만나거나, 적절한 암호화폐 가격을 매기는 것은 어려운 일입니다. 암호화폐 거래소는 암호화폐를 팔거나 사고 싶은 사람이 모이는 공간을 마련해 거래를 돕습니다(왼쪽 [그림 5-7] 참고).

거래소에 계정을 만들고 다양한 화폐(법정 통화, 암호화폐 등)를 입금해 거래를 시작할 수 있습니다. 거래소 대부분은 계정에 화폐를 입금하거나 출금할 때 수수료를 부과합니다. 또한 계정을 생성할 때 꼭 본인인지 확인합니다. 암호화폐를 이용한 돈세탁을 방지하기 위함입니다.

암호화폐 거래는 주식 거래처럼 "0.1BTC를 10만 원에 사거나 팔고 싶다"라는 방식으로 수량과 교환율을 지정한 매수/매도 주문을 넣고 이에 성립하는 거래자를 연결합니다. 시각까지 지정해 거래할 수 있지만, 거래에 시간이 오래 걸리거나 거래가 성립하지 않을 수도 있습니다.

한편 지정된 시각에 반드시 암호화폐를 거래하는 서비스를 제공하는 곳도 있습니다. 이런 거래소에서 암호화폐를 거래하면 수수료가 추가로 붙지만, 원하는 만큼의 암호화폐를 즉시 얻을 수 있습니다. 현재 세계 각국에서 암호화폐 거래소를 운영합니다. 한국에는 2018년 9월 기준 빗썸[12], 업비트[13], 코인원[14] 등 약 54개 거래소가 있습니다. 입출금 방법, 취급하는 암호화폐 종류, 사용 편의성, 보안 등의 특징에 차이가 있습니다. 예를 들어 '원'으로 직접 살 수 없는 암호화폐가 있다면 먼저 BTC를 사고 원하는 암호화폐를 취급하는 거래소의 계정에 BTC를 보내는 등의 과정을 거칠 수도 있습니다. 거래소 대부분은 어떤 계정의 암호화폐를 다른 계정에 보내는 기능을 제공합니다. 단, 송금 수수료를 내야 합니다.

5.2.2 탈중앙화 암호화폐 거래소

방금 살펴본 암호화폐 거래소는 특정 회사가 거래소 서비스를 제공하는 형태입니다. 인터페이스가 간단하고, 다양한 기능을 회사가 직접 제공한다는 장점이 있습니다. 대신 수수료가 비싸고, 회사가 망하면 계정에 남은 금액을 잃어버릴 위험이 있습니다. 1장에서 살펴본 마운트 곡스 거래소 파산 사건에는 예치금 280억 원과 75만 BTC(당시 약 3,000억 원)가 없어졌다고 합니다. 비트코인 시스템은 중단 없이 계속 동작하더라도, 특정 회사가 제공하는 서비스에 의존하면 문제 발생 확률이 있는 것이죠. 이러한 위험성을 '카운터파티 리스크'라고도 합니다.

....
12 https://www.bithumb.com/
13 https://upbit.com/
14 https://coinone.co.kr/

이 문제를 막고자 탈중앙화 암호화폐 거래소Decentralized Exchange, DEX가 등장했습니다. 계정 등록 없이 다른 사람과 암호화폐를 거래할 수 있고 본인 확인 절차도 없습니다. 카운터파티 리스크 발생 확률도 0에 가깝다고 알려져 있습니다. 대표적인 서비스는 이더리움에서 스마트 계약을 이용해 구현한 이더델타EtherDelta[15]가 있습니다. 4장에서 살펴본 알트체인도 플랫폼에서 만든 독자적인 탈중앙화 암호화폐 거래소를 제공합니다.

탈중앙화 암호화폐 거래소는 블록체인 애플리케이션으로 구현하는 새로운 서비스 형태이므로 대중화되려면 좀 더 시간이 걸릴 수 있습니다. 또한 다른 블록체인 플랫폼을 사용하는 암호화폐의 교환, 대량 거래를 처리하는 확장성 구현 등 기술적으로 해결해야 할 과제도 많습니다. 그러나 문제를 해결해 관리자 없는 탈중앙화 서비스가 사회적으로 공감을 얻는 시점이 그리 멀지 않으리라고 예상합니다.

5.2.3 지갑

거래소 계정에 있는 암호화폐는 직접 송금할 수 있습니다. 그러나 고액의 암호화폐를 보관해두면 '카운터파티 리스크'에 노출되는 셈입니다. 이를 막고자 암호화폐를 안전하게 보관하는 '지갑Wallet'이라는 기능이 등장했습니다. 거래에 사용하는 비밀 키를 저장하고 있습니다.

비밀 키는 암호화폐의 소유권을 바꿀 수 있으므로 안전하게 관리해야 합니다. 반면 빠르게 송금한다는 측면을 생각하면 비밀 키에 접근해 서명할 때의 편의성도 고려해야 합니다. 지갑은 비밀 키의 안전한 관리와 거래 편의성을 모두 만족시키는 서비스이자 애플리케이션입니다. 단, 보안과 편의성을 동시에 유지하기 어려우므로 무엇을 우선으로 둘지에 따라 지갑의 종류를 구분합니다.

지갑의 보안 강도는 비밀 키를 온라인/오프라인 어느 쪽에 보관하느냐로 구분할 수 있습니다. 비밀 키를 온라인에 보관하면 '뜨거운 지갑', 오프라인에 보관하면 '차가운 지갑'이라고 합니다. 뜨거운 지갑은 편의성이 높지만 암호화폐 도난 등의 위험도가 높습니다. 반대로 차가운 지갑은 편의성은 낮지만 도난 등의 위험도가 낮습니다.

---

15 https://etherdelta.com/

뜨거운 지갑

암호화폐 거래가 잦으면 비밀 키를 즉시 사용할 수 있는 '뜨거운 지갑Hot Wallet'을 사용하는 것이 좋습니다. 데스크톱 지갑, 모바일 지갑, 웹 지갑 등이 있습니다. 지갑 각각의 특징은 다음과 같습니다.

- **데스크톱 지갑**: PC에 설치하는 애플리케이션 형태입니다. PC를 인터넷에 연결하지 않으면 차가운 지갑으로 사용할 수도 있습니다.
- **모바일 지갑**: 스마트폰 앱 형태입니다. 스마트폰만 있으면 어디서든 암호화폐를 거래할 수 있습니다. 인터넷에 연결되지 않더라도 앱을 실행해 차가운 지갑으로 사용할 수도 있습니다.
- **웹 지갑**: 웹 서비스 형태입니다. 거래소 계정에 암호화폐를 보관하는 것도 웹 지갑 형태 중 하나입니다. 브라우저로 지갑을 이용할 수 있으므로 특정 기기에 의존하지 않습니다.

차가운 지갑

'차가운 지갑Cold Wallet'은 종이 지갑, 하드웨어 지갑, 브레인 지갑 등이 있습니다.

| 종이 지갑 |

비밀 키 문자열이나 QR 코드를 종이 형태로 출력한 것입니다. 디지털 데이터가 아닌 형태로 비밀 키를 저장하므로 암호화폐를 오래 보관할 때 사용하면 좋습니다. 지폐처럼 타인에게 양도할 수도 있습니다. 단, 비밀 키를 나타내는 문자열이나 QR 코드를 다른 사람이 볼 수 없도록 해야 합니다. 고액의 암호화폐를 보관하는 종이 지갑이라면 금고 등에 넣는 것도 추천합니다.

그림 5-8 종이 지갑의 예[16]

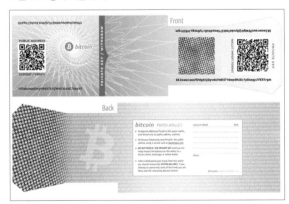

....

16 출처: https://bitcoinpaperwallet.com/

종이 지갑에 인쇄한 QR 코드는 다시 수정할 수 없습니다. 따라서 종이 지갑의 비밀 키로 암호화폐를 거래한다면 한 번에 모든 암호화폐를 거래한 후 해당 비밀 키를 사용하지 않길 권합니다. 참고로 TV에서 종이 지갑을 소개하면서 비밀 키를 실수로 노출한 적이 있었습니다. 스마트폰으로 QR 코드를 읽은 후 순식간에 암호화폐 잔액을 도난당했습니다. 이러한 사고에 주의하기 바랍니다.

| 하드웨어 지갑 |

비밀 키를 보관하는 용도로 만든 기기(은행에서 발급하는 OTP 기기와 비슷합니다)를 뜻합니다. 비밀 키를 암호화하고 비밀번호로 보호하므로 기기를 잃어버리더라도 비밀 키를 보호할 수 있습니다. PC나 스마트폰에 기기를 연결한 후 전용 애플리케이션을 실행해 비밀 키로 거래할 수 있습니다.

| 뇌 지갑 |

사람이 기억하기 쉬운 문장 등으로 비밀 키를 생성한 후 사람이 기억하는 것을 뜻합니다. 임의 문자열로 비밀 키를 생성해 기억한다면 가장 강력한 비밀 키 보관 방법이겠지만, 임의 문자열을 실수 없이 기억하는 것은 거의 불가능합니다. 따라서 사람이 기억하기 쉬운 문장으로 비밀 키를 생성합니다.

HD 지갑

암호화폐는 거래할 때마다 새 비밀 키를 만들어 사용할 것을 권합니다. 블록체인에 저장해 공개하는 거래 정보로 특정 개인 정보나 행동 패턴을 파악하는 것을 막기 위함입니다. 하지만 매번 새로운 비밀 키를 만드는 것은 번거로운 일입니다.

이러한 이유로 문장의 단어 형태로 여러 개의 비밀 키를 생성하는 방법을 표준화한 HD 지갑[17]이 제안되었습니다. 거래할 때마다 새 비밀 키를 자동으로 생성하며 이를 통합해 관리합니다.

지갑 서비스의 수익 구조

종이 지갑이나 하드웨어 지갑은 직접 만들어 판매함으로써 수익을 낼 수 있습니다. 하드웨어

---

17 계층 결정적 지갑(Hierarchical Deterministic Wallet)이라고도 합니다.

지갑은 레저 월렛Ledger Wallet의 레저 나노 SLedger Nano S[18]나 사토시랩스의 트레저TREZOR[19] 등이 유명합니다. 10만~20만 원 사이 금액으로 판매합니다. 종이 지갑을 제공하는 Bitcoin Paper Wallet Generator[20]는 온라인에서 종이 지갑을 발행해 이미지 파일을 다운로드할 수 있습니다. 또한 종이 지갑 제작 키트를 판매하거나 암호화폐 기부를 받습니다.

데스크톱 지갑, 모바일 지갑, 웹 지갑은 유료 애플리케이션/웹 서비스를 판매하거나 무료 애플리케이션/웹 서비스에 광고를 넣어 수익을 내는 모델이 일반적입니다. 한편 사용하기 쉬운 지갑을 제공해 수익을 내는 것보다 암호화폐 플랫폼의 가치를 높이려는 목적을 둘 때도 많습니다. 거래소 사용을 활성화하려는 목적으로 지갑을 제공하는 예 등이 있습니다.

5.2.4 암호화폐의 결제

암호화폐를 오프라인 결제에 활용할 때의 장점을 생각해봅시다. 비교 대상은 현금(법정 통화), 신용카드, 전자화폐 등입니다. [표 5-2]는 장점을 정리한 것입니다.

표 5-2 기존 결제 방법과 암호화폐 결제 비교

비교 대상	사용자 관점	상점 관점
현금	물리적으로 관리할 필요 없음 외국에서도 사용할 수 있음	화폐 부족 현상이 발생하지 않음. 도난 위험이 없음
신용카드	누구나 이용할 수 있음 한도 없음	신용카드보다 빠르게 결제 금액을 받을 수 있음. 결제 수수료가 쌀 때도 있음
전자화폐	한도 없음	전자화폐보다 빠르게 결제 금액을 받을 수 있음. 결제 수수료가 쌀 때도 있음

사용자의 장점

암호화폐는 물리적인 지갑 등에 화폐를 넣어 관리할 필요가 없습니다. 인터넷에 연결된 스마트폰 등의 기기에서 보낼 곳의 주소를 QR 코드 등으로 읽고 결제할 금액을 보내면 됩니다.

또한 인터넷에 연결되었다면 법정 통화와 달리 전 세계 어디에서나 사용할 수 있습니다.

---

18 옮긴이_ https://www.ledgerwallet.com/products/ledger-nano-s
19 옮긴이_ https://trezor.io/
20 https://bitcoinpaperwallet.com/

암호화폐 사용에 제한이 없다는 것도 장점입니다. 만 18세 미만의 미성년자는 신용카드를 사용할 수 없습니다. 신용도에 따라 사용할 수 있는 금액도 정해져 있습니다. 전자화폐 역시 사용할 수 있는 금액에 제한이 있습니다.[21] 하지만 암호화폐는 사용하는 지갑이나 주소를 만드는데 제한이 없습니다. 소유한 금액을 제한 없이 마음대로 사용할 수 있습니다.

상점의 장점

모든 암호화폐 거래 내역 보관을 디지털화하므로 거래 내역과 실제 금액이 일치하지 않는 문제를 막을 수 있습니다. 물리적인 현금을 관리하는 인적 비용을 절감할 수 있고, 도난 등의 위험도 막을 수 있습니다. 아프리카에서 사업을 시작한 사람이 암호화폐를 도입해 현지 직원의 도둑질을 막았다는 사례가 있습니다.

신용카드나 전자화폐와 비교하면 결제 금액을 더 빨리 받을 수 있습니다. 신용카드나 전자화폐는 매월 마감일에 거래 내역을 일괄 정리한 후 카드사와 결제 대행 회사에서 금액을 지급합니다. 하지만 고객이 직접 암호화폐로 결제했다면, 비트코인 기준 10분~1시간 정도 후 상점에 결제 금액을 지급합니다. 암호화폐 결제 대행 서비스를 이용했더라도 보통 다음 날에는 결제 금액을 지급합니다. 암호화폐 결제 수수료는 신용카드나 전자화폐 결제 수수료보다 저렴할 때가 많다는 장점도 있습니다.

암호화폐 결제 사례

일본에는 비트코인 등의 암호화폐로 결제하는 서비스가 늘고 있습니다. 2016년 3월 1일에는 동영상, 온라인 게임, 전자 상거래, DVD 대여 등을 다루는 DMM.com에서 비트코인으로 결제할 수 있는 서비스를 선보였습니다.[22]

2017년 4월 7일에는 빅카메라 유라쿠쵸점과 신주쿠 동쪽 출구점에서 비트코인 결제를 시작했습니다. 7월 26일 이후 빅카메라 전체에 도입했습니다.[23] 같은 해 8월 7일에는 신주쿠 마루이 아넥스에서도 비트코인 결제를 시작했습니다.[24]

---

21 옮긴이_ 예를 들어 티머니에 충전할 수 있는 최대한도는 1회 충전 시 9만 원, 카드 하나에 총 50만 원입니다.
22 https://news.bitcoin.com/japanese-entertainment-giant-dmm-accepts-bitcoin/
23 https://www.biccamera.com.k.lj.hp.transer.com/bc/c/info/payment/bitcoin.jsp
24 https://news.bitcoin.com/japanese-department-store-chain-marui-accepts-bitcoin/

사토시랩스^{SatoshiLabs}가 제공하는 서비스인 코인맵^{CoinMap}[25]은 비트코인으로 결제할 수 있는 상점 정보를 시각화해 제공합니다. 2018년 9월 기준 전 세계 13,800개 이상의 상점에서 비트코인으로 결제할 수 있습니다.

암호화폐 결제 도입과 해결 과제

암호화폐를 결제 수단으로 도입할 때는 보통 암호화폐 지갑의 주소를 이용합니다. 그런데 암호화폐 결제 서비스를 사업화하려면 납세, 법정 통화와 교환, 암호화폐 가격 변동 대응 등 여러 가지 상황을 고려해야 합니다. 일본에서는 비트플라이어^{bitFlyer}[26]나 코인체크^{coincheck}[27] 등의 거래소에서 암호화폐 결제를 대행하는 서비스를 제공합니다.

한편 비트코인 중심의 결제 환경이라면 몇 가지 기술적 문제를 해결해야 합니다. 거래를 최종 확정할 때까지 1~10분가량 걸리는 시간을 앞당겨야 합니다. 비트코인 가격이 오르거나 거래량이 늘어 거래 수수료가 비싸지는 점도 해결해야 하죠. 이에 대처하고자 비트코인 이외의 암호화폐로 결제를 대행하는 오미세^{Omise}라는 서비스가 등장했습니다. 이더리움 플랫폼 기반의 오미세고^{OmiseGO, OMG}라는 토큰으로 태국, 일본, 기타 일부 동남아시아 국가에서 사용할 수 있는 결제 서비스를 제공합니다. 2017년 9월 27일에는 태국 맥도날드와 업무 제휴를 했습니다.[28] 암호화폐 총액은 2018년 9월 기준 약 5,281억 원입니다.[29]

5.2.5 암호화폐 결제와 송금 서비스

암호화폐를 얻고 보관하는 대표적인 서비스 예를 살펴보면서 암호화폐 결제와 송금 서비스를 알아봅니다.

---

25 https://coinmap.org/welcome/

26 https://bitflyer.jp/ja-jp/Corporate/bitWire-Shop

27 https://coincheck.com/ja/payment

28 https://www.omise.co/omise-partners-with-mcdonalds-thailand-to-provide-seamless-payment-experience-for-online-and-mobile-orders

29 https://coinmarketcap.com/currencies/omisego

지갑

결제나 송금이 잦은 모바일 지갑 및 웹 지갑 등은 잔액 확인, QR 코드로 주소 읽기, 적절한 수수료 설정 기능 등을 제공합니다. 일부 지갑은 자주 거래하는 상대를 주소록에 등록해 QR 코드 없이 이체하거나, 메시지를 보낼 수 있습니다.

암호화폐 직불 카드

아직 암호화폐 결제가 대중화되었다고 볼 수 없습니다. 그래서 이미 사용 중인 결제 서비스에 암호화폐를 도입해 결제하는 방법도 검토 중입니다. 대표적인 예는 암호화폐 직불 카드입니다.

비자VISA나 마스터 카드 등의 가맹점은 암호화폐 직불 카드 결제를 지원합니다. 앞으로 암호화폐가 대중화되어 직접 결제할 수 있는 상점이 많아지면 암호화폐 직불 카드가 불필요할 수도 있습니다. 현재는 과도기적인 서비스입니다.

믹싱

암호화폐 주소에 있는 정보는 개인 정보와 직접적인 연관 관계는 없지만, 어느 정도 개인 정보를 추측할 수 있습니다. 이 문제를 해결하는 방법으로 믹싱 서비스가 있습니다. 여러 사람의 거래를 무작위로 처리하는 거래 풀을 이용해 거래 추적을 어렵게 만드는 것입니다. 4.1.2에서 소개한 대시는 믹싱 기능을 구현한 대표적인 암호화폐입니다. 물론 같은 기능을 구현한 다른 서비스도 있습니다.

꾸밈 주소

암호화폐 주소를 사람이 기억할 수 있는 가독성 높은 문자열로 생성하는 방법이 있습니다. 이를 꾸밈 주소Vanity Address라고 합니다. 자신이 원하는 문자열이 포함된 주소 형식을 입력한 후 연산 작업으로 그에 맞는 주소와 비밀 키를 발견하는 작업입니다. 작업 증명 알고리즘을 해결하는 채굴과 비슷합니다 지정한 문자열의 조건이 많을수록 많은 연산이 필요합니다.

예를 들어 비트코인 표준 주소는 '1'로 시작해서 '0', 'O', 'I', 'l'을 제외한 58개의 숫자 및 알파벳으로 구성된 27~34개 문자열입니다. [표 5-3]은 문자열 '1Vanity'를 접두어로 갖는 비트코인 표준 주소의 예와 이를 찾는 난이도를 나타냅니다.

표 5-3 주소 꾸미기의 패턴과 난이도 예

패턴	난이도	비트코인 주소 예	연산 시간(1Mkey/s)
1	1	169biqrJCphnzUjyu1Gvv5jRMTEcxBb8jc	1초 이하
1V	1353	1V4q3wPtcGV3UmCkTmQkBHGf7h2fHKXqn	1초 이하
1Va	78508	1VaFb2RiVZ1ZfNfJf1CoZEfaVmAxsKuyP	1초 이하
1Van	4553521	1Van4JcuZkWc96PfC48WxQtXX4EiYcMPN	10초
1Vani	65104224	1Vanicvyu3yq9B4Wp1fXY3fLomnm1xnQk	5분
1Vanit	15318045009	1VanitLmzFVj8ALj6mfBsifRoD4miY36v	3시간
1Vanity	888446610538	1VanityN7fntA2xmN7WPYutHMrtGDe2Sr	1주

'1' 다음에 'V', 'Va', 'Van'으로 문자열 패턴을 늘릴수록 해당 패턴을 포함한 주소를 발견하기 어렵습니다. 초당 백만 회(1MKey/s)를 계산할 수 있는 하드웨어에서도 '1Vanity'로 시작하는 주소를 발견하려면 평균 1주 정도의 연산 시간이 필요합니다. 따라서 BitcoinVanityGen[30] 처럼 특정 패턴이 있는 주소와 비밀 키를 발견하는 기능을 유료 제공하는 서비스도 있습니다.

꾸밈 주소는 임의 주소에 의미 있는 문자열을 부여할 수 있으므로 특정 회사, 단체, 주소 생성 목적 등을 나타낼 수 있습니다. 단, URL과 달리 주소의 주인이 누구라고 꼭 보장하지 않습니다. 우연히 생성된 주소일 수도 있습니다. 시간과 비용을 지급하면 누구나 만들 수 있으므로 악용할 소지도 있습니다.

블랙리스트

암호화폐를 사기 등에 악용할 때가 있습니다. 스팸 메일 등으로 특정 주소에 송금을 재촉한다면 해당 주소를 블랙리스트에 등록해 송금하지 않도록 알릴 수 있습니다. Bitcoin Whos Who[31] 등은 비트코인 주소 소유자의 웹 사이트나 IP 주소를 수집해 사기에 이용하는 주소를 알리는 서비스를 제공합니다.

---

30 https://bitcoinvanitygen.com/
31 http://bitcoinwhoswho.com/

매칭

송금이나 자동 에스크로(중개 거래)를 할 수 있는 블록체인 서비스는 다양한 수요가 있는 개인과 매칭하기 좋습니다. 5.2.2에서 소개한 탈중앙화 암호화폐 거래소도 암호화폐를 팔거나 사고 싶은 사람을 연결해 안전 거래를 실현하는 매칭 서비스의 예입니다.

재미있는 사례도 있습니다. 펄스^{Purse}[32]는 아마존닷컴 기프트 카드를 비트코인으로 바꾸고 싶은 사용자와 할인 가격으로 상품을 구매하려는 사용자를 매칭해 상품 배달을 완료하면 비트코인을 주는 서비스입니다([그림 5-9] 참고). 이때 펄스는 소정의 거래 수수료를 받습니다.

그림 5-9 펄스의 아마존닷컴 매칭 서비스

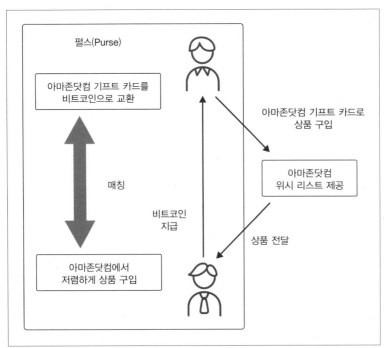

아마존닷컴 기프트 카드는 유효 기간이 있으므로 기간 만료 직전의 기프트 카드는 약간의 손해를 보더라도 현금으로 바꾸려는 수요가 있습니다. 펄스는 사용자가 아마존닷컴의 위시 리스트를 공개하면 기프트 카드를 현금으로 바꾸려는 사용자가 대신 상품을 삽니다. 상품을 받은 사람은 미리 설정했던 금액을 구매자에게 비트코인으로 지급합니다.

....

32 https://purse.io/shop

5.2.6 암호화폐 모금과 기부 서비스

암호화폐가 제공하는 거래의 투명성은 어떤 활동을 지원하는 기부나 모금의 투명성도 보장할 수 있습니다. 암호화폐 기반의 SNS 서비스인 스팀잇steemit[33]이 있습니다. 스팀잇은 SNS에 올린 게시물에 가치가 있다고 공감(보팅)하는 사용자 수에 비례해 STEEM이라는 암호화폐를 보상합니다. 좋은 게시물일수록 보팅할 확률이 높으므로 자연스레 가치 있는 콘텐츠 활동을 지원하는 셈입니다. 워드프레스와 같은 콘텐츠 관리 시스템CMS에 암호화폐 주소를 담은 QR 코드를 표시하는 GoUrl[34]이나 Give[35] 같은 플러그인도 있습니다. 암호화폐로 유료 기사와 유료 콘텐츠 결제를 구현하거나 플러그인 암호화폐로 기부나 모금을 쉽게 할 수 있습니다.

그림 5-10 워드프레스 플러그인으로 비트코인 기부 화면 구현[36]

---

33 옮긴이_ https://steemit.com/

34 https://wordpress.org/plugins/gourl-bitcoin-payment-gateway-paid-downloads-membership/

35 https://wordpress.org/plugins/give/

36 출처: https://gourl.io/bitcoin-donations-wordpress-plugin.html#screenshot

5.2.7 암호화폐 플랫폼에 기여하기

서비스를 만드는 것은 아니지만 암호화폐 플랫폼 운영에 기여하는 부분도 있습니다. 서비스를 활성화한다는 점에서 가치가 있습니다.

채굴

작업 증명 알고리즘을 적용한 암호화폐라면 채굴로 새로운 블록을 생성하고 블록의 거래 내용을 확인합니다. 채굴에 성공하면 새로운 암호화폐를 발행할 권리를 제공하거나 거래 수수료를 받을 수 있습니다.

채굴에 협력하는 사용자가 많을수록 암호화폐 플랫폼의 보안성이 강화됩니다. 그리고 많은 참가자의 생각이 암호화폐 운영 방향에 반영됩니다. 따라서 자유로운 암호화폐 플랫폼 운영을 기대할 수 있습니다. 또한 앞으로 블록체인이 해결해야 할 과제 중 확장성 문제(10.3.1 참고)가 있는데 채굴하는 사용자가 많을수록 확장성 문제에 대처하기 좋습니다. 이는 블록체인 전체 시스템의 성능 향상에 도움을 줍니다.

채굴 방법은 크게 '단독 채굴', '채굴 풀', '클라우드 채굴'의 세 가지가 있습니다.

단독 채굴은 혼자 채굴에 참여하는 것입니다. 채굴 연산을 담당하는 하드웨어 구축과 운영, 전기 요금 납부 등을 직접 합니다. 운영은 어렵지만 얻는 보상은 모두 자신의 소유입니다.

채굴 풀은 여러 사용자가 협력해 채굴하는 것을 말합니다. 채굴 성공 여부는 연산량에 따라 확률로 결정하므로 많은 사용자가 각각 채굴한다면 채굴 성공 확률이 낮습니다. 채굴 풀은 이러한 단점을 막아 채굴 성공 확률을 높이고 성공 보상을 사용자에게 나눕니다. 채굴에 실패한 사람에게도 보상을 지급하므로 기대 가치는 낮지만 안정적인 보상을 받을 수 있습니다. 하드웨어 구축과 운영, 전기 요금 납부 등을 각 사용자가 하는 것은 단독 채굴과 같습니다.

클라우드 채굴은 채굴 사업자가 하드웨어 구축 및 운영 자금을 크라우드 펀딩 방식으로 모은 후, 클라우드 환경을 이용해 채굴하고 성공 보상을 분배하는 방식입니다. 사용자가 직접 하드웨어를 구축하고 운영할 필요가 없으므로 부담은 적습니다. 하지만 펀딩에 참여했다고 꼭 보상받는 것이 아니므로 주의해야 합니다.

대표적인 클라우드 채굴 사업자로는 제네시스 마이닝^{Genesis Mining}[37]이 있고, 일본에서는 2017년 9월 GMO[38]와 DMM.com[39]이 클라우드 채굴에 뛰어든다고 선언해 화제가 되었습니다.

수확

알트체인 'NEM'에서 제시한 블록 생성 방법입니다. 암호화폐 거래량(기여도)에 따라 블록을 생성해 보상을 지급합니다.

작업 증명 알고리즘처럼 대량 연산할 필요가 없으므로 특별한 하드웨어 등을 구축하지 않고 거래만 활발하면 보상을 얻을 수 있습니다. 또한 NEM 플랫폼을 유지하고자 안정된 노드를 운영하는 '슈퍼 노드'는 일반적인 수확 이상의 보상을 받을 수 있습니다. 슈퍼 노드가 되려면 일정 금액 이상의 XEM 보유, 최신 블록 유지, 시스템 중지 시간이 없어야 하는 등의 조건을 만족해야 합니다.

차익 거래

차익 거래는 복수의 암호화폐 거래소 사이의 교환 비율 차이를 이용해 이익을 남기는 것입니다. 예를 들어 거래소 A에서 1달러를 1,000원으로, 거래소 B에서 1달러를 1,002원으로 거래한다고 가정해보죠. 아마 거래소 A에서 달러를 저렴하게 사서 거래소 B에 비싸게 파는 사람이 있을 것입니다.

얼핏 생각하면 차익 거래가 암호화폐 플랫폼에 기여할지 의문이 들 수 있습니다. 하지만 차익 거래가 빈번하면 사용자 스스로 거래소 사이의 교환 비율을 조정하기 전까지 거래를 자제할 것입니다. 이러한 행동으로 전 세계 암호화폐의 교환 비율을 일정하게 만드는 데 기여합니다. 많은 사람이 같은 속도로 거래할 수 있는 환경을 만드는 데 기여할 수도 있습니다.

암호화폐는 아직 거래 플랫폼이 정비되지 않아 거래소 사이에 차액이 발생하기 쉽습니다. 특정 관리 주체가 없는 탈중앙화 암호화폐 거래소가 등장하면 차액 발생 가능성이 더 커져 차익 거래가 더 빈번해질 것으로 생각하는 사람도 많습니다. 이러한 이유로 암호화폐 투기 등이 벌어지면 차익 거래가 암호화폐 가격을 불안정하게 만들 것으로 우려하는 시각도 있습니다.

---

[37] https://www.genesis-mining.com/
[38] https://ir.gmo.jp/en/pdf/irlibrary/disclose_info20170907_e.pdf
[39] https://dmm-corp.com/press/press-release/17513

하지만 현재 암호화폐를 거래하는 사람의 수는 전 세계 인구를 고려했을 때 너무 적습니다. 거래 가격을 안정시키려면 오히려 더 많은 사람이 암호화폐 차익 거래에 참여해야 하죠. 달러가 암호화폐보다 안정성 있는 기축 통화로 신뢰받는 이유는 거래하는 사람이 많다는 점 때문입니다. 차액 거래를 극단적으로 하는 사람이 나타나면 거래하는 사람이 단합해 이 거래를 오래 지속하지 못하도록 자연스레 조정합니다. 이러한 측면을 암호화폐 거래에도 기대하는 것입니다.

단, 쓸모없는 토큰이나 존재하지 않는 토큰으로 차익 거래하면 암호화폐 경제권에 부정적인 영향을 끼칩니다. 따라서 차익 거래할 때는 토큰의 발전 방향을 살펴 주의해서 거래해야 합니다.

5.3 블록체인 2.0 서비스

이 절에서는 블록체인 기반으로 어떤 새 서비스를 개발·제공하는지 소개합니다. 각각의 사례를 소개한 후 장단점을 알아봅니다.

5.3.1 광고 서비스

불필요한 인터넷 광고를 보기 싫어하는 사용자가 많습니다. 그래서 브라우저는 광고 차단 기능을 넣어 사용자의 편의성을 높이려고 합니다. 그런데 인터넷 광고 수익에 의존하는 웹 서비스는 광고 차단 기능을 피해 광고를 보여주는 기능도 계속 개발하는 상황입니다. 이렇게 물고 물리는 상황을 해결하고자 광고 수익 모델을 암호화폐로 바꾸려는 움직임이 있습니다.

브레이브Brave[40]는 기존 인터넷 광고 모델에 의존하지 않는 브라우저입니다. 개인 정보를 추적하지 않는 광고만 보여주며, 누구나 광고 표시 여부를 선택할 수 있습니다. 암호화폐로 광고 수익을 받아 콘텐츠 제공자, 네트워크 사업자, 사용자에게 나누는 모델을 제안합니다.

또한 사이트 운영자와 콘텐츠 제공자에게 직접 암호화폐를 기부하는 기능을 개발 중입니다. 브라우저에 매달 지급할 기부금을 설정하면, 웹 사이트 방문 시간을 바탕으로 각 사이트에 자동으로 기부금을 나눠줍니다. 수동으로 비율을 설정해 기부할 수도 있습니다.

---

40 Brave Software Inc (https://brave.com/)

브레이브가 제안하는 비즈니스 모델이 기존의 광고 모델을 대체할지는 알 수 없습니다. 하지만 암호화폐 덕분에 이러한 모델을 제안할 수 있는 환경이 구축되었다는 의의가 있습니다.

5.3.2 예측 서비스

예측 서비스는 참가자들이 미래의 사건을 예측한 후 실제 결과에 따라 배당금을 받는 것입니다. 경마, 스포츠 토토 등의 예가 있습니다. 이러한 예측 서비스를 탈중앙화로 구현한 어거 Augur[41]와 노시스[42]가 있습니다. 이더리움 플랫폼에 구현한 분산 예측 서비스 애플리케이션으로 다양한 예측 서비스를 만들 수 있습니다.

분산 예측 서비스는 앞으로 탈중앙화 보험 서비스를 제공할 것으로 기대됩니다. 보험 서비스는 미래 사건의 발생 확률이나 손해액 등을 예측해 보험료를 내는 것입니다. 이를 분산 예측 서비스에 접목하면 보험 회사 없이도 모든 사용자가 미래 사건의 발생 확률을 예측해 적절한 보험료를 책정할 수 있을 것입니다.

자동차 보험이라면 자동차의 주행 거리와 운전자의 사고 이력 등을 바탕으로 미래 사고 확률을 예측한 후, 그 비율에 따른 금액을 보험료로 미리 지급할 수 있습니다. 사고가 발생했을 때만 보험금을 받을 수 있게 해 보험금을 엉뚱하게 사용하는 일을 막는 데도 활용할 수 있습니다.

5.3.3 자산 관리 서비스

자산 관리 서비스는 한정된 사용자가 이용할 때가 많으므로 4.3에서 소개한 분산 원장 기반의 프라이빗 블록체인을 구축해 운영하는 편입니다. 대표적인 예로는 4.3.2에서 소개한 하이퍼레저 패브릭 기반의 에버레저가 있습니다.

에버레저는 다이아몬드나 미술품, 고급 자동차 등 고가의 자산 내역을 블록체인에 저장해 관리합니다. 종이 기반으로 자산 내역을 관리할 때 발생하는 분실, 도난, 조작 등의 위험을 막기 쉽습니다. 또한 오프라인으로 자신 내역을 관리하는 비용을 절감할 수 있다는 장점을 내세워 시장을 확대하려는 목표도 있습니다.

----

41 https://augur.net/
42 https://gnosis.pm/

5.3.4 현금 대출

대출할 때는 신용 정보와 연봉, 보유 자산 등을 고려해 대출 금액 한도를 결정합니다. 그런데 대출에 필요한 신용 정보를 정확히 파악하고 관리하는 데는 비용이 듭니다. 이 비용은 대출 금리에 반영되어 있습니다. 대출 금리가 높은 이유입니다.

이러한 대출 금리를 저렴하게 낮추는 방법으로 블록체인에서 디지털로 관리하는 실제 자산을 담보로 현금을 대출하는 서비스가 있습니다. 솔트^{SALT}[43]는 블록체인에서 관리하는 자산으로 현금 대출을 자동화하는 프로젝트입니다.

솔트는 암호화폐, 보석, 귀금속, 증권, 자동차, 부동산 등 다양한 자산이 저장된 블록체인을 담보로 받습니다. 소유자 확인은 쉽고, 조작은 어려우므로 가치를 인정하는 것입니다. 담보로 제공한 블록체인은 사용하지 못하게 만들 수 있습니다. 또한 자산에 따른 대출액을 설정해둔 후 프로그램으로 대출을 자동화할 수도 있습니다. 그만큼 관리 비용을 낮출 수 있으므로 일반 대출보다 낮은 금리를 적용할 수 있을 것으로 기대하고 있습니다.

5.3.5 분산 동영상 서비스

기존 동영상 서비스는 동영상 제작자와 시청자 사이에 콘텐츠 중개자가 다수 있습니다. 따라서 시청자가 지급한 수익을 나누는 과정이 매우 복잡합니다. 또한 사용량 대비 적당한 동영상 서비스 요금 체계를 만들어 달라는 요구도 있습니다. 월 단위의 고정 과금은 자유롭게 서비스를 이용할 수 있지만, 필요 이상의 비용을 지급할 때도 있기 때문입니다. SingularDTV[44]는 이더리움 기반의 블록체인을 이용해 이러한 요구를 만족시키는 서비스입니다.

SingularDTV는 탈중앙화 동영상 전송 서비스입니다. 동영상 제작자나 권리자를 블록체인에 저장해 동영상 시청 수익을 직접 전달합니다. 시청한 동영상의 길이에 따라 요금을 책정해 소액 결제도 가능하며, 미리 설정한 수익 분배율에 따라 스마트 계약으로 수익을 나눕니다.

---

43 https://www.saltlending.com/
44 https://singulardtv.com/

5.3.6 전기 거래

전기 공급은 대규모 발전소에서 에너지를 생산해 여러 곳에 보내는 중앙 집중형 모델입니다. 그런데 태양광 발전 기술이 등장하면서 가정에서 전기를 생산하고 남은 전기를 전력 회사에 파는 전기 공급 형태도 등장했습니다.

파워 레저Power Ledger[45]는 이러한 잉여 전기 등의 에너지를 P2P 네트워크에서 거래하는 플랫폼입니다. 개인이 회사에 에너지를 직접 공급하는 거래가 가능한 플랫폼 구축이 목표입니다.

파워 레저 같은 플랫폼이 늘면 재생 가능 에너지를 생성하는 사람이 늘 것입니다. 이는 외부에서 전기 자동차를 충전하는 파워 포트의 전기 공급에 큰 영향을 줄 것입니다. 또한 전력 수요 데이터를 대량으로 수집하고 분석하는 스마트 그리드[46]의 현실화에도 도움을 줄 것입니다.

5.3.7 기타 블록체인 2.0 서비스

저장공간, CPU/GPU 자원, 디지털 이미지 등 컴퓨터에서 디지털 자산으로 취급하기 쉬운 분야에 블록체인을 활용하는 서비스를 소개합니다.

Storj

Storj[47]는 블록체인을 이용한 분산 저장공간 공유 서비스입니다. 원래 비트코인의 블록체인에서 암호화폐를 발행하는 카운터파티[48]를 이용했습니다. 하지만 현재는 이더리움 기반의 STORJ라는 토큰으로 전환한 상태입니다. Storj에는 다음과 같은 특징이 있습니다.

- 사용자가 저장할 데이터를 암호화한 후 다른 사람의 저장공간에 여러 조각으로 나눠 저장합니다.
- 암호화해서 나눈 데이터는 누군가 가져가거나 변조할 위험이 낮습니다.
- 어떤 노드의 데이터가 사라져도 여러 저장공간에 중복해 저장했으므로 데이터를 손실할 위험이 낮습니다.
- 누구나 자신의 저장공간을 타인에게 제공하고 대가를 암호화폐로 받습니다.
- 서비스를 유지하려고 서버를 관리할 필요가 없으므로 유지 비용이 낮습니다.

---

45 https://powerledger.io/
46 옮긴이_ https://ko.wikipedia.org/wiki/스마트_그리드
47 https://storj.io/
48 https://counterparty.io/

Storj는 개인이 소유한 하드디스크를 빌려 사용한 용량에 따라 보상을 얻을 수 있습니다. 저장한 데이터는 소유자의 비밀 키로 암호화해 샤드Shard라는 단위로 나눠 저장하므로 데이터를 도난당할 걱정이 없습니다.

Storj는 클라이언트로 쉽게 개인의 여유 저장공간을 제공합니다([그림 5-11] 참고). 2018년 9월 현재 1TB 당 15,000원 정도의 암호화폐를 보상으로 줍니다. 현재 서비스 이용자 수가 그리 많지 않으며, 투자 수익을 기대할 정도는 아닙니다. 하지만 앞으로의 발전이 기대되고 있습니다.

그림 5-11 Storj 클라이언트를 이용한 저장공간 제공

골렘

골렘Golem[49]은 블록체인으로 분산 슈퍼컴퓨터를 구현하는 프로젝트입니다. 개인이 소유한 CPU나 GPU 등의 연산 자원을 제공하면 그 보상으로 암호화폐를 지급합니다. 연산 자원을 클라우드로 제공하는 IaaS 구축뿐만 아니라 골렘에서 작동하는 소프트웨어를 제공하는 PaaS 구축도 진행 중입니다. GNT라는 토큰이 있습니다.

2016년 11월 ICO와 함께 프로젝트를 시작했지만 해결해야 할 기술적 과제가 많습니다. 따라서 ICO 당시 4단계의 로드맵을 공개했습니다. 다음과 같습니다.

- **황동 골렘(Brass Golem)**: 컴퓨터 그래픽 렌더링 기능을 클라우드 컴퓨팅으로 구현하는 것입니다. 2018년 완성을 목표로 진행 중입니다.
- **찰흙 골렘(Clay Golem)**: 계산 화학, 머신러닝 등 다양한 분야에 골렘을 활용할 수 있도록 구현하는 것입니다. 얼리어답터가 이용할 수준을 목표로 합니다.

----

49 https://golem.network/

- **돌 골렘(Stone Golem)**: 찰흙 골렘 단계의 구현물을 SaaS 환경에서 구현하는 것을 목표로 합니다.
- **철 골렘(Iron Golem)**: 돌 골렘의 구현물을 안정화하는 것을 목표로 합니다. 소프트웨어 안정성, 보안성, 확장성을 보장하는 것입니다. 골렘 표준 라이브러리 지원도 염두에 두고 있습니다.

메모리체인

메모리체인Memorychain[50]은 디지털 토큰 대신 암호화폐 개념인 거래 카드를 발행해 교환하는 플랫폼입니다. 블록체인을 이용해 디지털 데이터에 소유권을 부여하여 마음대로 데이터를 복제할 수 없는 환경을 만든다는 목표가 있습니다.

거래 카드 하나는 100~10,000개 등의 단위로 제한을 두고 발행하며, 각 카드를 소유하거나 거래할 수 있습니다. 100장만 발행한 거래 카드는 전 세계에서 100명만 소유하므로 희소가치를 인정받으면 비싼 가격으로 거래할 수도 있습니다.

현재 암호화폐와 관련 있거나 특정 사건 등을 소재로 하는 그림 일러스트 카드를 발행합니다. 운영 주체가 있으며, 운영자의 이메일 주소에 자신이 만든 일러스트를 보내서 선택되면 거래 카드로 발행합니다. 거래 카드는 카운터파티의 토큰인 페페캐시Pepecash에서 판매합니다.

게임 아이템에도 활용할 가능성이 있습니다. 보통 게임 안에서 얻은 아이템은 서비스 종료와 함께 사용할 수 없는 등 가치를 보장하지 않는 데이터였습니다. 하지만 토큰으로 발행한 게임 아이템은 사라지지 않고 자신의 소유물로 남길 수 있습니다. 또한 어떤 게임 하나에서 얻은 아이템을 다른 게임에서도 활용하는 등의 기능을 구현할 수도 있습니다.[51]

크립토키티

크립토키티CryptoKitties[52]는 이더리움 기반 스마트 계약으로 만든 '고양이' 육성 시뮬레이션 게임입니다. 정기적으로 새로운 고양이가 탄생하며 메모리체인의 거래 카드처럼 고양이를 살 수 있고, 두 마리의 고양이로 새로운 고양이를 탄생시켜 판매할 수도 있습니다. 액시움 젠Axiom Zen[53]이라는 회사가 개발 및 운영하며, 새로운 고양이의 판매와 오픈마켓의 교환 수수료로 수익을 냅니다.

---

50 https://docs.google.com/document/d/1SVRYVyZGOESNG5waXU_4aBjLV15hWZwYM8U8XGp5H00/edit
51 http://mandelduck.com/sarutobi/#about
52 https://www.cryptokitties.co/
53 https://www.axiomzen.co/

게임상의 고양이는 토큰입니다. 따라서 같은 고양이는 세계에서 단 한 마리만 있다는 것을 보장합니다. 희소가치에 따른 교환도 활발히 이뤄지는 중입니다. 250ETH(약 1억 2,000만 원) 이상의 가격으로 거래된 고양이[54]도 있습니다.

게임을 공개했을 때 이더리움 전체 거래에 영향을 줄 정도로 대량의 고양이 거래가 있었습니다. 스마트 계약을 이용한 프로토타입 비즈니스 모델, 블록체인 애플리케이션이 어느 정도의 거래량을 소화할 수 있는지 확인하는 예로도 주목받았습니다.

---

54 https://etherscan.io/tx/0x2b813bd6a0f46a687588a504cf5a190883b4e97c0e7eb87d3cc7e6414b9fa7c0

블록체인 애플리케이션 개발 기초

이 장에서는 이더리움의 스마트 계약 개발을 소개합니다. 블록체인 애플리케이션 개발 환경 구축, 이더리움의
블록 구조와 거래 구조 등을 살펴볼 것입니다.

6.1 애플리케이션 개발 환경 구축

이 절에서는 이더리움 노드를 구축하는 이더리움 클라이언트를 살펴봅니다. 클라이언트 설치
환경은 윈도우와 macOS를 기준으로 합니다.

6.1.1 이더리움 클라이언트

이더리움에는 다양한 클라이언트가 존재합니다. 어느 것을 선택해도 상관없지만 이 책에서는
깃허브GitHub에 공개된 클라이언트 중 가장 많은 사람이 사용하는 'Go Ethereum[1]'을 이용해
환경을 구축하겠습니다. [표 6-1]은 프로그래밍 언어별 대표적인 이더리움 클라이언트입니다.

표 6-1 이더리움 클라이언트의 종류

클라이언트 이름	프로그래밍 언어	최신 버전(2018년 9월 기준)
go-ethereum	Go	v1.8.16
Aleth(cpp-ethereum)	C++	v1.4.0
ethereumj	자바	v1.8.2
pyethapp	파이썬	v1.5.0
parity ethereum	러스트	v2.0.6

---

1 https://ethereum.github.io/go-ethereum/

6.1.2 네트워크 유형

이더리움 네트워크는 용도에 따라 메인넷, 테스트넷, 사설망으로 나뉩니다. 특징은 다음과 같습니다.

메인넷

여러 사람이 실제로 이더리움을 사용하는 네트워크입니다. 전 세계를 대상으로 열려 있습니다. '이더'를 얻으려면 채굴하거나 거래소 등에서 사야 합니다.

테스트넷

블록체인 애플리케이션을 개발할 때 사용하는 메인넷과 같은 구조의 임시 네트워크입니다. 역시 전 세계를 대상으로 열려 있습니다. 롭튼[Ropsten][2], 코밴[Kovan][3], 린키비[Rinkeby][4]라는 세 가지 테스트넷이 유명합니다.

롭튼은 메인넷과 같은 작업 증명 알고리즘 기반의 애플리케이션을 실행할 수 있는 테스트넷입니다. 블록을 생성하려면 채굴해야 한다는 점까지 같습니다. 따라서 이더리움 기반의 블록체인 애플리케이션을 만들어 테스트하기 좋습니다. 8.3.2에서 롭튼 이용 방법을 살펴볼 것입니다.

코밴은 [표 6-1]에서 설명한 러스트 기반의 이더리움 클라이언트 parity ethereum과 같은 회사에서 만든 테스트넷입니다. 권한 증명 알고리즘 기반의 애플리케이션을 실행할 수 있으며, 블록 간격이 짧아 개발과 테스트가 쉽습니다.

린키비는 이더리움 재단에서 직접 만든 권한 증명 알고리즘을 사용하는 테스트넷입니다. 이더리움 개선 제안[EIPs]의 225번 논의에서 만들어졌습니다. 코밴 테스트넷에 블록 생성 제한이 있고, 다른 이더리움 클라이언트와 호환성이 약하다는 이유로 만든 것이기도 합니다.

---

2 옮긴이_ https://github.com/ethereum/ropsten
3 옮긴이_ https://kovan-testnet.github.io/website/
4 옮긴이_ https://github.com/ethereum/EIPs/issues/225

사설망

네트워크에서 말하는 사설망과 뜻은 같습니다. 블록체인 애플리케이션을 개발하면서 필요에 따라 개발자가 만드는 네트워크입니다. 이더를 얻으려면 채굴해야 하지만 채굴 난이도가 낮습니다. 이 책에서는 사설망을 만들어 Go Ethereum을 사용한 송금 테스트를 해볼 것입니다.

6.1.3 Geth 설치

이제 Go Ethereum의 클라이언트인 Geth를 설치하겠습니다. 브라우저에서 Geth 다운로드 페이지(https://geth.ethereum.org/downloads/)에 접속해 앞으로 개발할 운영체제에 맞는 Geth 패키지를 다운로드합니다. 윈도우, macOS, 리눅스에 맞는 패키지와 소스 코드를 다운로드할 수 있습니다.

그림 6-1 Geth 다운로드

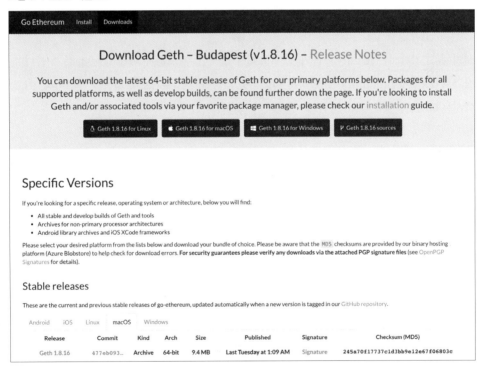

윈도우 설치

'Geth X.X.X for Windows'를 눌러 Geth 클라이언트 패키지를 다운로드합니다. 그리고 패키지 파일을 실행한 후 라이선스 화면에서 〈I Agree〉를 누릅니다.

그림 6-2 라이선스 화면

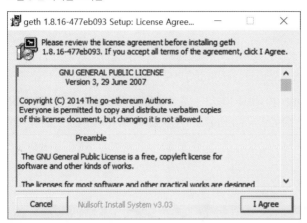

설치 옵션 창에서는 [Geth] 항목의 체크 표시를 선택한 후 오른쪽 아래 〈Next〉를 누릅니다. 참고로 [Development tools] 항목은 이더리움 개발 도구를 추가로 설치하는 것입니다. 이 장에서는 Geth를 주로 다룰 것이므로 선택하지 않습니다.

그림 6-3 Geth 항목 선택

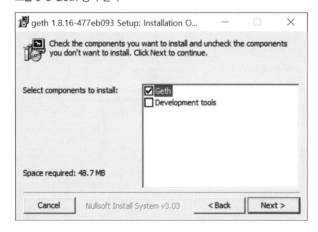

설치 폴더 창에서는 Geth를 설치할 폴더를 선택합니다. 다른 폴더를 선택해 설치하려면 [Destination Folder] 옆에 있는 〈Browse〉를 눌러 직접 지정합니다. 이 책에서는 C:\Users\〈사용자 이름〉\Geth로 지정하겠습니다.

그림 6-4 설치 폴더 지정

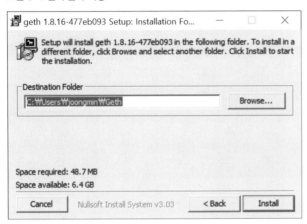

설치를 완료하면 어떤 폴더에서든 geth.exe 파일을 실행할 수 있도록 시스템 환경 변수 PATH에 Geth 프로그램 폴더가 포함되었는지 확인합니다. 명령 프롬프트에서 다음 명령을 실행해 확인합니다.

커맨드 6-1 경로 확인

```
> where geth
C:\Users\〈사용자 이름〉\Geth\geth.exe
```

macOS 설치

Finder에서 홈 폴더(사용자 이름으로 된 폴더)를 열고 [geth]라는 새로운 폴더를 하나 만듭니다. 그리고 Geth 다운로드 페이지에서 'Geth X.X.X for macOS'를 눌러 클라이언트 패키지를 다운로드한 후 'geth-darwin-amd64-〈버전 이름〉-〈커밋 이름〉.tar.gz' 파일의 압축을 풉니다.

마지막으로 [geth-darwin-amd64-〈버전 이름〉-〈커밋 이름〉] 폴더에 있는 geth 유닉스 실행 파일과 COPYING 파일을 방금 생성한 [geth] 폴더에 복사한 후, 압축을 풀었을 때 나온 폴더와 압축 파일을 지웁니다(지우지 않아도 상관없습니다).

그림 6-5 geth 유닉스 실행 파일 복사

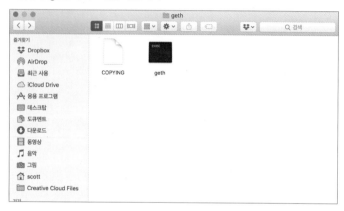

실행 파일 복사를 완료했다면 [응용 프로그램] → [유틸리티]에서 터미널을 실행합니다. 그리고 다음 명령을 실행해 .bash_profile을 엽니다.

커맨드 6-2 geth 파일 PATH 설정

```
$ vi .bash_profile
```

파일 내용이 보이면 [I] 키를 누른 후 PATH=$PATH:/Users/〈사용자 이름〉/geth라는 경로를 입력합니다. 입력이 끝나면 [esc] 키를 누른 후 :wq를 입력해 vi 편집기를 닫습니다. 어떤 디렉터리에서든 geth 파일을 실행하려는 것입니다.

> **TIP** Finder에서 홈 폴더를 열고 [shift] + [command] + [.]을 누르면 숨긴 파일을 볼 수 있습니다. 여기서 .bash_profile이라는 파일을 찾아 [텍스트 편집기]로 실행합니다. 그리고 PATH=$PATH:/Users/〈사용자 이름〉/geth라고 입력한 후 저장하면 앞 과정과 똑같은 설정을 한 셈입니다. 터미널 사용에 익숙하지 않은 분께 권합니다.

이제 터미널에서 다음 명령을 실행해 실행 파일 위치를 확인합니다.

```
$ which geth
/Users/<사용자 이름>/geth/geth
```

정상적으로 실행 결과나 나온다면 macOS에서 Geth를 사용할 준비가 끝난 것입니다.

TIP 만약 .bash_profile 파일 안에 PATH=$PATH:⟨경로 이름⟩과 같은 형태로 PATH가 설정되어 있다면 ⟨경로 이름⟩ 뒤에 :을 붙인 후 geth 실행 파일 경로를 입력하면 됩니다. PATH=$PATH:⟨경로 이름⟩:/Users/⟨사용자 이름⟩/geth와 같은 형태입니다.

6.1.4 사설망에서 Geth 실행하기

이 책에서는 사설망을 이용할 것입니다. 따라서 로컬 환경에 첫 번째 블록(제네시스Genesis 블록이라고 합니다)을 만들어보겠습니다. 6.1.3에서 만든 [geth] 폴더에 [private_net]이라는 폴더를 만듭니다. 그리고 여러분이 자주 사용하는 텍스트 에디터를 이용해 [코드 6-1]을 작성하고 [private_net]에 저장합니다.

코드 6-1 genesis.json

```json
{
    "config": {
        "chainId": 33,
        "homesteadBlock": 0,
        "eip155Block": 0,
        "eip158Block": 0
    },

    "nonce": "0x0000000000000033",
    "timestamp": "0x0",
    "parentHash": "0x0000000000000000000000000000000000000000000000000000000000000000",
    "gasLimit": "0x8000000",
    "difficulty": "0x100",
    "mixhash": "0x0000000000000000000000000000000000000000000000000000000000000000",
    "coinbase": "0x3333333333333333333333333333333333333333",
    "alloc": {}
}
```

제네시스 블록 헤더 각 항목의 뜻은 [표 6-2]와 같습니다.

표 6-2 제네시스 블록 헤더의 항목

블록 헤더 항목	설명
config	제네시스 블록의 설정값을 정의합니다.
chainId	블록체인을 식별하는 정숫값을 입력합니다. 값이 비어 있으면 안 됩니다.
homesteadBlock	3.2.4 [표 3-1]에서 설명한 홈스테드를 적용하는 하드 포크 블록 번호를 뜻합니다. 제네시스 블록은 0을 설정합니다.
eip155Block	이더리움 개선 제안(EIPs)의 155번 논의(한 번 이루어진 거래 정보를 이용해 계속 재사용하는 리플레이 공격을 방지)를 적용한 하드 포크 블록 번호입니다. 제네시스 블록은 0을 설정합니다.
eip158Block	이더리움 개선 제안(EIPs)의 158번 논의(빈 계정(empty accounts)를 어떻게 다룰 것인지에 관한 프로토콜 변경)를 적용한 하드 포크 블록 번호입니다. 제네시스 블록은 0을 설정합니다.
nonce	mixHash와 함께 해당 블록에 충분한 양의 작업 증명 연산을 실행했음을 증명하는 값입니다.
timestamp	블록체인에 저장한 시간입니다. 유닉스의 타임스탬프 형식입니다.
parentHash	부모 블록(이전 블록) 헤더의 해시값입니다.
gasLimit	해당 블록에서 사용할 수 있는 가스의 최대 크기입니다.
difficulty	블록 생성 난이도를 뜻합니다. 이전 블록의 생성 난이도와 타임스탬프, 블록 번호를 이용해 계산합니다.
mixHash	nonce와 함께 해당 블록에 충분한 양의 작업 증명 연산을 실행했음을 증명합니다. 증명하는 시간을 단축하려고 일종의 중간값인 Pre-validation을 함께 넣어줬습니다. 가벼운(Lightweight) 검증 때 활용합니다.
coinbase	블록을 생성하려고 채굴했을 때 보상을 받는 계정 주소입니다.
alloc	제네시스 블록을 생성할 때 특정 계정에 미리 정해진 액수의 이더를 지급해 블록을 만들 수 있습니다.

다음으로 [private_net] 폴더에서 Geth를 초기화합니다. 운영체제에 따라 다음 명령을 실행합니다.

커맨드 6-4 Geth 초기화(윈도우)

```
> geth --datadir C:\Users\<사용자 이름>\geth\private_net init C:\Users\
<사용자 이름>\geth\private_net\genesis.json
```

커맨드 **6-5** Geth 초기화(macOS)

```
$ geth --datadir ~/geth/private_net/ init ~/geth/private_net/genesis.json
```

TIP 윈도우면 해당 폴더를 연 다음 [Shift] + 마우스 오른쪽 버튼을 누르고 [여기에 PowerShell 창 열기]를 선택하면 바로 윈도우 파워셸을 열 수 있습니다. macOS라면 [시스템 환경설정] → [키보드] → [단축키] → [서비스]를 선택한 후 [폴더에서 새로운 터미널 열기]를 선택합니다. 그리고 원하는 파일이 있는 폴더를 마우스 오른쪽 버튼으로 선택하면 나타나는 바로 가기 메뉴에서 [서비스] → [폴더에서 새로운 터미널 열기]를 선택하면 해당 경로로 터미널을 바로 열 수 있습니다.

로그 마지막에 다음 문자열을 출력했으면 초기화 성공입니다.

로그 **6-1** Geth 초기화 성공

```
...
INFO [05-03|07:40:40] Successfully wrote genesis state
```

Geth 초기화 다음에는 다음 명령을 실행해 Geth 콘솔을 실행합니다.

커맨드 **6-6** Geth 콘솔 실행(윈도우)

```
> geth --networkid "10" --nodiscover --datadir C:\Users\<사용자 이름>\geth
\private_net --rpc --rpcaddr "localhost" --rpcport "8545" --rpccorsdomain "*"
--rpcapi "eth, net, web3, personal" --targetgaslimit "20000000" console 2>>
C:\Users\<사용자 이름>\geth\private_net\error.log
```

커맨드 **6-7** Geth 콘솔 실행(macOS)

```
$ geth --networkid "10" --nodiscover --datadir ~/geth/private_net --rpc --rpcaddr
"localhost" --rpcport "8545" --rpccorsdomain "*" --rpcapi "eth, net, web3,
personal" --targetgaslimit "20000000" console 2>> ~/geth/private_net/error.log
```

로그의 처음에 "Welcome to the Geth JavaScript console!"이라고 출력했으면 Geth 콘솔을 정상적으로 실행한 것입니다.

이제 계정을 만들어보겠습니다. Geth 콘솔에서 다음 명령을 실행합니다.

```
> personal.newAccount("<비밀번호>")
"0xf5b492d481fd155699720e34b17e9abf985cb991"
```

외부 계정 주소 하나를 출력합니다. 이 값은 매번 다르므로 [커맨드 6-8]의 결과와 달라도 문제없습니다. <비밀번호>에는 계정 잠금을 해제하는 암호를 입력합니다. 여러분이 원하는 문자열을 적고 잊지 않도록 합시다.

[커맨드 6-8] 명령을 두 번 더 실행하고 다음 명령을 실행해 외부 계정 주소를 확인합시다. 이때 <비밀번호>는 같든 다르든 상관없습니다. 잘 기억해둡시다.

커맨드 6-9 외부 계정 주소 확인

```
> eth.accounts
[ "0xf5b492d481fd155699720e34b17e9abf985cb991", "0x1789d84355c9e5e031153832a9776a
6541d12f52" "0x2f0b752e6072f2841421cddb950d78d7ed3e93c3"]
```

출력되는 배열에 외부 계정 주소 3개가 있으면 정상입니다. 참고로 계정 배열에 접근할 수 있습니다. 인덱스 0의 계정에 접근할 때는 다음 명령을 실행합니다.

커맨드 6-10 인덱스를 지정해서 외부 계정 주소 확인

```
> eth.accounts[0]
"0xf5b492d481fd155699720e34b17e9abf985cb991"
```

다음으로 코인베이스 계정 주소를 확인합니다. 코인베이스 계정 주소는 블록을 생성하려고 채굴했을 때 보상을 받는 계정 주소입니다.

커맨드 6-11 코인베이스 계정 주소 확인

```
> eth.coinbase
"0xf5b492d481fd155699720e34b17e9abf985cb991"
```

기본적으로 방금 생성한 계정 주소의 인덱스 0에 해당합니다.

코인베이스 계정 주소를 변경해보겠습니다. 다음 명령을 실행합니다.

커맨드 6-12 코인베이스 계정 주소 변경

```
> miner.setEtherbase(eth.accounts[1])
true
> eth.coinbase
"0x1789d84355c9e5e031153832a9776a6541d12f52"
> eth.accounts[1]
"0x1789d84355c9e5e031153832a9776a6541d12f52"
```

코인베이스 계정 주소를 다시 인덱스 0으로 변경할 수도 있습니다. 다음 명령을 실행하면 됩니다.

커맨드 6-13 코인베이스 계정 주소를 accounts[0]으로 변경

```
> miner.setEtherbase(eth.accounts[0])
true
> eth.coinbase
"0xf5b492d481fd155699720e34b17e9abf985cb991"
> eth.accounts[0]
"0xf5b492d481fd155699720e34b17e9abf985cb991"
```

6.1.5 Geth 콘솔 명령

이 절에서는 Geth 콘솔에서 자주 사용하는 명령을 설명합니다.

블록 내용 확인

eth.getBlock(〈블록 번호〉) 명령은 블록 내용을 확인합니다. 파라미터로는 몇 번째 블록을 확인하고 싶은지 지정합니다. 블록은 0 → 1 → 2 → 3 → …처럼 쌓이므로, 맨 마지막 블록 숫자가 블록 높이입니다. 블록 0을 지정하면 제네시스 블록을 확인할 수 있습니다.

```
> eth.getBlock(0)
{
    difficulty: 256,
    extraData: "0x",
    gasLimit: 134217728,
    gasUsed: 0,
    hash: "0x5704d029fe80f4fb605c0cb5e31d591511f10a46a0cb8166f97d8d559f9bc5b0",
    logsBloom: "0x0000000000000000000000000000000000000000000000000000000000000
                0000000000000000000000000000000000000000000000000000000000000000
                0000000000000000000000000000000000000000000000000000000000000000
                0000000000000000000000000000000000000000000000000000000000000000
                0000000000000000000000000000000000000000000000000000000000000000
                0000000000000000000000000000000000000000000000000000000000000000
                0000000000000000000000000000000000000000000000000000000000000000
                0000000000000000000000000000000000000000000000000000000000000000
                000000000000000000000000000000000000000000000000000000000",
    miner: "0x3333333333333333333333333333333333333333",
    mixHash: "0x0000000000000000000000000000000000000000000000000000000000000000",
    nonce: "0x0000000000000033",
    number: 0,
    parentHash: "0x00000000000000000000000000000000000000000000000000000000000000
                00",
    receiptsRoot: "0x56e81f171bcc55a6ff8345e692c0f86e5b48e01b996cadc001622fb5e363
                  b421",
    sha3Uncles: "0x1dcc4de8dec75d7aab85b567b6ccd41ad312451b948a7413f0a142fd40d493
                47",
    size: 507,
    stateRoot: "0x56e81f171bcc55a6ff8345e692c0f86e5b48e01b996cadc001622fb5e363b421",
    timestamp: 0,
    totalDifficulty: 256,
    transactions: [],
    transactionsRoot: "0x56e81f171bcc55a6ff8345e692c0f86e5b48e01b996cadc001622fb5
                      e363b421",
    uncles: []
}
```

채굴 시작

채굴을 시작할 때는 miner.start(<스레드 수>) 명령을 실행합니다. 채굴해서 블록을 생성하는 것입니다. 거래를 해서 블록에 저장하는 작업을 실행해야 블록에 거래를 저장합니다. 괄호 안 숫자는 채굴 작업을 실행하는 스레드 수입니다.

```
> miner.start(1)
null
```

로그에 null을 출력하면 정상입니다. 하지만 null이라는 메시지는 어떤 의미가 없으므로 채굴 작업이 정말 제대로 동작하는지 모를 수 있습니다. 이럴 때는 eth.mining 명령을 실행해 true 를 출력하면 채굴 중인 겁니다. 첫 번째 채굴을 시작할 때까지는 약간의 시간이 소요됩니다.

커맨드 6-16 채굴 확인

```
> eth.mining
true
```

코인베이스 잔액 확인

블록 채굴에 성공하면 채굴자에게 보상을 지급합니다. 앞에서 설명한 코인베이스 계정 주소의 잔액이 계속 느는 것이죠. 잔액을 확인하려면 eth.getBalance 명령에 계정 주소를 지정합니다. 앞에서 코인베이스 계정 주소를 accounts[0]으로 설정했으므로 eth.getBalance(eth. accounts[0])을 실행합니다.

커맨드 6-17 코인베이스 계정 주소 잔액 확인(wei 기준)

```
> eth.getBalance(eth.accounts[0])
1.14e+21
```

잔액을 출력했습니다(채굴을 중지하지 않으면 실행할 때마다 잔액이 늡니다). 그런데 1.14e+21이라는 큰 수를 값으로 출력합니다. 반환되는 값의 단위가 wei이기 때문입니다.

그럼 출력되는 수치의 단위를 이더로 변환해 확인하겠습니다. web3.fromWei라는 명령을 실행 해 eth.getBalance 명령으로 확인한 잔액에 이더 단위를 지정해 변환합니다.

☑ 커맨드 6-18 코인베이스 계정 주소 잔액 확인(이더 기준)

```
> web3.fromWei(eth.getBalance(eth.accounts[0]), "ether")
55
```

이제 채굴을 중지합시다. 다음 명령을 실행합니다.

☑ 커맨드 6-19 채굴 중지

```
> miner.stop()
null
> eth.mining
false
```

송금

eth.sendTransaction 명령으로 이더를 송금할 수 있습니다. from 파라미터에는 이더를 보내는 계정 주소, to 파라미터에는 이더를 받을 계정 주소를 지정합니다. value 파라미터에는 송금액을 지정합니다.

주의할 점은 송금액을 wei 단위로 지정해야 한다는 겁니다. 그런데 wei 단위로 지정하면 1이더를 송금할 때 긴 자릿수의 숫자를 지정해야 하므로 정확한 금액을 입력하기 어렵습니다. 그래서 wei를 다른 단위로 변환하는 web3.fromWei와 다른 단위를 wei로 변환하는 web3.toWei 명령을 이용합니다.

다음은 코인베이스 계정 주소 eth.accounts[0]에서 eth.accouts[2] 계정 주소에 송금하는 명령입니다.

☑ 커맨드 6-20 이더 송금

```
// accounts[2]의 이더 잔액 확인
> web3.fromWei(eth.getBalance(eth.accounts[2]), "ether")
0

// accounts[0]에서 accounts[2]에 5이더 송금
> eth.sendTransaction({from: eth.accounts[0], to: eth.accounts[2],
  value: web3.toWei(5, "ether")})
```

```
Error : authentication needed : password or unlock
    at web3.js : 3104 : 20
    at web3.js : 6191 : 15
    at web3.js : 5004 : 36
    at <anonymous> : 1 : 1
```

계정 잠금 해제

[커맨드 6-20]은 아쉽게도 에러가 발생했습니다. 이는 잘못된 송금을 막으려고 eth.
accounts[0]을 잠갔기 때문입니다. 송금하려면 우선 계정 잠금을 해제해야 합니다.
personal.unlockAccount(eth.accounts[0]) 명령을 실행해 계정 잠금을 해제합니다.

</> 커맨드 6-21 계정 잠금 해제

```
> personal.unlockAccount(eth.accounts[0])
Unlock account 0xaa569200c1db15c21441e91a9bf3db6b5ffb8d53
Passphrase : // [커맨드 6-8]에서 첫 번째로 설정한 비밀번호를 입력합니다.
true
```

Geth 콘솔 종료

송금할 때마다 personal.unlockAccount 명령을 실행해 계정 잠금을 해제하려면 번거롭습니
다. 사설망에서 개발할 때는 Geth 콘솔을 처음 실행할 때 계정 잠금을 해제하는 상태로 실행할
수 있습니다. 우선 exit 명령을 실행해 Geth 콘솔을 종료합니다.

</> 커맨드 6-22 Geth 콘솔 종료

```
> exit
```

계정 비밀번호를 txt 파일로 저장

[private_net] 폴더에 password.txt라는 파일을 만듭니다. 파일 안에는 eth.accounts[0],
eth.accounts[1], eth.accounts[2] 각각의 비밀번호를 줄 바꿈으로 구분해 입력합니다.

```
password
password
password
```

계정 잠금 해제 옵션으로 Geth 콘솔 실행

계정 잠금을 해제하면서 Geth 콘솔을 실행하려면 잠금 해제 옵션을 지정해야 합니다. [커맨드 6-23]을 자세히 살펴보면 --unlock 옵션 뒤에 잠금을 해제할 계정 주소를 입력했고, --password 옵션 뒤에는 비밀번호를 저장한 password.txt 파일의 경로를 지정해서 Geth 콘솔을 실행했습니다.

계정 주소는 [커맨드 6-9]에서 살펴본 eth.accounts 명령으로 확인할 수 있습니다. 여러 계정의 잠금을 해제하려면 계정 주소를 쉼표로 연결합니다.

커맨드 6-23 잠금 해제 옵션을 지정해 Geth 콘솔 실행(윈도우)

```
> geth --networkid "10" --nodiscover --datadir C:\Users\<사용자 이름>\geth\
private_net --rpc --rpcaddr "localhost" --rpcport "8545" --rpccorsdomain "*"
--rpcapi "eth, net, web3, personal" --targetgaslimit "20000000" console 2>>
C:\Users\<사용자 이름>\geth\private_net\error.log --unlock <첫 번째 계정 주소>,
<두 번째 계정 주소>, <세 번째 계정 주소> --password C:\Users\<사용자 이름>\geth\
private_net\password.txt
```

커맨드 6-24 잠금 해제 옵션을 지정해 Geth 콘솔 실행(macOS)

```
$ geth --networkid "10" --nodiscover --datadir ~/geth/private_net --rpc --rpcaddr
"localhost" --rpcport "8545" --rpccorsdomain "*" --rpcapi "eth, net, web3,
personal" --targetgaslimit "20000000" console 2>> ~/geth/private_net/error.log
--unlock <첫 번째 계정 주소>, <두 번째 계정 주소>, <세 번째 계정 주소> --password ~/geth/
private_net/password.txt
```

이때 다시 한번 확인하는 차원에서 eth.accounts[0]의 비밀번호를 입력해야 합니다.

이제 에러가 발생했던 [커맨드 6-20]의 송금을 다시 실행하겠습니다.

```
// accounts[2]의 이더 잔액 확인
> web3.fromWei(eth.getBalance(eth.accounts[2]), "ether")
0

// accounts[0]에서 accounts[2]에 5이더 송금
> eth.sendTransaction({from: eth.accounts[0], to: eth.accounts[2],
  value: web3.toWei(5, "ether")})
"0xbf3f285215244e2ae455709f3136de7948621492c612e54c691697a1a1a98b2a"
```

거래 실행이 성공했다면 16진수 거래 해시값을 출력합니다. 이 해시값은 매번 다릅니다.

거래 확인

이제 거래가 어떻게 구성되었는지 확인하겠습니다. [커맨드 6-25]에서 출력한 거래 해시값을 eth.getTransaction 명령으로 확인합니다.

커맨드 6-26 거래 확인

```
> eth.getTransaction("0xbf3f285215244e2ae455709f3136de7948621492c612e54c691697a1a
             1a98b2a")
{
    blockHash : "0x00000000000000000000000000000000000000000000000000000000000000
             00",
    blockNumber : null,
    from : "0xf5b492d481fd155699720e34b17e9abf985cb991",
    gas : 90000,
    gasPrice : 18000000000,
    hash : "0xbf3f285215244e2ae455709f3136de7948621492c612e54c691697a1a1a98b2a",
    input : "0x",
    nonce : 1,
    r : "0xe48c97b0ffc71eb7d19fcf5761423f522fc67dbcb56a7646668c0bfb812968e9",
    s : "0x412d7124c317cc45cc0086edfafe9d8b30e6ea88ed9134dbabbb628c049b9f5d",
    to : "0x2f0b752e6072f2841421cddb950d78d7ed3e93c3",
    transactionIndex : 0,
    v : "0x66",
    value : 5000000000000000000
}
```

from 항목에는 eth.accounts[0]의 계정 주소, to 항목에는 eth.accounts[2]의 계정 주소를 표시합니다. blockNumber 항목은 null로 표시합니다. 이 거래가 아직 블록에 저장되지 않았다는 사실을 알려주는 겁니다.

블록에 저장되지 않았다는 것은 거래를 확정하지 않은 상태란 뜻입니다. eth.accounts[2]의 잔액을 확인해보겠습니다.

커맨드 6-27 ether를 받은 accounts[2]의 잔액 확인

```
> web3.fromWei(eth.getBalance(eth.accounts[2]), "ether")
0
```

실제로 아직 송금한 금액이 저장되지 않았습니다.

거래를 확정하려면 블록을 생성한 후 거래를 블록에 저장시켜야 합니다. 앞 코인베이스 계정 주소의 잔액을 확인([커맨드 6-18])한 후 채굴을 정지([커맨드 6-19])했으므로, 다시 채굴을 실행해야 블록에 저장시킬 수 있습니다. [커맨드 6-28]처럼 채굴을 다시 시작한 후 어느 정도 시간이 지나면 거래를 확인합시다.

커맨드 6-28 채굴을 실행해 거래를 블록에 저장

```
> miner.start(1)
null

// 약간의 시간을 두고 거래 확인
> eth.getTransaction("0xbf3f285215244e2ae455709f3136de7948621492c612e54c691697a1a
                      1a98b2a")
{
    blockHash: "0x75ef7843ed1a80388cf4505ae791633cdb1168b8cc38ce19a4cd1fcc170d3105",
    blockNumber: 164,
    from: "0xf5b492d481fd155699720e34b17e9abf985cb991",
    gas: 90000,
    gasPrice: 18000000000,
    hash: "0xbf3f285215244e2ae455709f3136de7948621492c612e54c691697a1a1a98b2a",
    input: "0x",
    nonce: 1,
    r: "0xe48c97b0ffc71eb7d19fcf5761423f522fc67dbcb56a7646668c0bfb812968e9",
    s: "0x412d7124c317cc45cc0086edfafe9d8b30e6ea88ed9134dbabbb628c049b9f5d",
    to: "0x2f0b752e6072f2841421cddb950d78d7ed3e93c3",
```

```
    transactionIndex: 1,
    v: "0x66",
    value: 5000000000000000000
}
```

거래를 확인하면 blockNumber 값이 null에서 숫자로 바뀌어 있습니다. 이 숫자는 거래가 몇 번째 블록에 저장되었는지 나타냅니다. [커맨드 6-28]에서는 164번째 블록에 저장시켰습니다. 값이 아직 null로 출력된다면 좀 더 기다렸다가 다시 eth.getTransaction 명령을 실행하기 바랍니다.

블록에 저장시켰음을 확인했다면 다시 web3.fromWei 명령을 실행해 eth.accounts[2]의 잔액을 확인합시다.

📋 **커맨드 6-29** accounts[2]의 이더 잔액 확인

```
> web3.fromWei(eth.getBalance(eth.accounts[2]), "ether")
5
```

이제 거래를 확정해 accounts[2]가 5 이더를 받았음을 확인할 수 있습니다.

한편 eth.getBalance 명령은 계정뿐만 아니라 블록도 지정할 수 있습니다. 즉, 계정의 각 블록 상태도 확인할 수 있다는 뜻입니다. 다음 명령을 실행하면 163번째 블록까지 잔액이 0이었다가 거래를 확정해 저장한 164번째 블록의 잔액이 5인 것을 확인할 수 있습니다.

📋 **커맨드 6-30** accounts[2]의 블록별 이더 소유 확인

```
> web3.fromWei(eth.getBalance(eth.accounts[2], 163), "ether")
0
> web3.fromWei(eth.getBalance(eth.accounts[2], 164), "ether")
5
```

거래 영수증 확인

거래를 확정하면 영수증을 발급합니다. eth.getTransactionReceipt 명령으로 확인합니다.

커맨드 6-31 거래 영수증 확인

```
> eth.getTransactionReceipt("0xbf3f285215244e2ae455709f3136de7948621492c612e54c69
                              1697a1a1a98b2a")
{
    blockHash: "0x75ef7843ed1a80388cf4505ae791633cdb1168b8cc38ce19a4cd1fcc170d3105",
    blockNumber: 164,
    contractAddress: null,
    cumulativeGasUsed: 42000,
    from: "0xf5b492d481fd155699720e34b17e9abf985cb991",
    gasUsed: 21000,
    logs: [],
    logsBloom: "0x000000000000000000000000000000000000000000000000000000000000000
                000000000000000000000000000000000000000000000000000000000000000000
                000000000000000000000000000000000000000000000000000000000000000000
                000000000000000000000000000000000000000000000000000000000000000000
                000000000000000000000000000000000000000000000000000000000000000000
                000000000000000000000000000000000000000000000000000000000000000000
                000000000000000000000000000000000000000000000000000000000000000000
                000000000000000000000000000000000000000000000000000000000000000000
                0000000000000000000000000000000000000000000000000000000",
    root: "0x46130b0c3fd92ae88653887af559d9d38bdb11f43e8e0816a30ddb1949eb6684",
    to: "0x2f0b752e6072f2841421cddb950d78d7ed3e93c3",
    transactionHash: "0xbf3f285215244e2ae455709f3136de7948621492c612e54c691697a1a
                       1a98b2a",
    transactionIndex: 1
}
```

로그를 확인하면 blockNumber 항목을 확인해 거래가 164번째 블록에 저장된 것을 확인할 수 있습니다.

지금까지 Geth 콘솔에서 사용하는 주요 명령어와 예를 간단하게 소개했습니다. 참고로 콘솔에 명령을 입력할 때 [Tab] 키를 입력하면 리눅스처럼 자동 완성 기능을 사용할 수 있습니다. 또한 이 절에서 소개한 명령어 이외에도 다양한 명령어가 있습니다.

6.2 블록 구조와 거래

이더리움과 비트코인은 블록체인으로 구성되어 있습니다. 그러나 이더리움은 애플리케이션을 동작시키는 플랫폼이기도 하므로 비트코인과는 차이점이 있습니다. 이 절에서는 이더리움의 블록 구조 및 비트코인과의 거래 차이점을 설명하겠습니다.

6.2.1 블록 구조

이더리움 블록은 [그림 6-6]처럼 헤더, 거래, 거래 실행 결과의 세 가지 요소로 구성되어 있습니다([그림 3-4]와 같습니다).

그림 6-6 이더리움 블록 구조

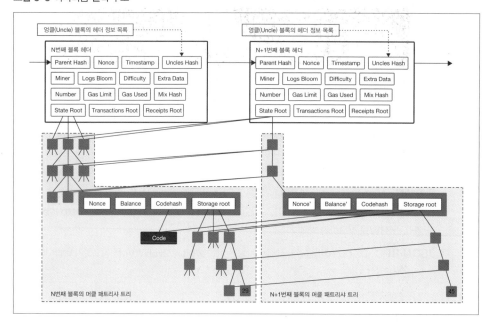

블록 헤더 정보 살펴보기

블록 헤더에는 [코드 6-3]과 같은 정보가 있습니다.

코드 6-3 블록 헤더 정보의 구조

```
{
    difficulty: 135379,
    extraData: "0xd683010701846765746885676f312e398664617277696e",
    gasLimit: 114346214,
    gasUsed: 42000,
    hash: "0x75ef7843ed1a80388cf4505ae791633cdb1168b8cc38ce19a4cd1fcc170d3105",
    logsBloom: "0x000000000000000000000000000000000000000000000000000000000000000
            0000000000000000000000000000000000000000000000000000000000000000000000
            0000000000000000000000000000000000000000000000000000000000000000000000
            0000000000000000000000000000000000000000000000000000000000000000000000
            0000000000000000000000000000000000000000000000000000000000000000000000
            0000000000000000000000000000000000000000000000000000000000000000000000
            0000000000000000000000000000000000000000000000000000000000000000000000
            0000000000000000000000000000000000000000000000000000000000000000",
    miner: "0xf5b492d481fd155699720e34b17e9abf985cb991",
```

```
    mixHash: "0x55c9acef7e4aa1123f001ef53df58265c2010b79d4a07c23d2b64a54f5476d8e",
    nonce: "0x24d329cf6f6ae1d0",
    number: 164,
    parentHash: "0x26b3b46bc59556d2a1f42c4215f3c189e3a275dfff5e54ca5aab28d3b69ca6
              ab",
    receiptsRoot: "0xcbd65c64c8ee1936cc1c24ab918ab4851cd376a4dea9e04b9053e32f3ad8
              d5f8",
    sha3Uncles: "0x1dcc4de8dec75d7aab85b567b6ccd41ad312451b948a7413f0a142fd40d49347",
    size: 761,
    stateRoot: "0x611c5b35803af5474cc904d20185f41c727ce3220aca83c852d5292bcd5a48dd",
    timestamp: 1513162073,
    totalDifficulty: 22300662,
    transactions: ["0x24b2eccf9feb33f90212662b7a26463dd5947719314eb220a8992425c97
              217d2", "0xbf3f285215244e2ae455709f3136de7948621492c612e54c691
              697a1a1a98b2a"],
    transactionsRoot: "0xa09fa7ba3ea6c8efcc8b193098f5b7d195fcd8ea1986bd8a93072adb
              2c8cd5ac",
    uncles: []
}
```

블록 헤더 각 항목의 뜻은 [표 6-3]과 같습니다.

표 6-3 블록 헤더의 항목

블록 헤더 항목	설명
difficulty	블록 생성 난이도를 뜻합니다. 이전 블록의 생성 난이도와 타임스탬프, 블록 번호를 이용해 계산[5]합니다.
extraData	블록과 관련된 정보를 저장하는 임의 바이트 배열입니다. 용량은 32바이트 이하로 정해져 있습니다.
gasLimit	해당 블록에서 사용할 수 있는 가스의 최대 크기입니다.
gasUsed	해당 블록의 가스 사용량입니다.
hash	블록을 나타내는 해시값입니다.
logsBloom	블록 안 거래에서 출력하는 로그를 블룸 필터[6] 형태로 저장한 것입니다. 계정 정보, 거래 내용, 그에 따른 부가 정보가 있습니다. 모든 거래를 확인하지 않고 해당 블록에 특정 로그가 있는지를 판단해 원하는 거래만 확인할 수 있습니다.
miner	해당 블록을 생성한 후 채굴 수수료를 받을 계정 주소입니다(160비트).

---

5 옮긴이_ block_diff = parent_diff + parent_diff // 2048 * max(1 − (block_timestamp − parent_timestamp) // 10, −99) + int(2**((block.number // 100000) − 2))

6 옮긴이_ https://ko.wikipedia.org/wiki/블룸_필터

블록 헤더 항목	설명
mixHash	nonce와 함께 해당 블록에 충분한 양의 작업 증명 연산을 실행했음을 증명합니다. 256비트 해시값입니다.
nonce	mixHash와 함께 해당 블록에 충분한 양의 작업 증명 연산을 실행했음을 증명합니다. 64비트 해시값입니다.
number	현재 블록 번호입니다. 제네시스 블록 번호 0을 기준으로 1씩 늘어납니다.
parentHash	부모 블록(이전 블록) 헤더의 해시값을 뜻합니다. KECCAK-256[7] 해시 형식입니다.
receiptsRoot	블록 안에 거래 결과를 저장하는 자료구조 중 루트 노드의 해시값을 뜻합니다. KECCAK-256 해시 형식입니다.
sha3Uncles	현재 블록과 같은 시기에 생성한 엉클 블록 배열의 해시값입니다. KECCAK-256 해시 형식입니다. 엉클 블록의 거래 시도는 무시하지만, 블록으로 생성한 것이므로 보상은 받습니다.
size	해당 블록의 용량을 바이트 단위로 나타냅니다.
stateRoot	블록의 전체 거래 정보를 넣은 상태 트리(State Tree)의 루트 노드 해시값입니다. KECCAK-256 해시 형식입니다.
timestamp	블록체인에 저장한 시간입니다. 유닉스의 타임스탬프 형식입니다.
totalDifficulty	이전 블록과 현재 블록의 난이도 합입니다.
transactions	블록에 저장한 거래의 해시값입니다. 배열 형태로 저장합니다.
transactionsRoot	블록 안에 있는 거래를 저장한 트리 구조의 루트 노드 해시값을 뜻합니다. KECCAK-256 해시 형식입니다.
uncles	엉클 블록의 해시 배열입니다.

이더리움의 장점은 블록 헤더에 중요한 정보를 요약해서 저장했다는 것입니다. 이더리움을 구성하는 노드는 이더리움 네트워크의 첫 생성 블록부터 방금 생성한 블록까지 전체 블록 정보가 있어야 합니다.

현재까지의 전체 블록 정보가 있는 이더리움 노드를 풀 노드라고 합니다. 2018년 9월 26일 기준 6,399,808개[8] 블록을 생성했으며, 블록 하나의 크기가 평균 22KByte이므로 약 140GB입니다.

---

7 SHA-3(https://ko.wikipedia.org/wiki/SHA-3)의 기반이 되는 표준 KECCAK입니다. 이더리움 개발 중에는 KECCAK를 SHA-3로 선택하지 않았기 때문에 SHA-3 표준을 완벽하게 따르지 않습니다. SHA-3와 같다고 생각해도 상관없습니다.

8 옮긴이_ https://etherscan.io/blocks의 Height(블록 높이) 맨 첫 항목이 현재까지 생성된 블록 수입니다.

그러나 클라이언트가 모든 블록 정보를 필요로 하는 것은 아닙니다. 단순히 송금이나 스마트 계약을 호출하는 클라이언트는 블록의 헤더 정보만 다운로드합니다. 계산할 때 헤더 정보에서 꼭 필요한 블록의 거래 정보를 얻는 구조입니다.

거래 정보 살펴보기

블록에 있는 여러 개의 거래는 트랜잭션 트리Transaction Tree라는 구조에 저장되어 있습니다. 시간이 흐르면서 계속 블록을 생성하므로 네트워크를 처음 구성했을 때나 이용량이 적을 때는 블록에 거래가 저장되지 않을 수도 있습니다.

거래는 EVM 초기화와 거래 이외의 데이터가 있는지 여부로 나눌 수 있습니다. 다음 세 가지가 있습니다.

- **메시지 콜**: 외부 계정에서의 이체나 스마트 계약 결과를 저장합니다. 거래 이외의 데이터가 있어 스마트 계약의 특정 함수를 호출해 파라미터를 전달하는 것입니다.
- **계약 생성**: 스마트 계약을 만듭니다. 이더리움의 EVM에서 계약 초기화 함수를 호출하는 거래입니다.
- **일반 거래**: EVM의 계약 초기화 함수 호출과 거래 이외의 데이터가 없는 이더 전송 등을 하는 것입니다.

거래 정보의 구조는 [코드 6-4]와 같습니다.

코드 6-4 거래 정보의 구조

```
{
    blockHash: "0x75ef7843ed1a80388cf4505ae791633cdb1168b8cc38ce19a4cd1fcc170d3105",
    blockNumber: 164,
    from: "0xf5b492d481fd155699720e34b17e9abf985cb991",
    gas: 90000,
    gasPrice: 18000000000,
    hash: "0xbf3f285215244e2ae455709f3136de7948621492c612e54c691697a1a1a98b2a",
    input: "0x",
    nonce: 1,
    r: "0xe48c97b0ffc71eb7d19fcf5761423f522fc67dbcb56a7646668c0bfb812968e9",
    s: "0x412d7124c317cc45cc0086edfafe9d8b30e6ea88ed9134dbabbb628c049b9f5d",
    to: "0x2f0b752e6072f2841421cddb950d78d7ed3e93c3",
    transactionIndex: 1,
    v: "0x66",
    value: 5000000000000000000
}
```

[표 6-4]는 거래 정보의 각 항목을 설명합니다.

표 6-4 거래 정보의 항목

거래 정보 항목	설명
blockHash	거래를 어떤 블록에 저장했는지 나타냅니다. 값이 null이면 거래를 아직 블록에 저장하지 않았다는 뜻입니다.
blockNumber	거래가 몇 번째 블록에 있는지 나타냅니다. 값이 null이면 거래를 아직 블록에 저장하지 않았다는 뜻입니다.
from	거래 송신자의 주소가 있습니다. 20바이트(160비트) 값입니다.
gas	거래 송신자가 공급한 가스 사용량입니다.
gasPrice	거래에 지급하는 가스 금액입니다. wei로 나타냅니다.
hash	거래를 나타내는 32바이트 해시값입니다.
input	거래에 전송한 데이터입니다.
nonce	거래 전 송신자가 보낸 거래 수입니다.
r	거래 송신자를 나타내는 서명을 만드는 데 사용합니다.
s	거래 송신자를 나타내는 서명을 만드는 데 사용합니다.
to	거래 수신자의 주소가 있습니다. 20바이트(160비트) 값입니다.
transactionIndex	블록의 몇 번째 거래로 저장했는지 나타냅니다. 값이 null이면 거래를 아직 블록에 저장하지 않았다는 뜻입니다.
v	거래 송신자를 나타내는 서명을 만드는 데 사용합니다.
value	거래 송신자가 수신자에게 보내는 금액입니다. wei로 나타냅니다.

거래 영수증 살펴보기

거래 영수증(거래 실행 결과)을 트리 구조로 저장하는 것을 영수증 트리Receipt Tree라고 합니다. 거래 영수증의 구조는 [코드 6-5]와 같습니다.

</> 코드 6-5 거래 영수증의 구조

```
{
    blockHash: "0x75ef7843ed1a80388cf4505ae791633cdb1168b8cc38ce19a4cd1fcc170d3105",
    blockNumber: 164,
    contractAddress: null,
    cumulativeGasUsed: 42000,
    from: "0xf5b492d481fd155699720e34b17e9abf985cb991",
    gasUsed: 21000,
```

```
        logs: [],
        logsBloom: "0x000000000000000000000000000000000000000000000000000000000000
                    000000000000000000000000000000000000000000000000000000000000000
                    000000000000000000000000000000000000000000000000000000000000000
                    000000000000000000000000000000000000000000000000000000000000000
                    000000000000000000000000000000000000000000000000000000000000000
                    000000000000000000000000000000000000000000000000000000000000000
                    000000000000000000000000000000000000000000000000000000000000000
                    00000000000000000000000000000000000000000000000000000000000000",
        root: "0x46130b0c3fd92ae88653887af559d9d38bdb11f43e8e0816a30ddb1949eb6684",
        to: "0x2f0b752e6072f2841421cddb950d78d7ed3e93c3",
        transactionHash: "0xbf3f285215244e2ae455709f3136de7948621492c612e54c691697a1a
                           1a98b2a",
        transactionIndex: 1
}
```

[표 6-5]는 거래 영수증 정보의 각 항목을 설명합니다.

표 6-5 거래 영수증 정보의 항목

거래 영수증 항목	설명
blockHash	거래를 어떤 블록에 저장했는지 나타냅니다.
blockNumber	거래를 몇 번째 블록에 저장했는지 나타냅니다.
contractAddress	계약을 만드는 거래라면 계약 주소를 저장합니다.
cumulativeGasUsed	전체 거래에 사용한 가스 사용량입니다. 예를 들어 스마트 계약을 호출하면서 발생한 가스 소비량도 합산해 계산합니다.
from	거래 송신자의 주소가 있습니다. 20바이트(160비트) 값입니다.
gasUsed	거래에 사용한 가스 사용량입니다.
logs	거래에서 생성된 로그입니다.
logsBloom	블록 안 거래에서 출력하는 로그를 블룸 필터 형태로 저장한 것입니다.
root	거래로 상태 트리를 바꾼 후의 상태 루트 값입니다.
to	거래 수신자의 주소가 있습니다. 20바이트(160비트) 값입니다.
transactionHash	32바이트의 거래 해시값입니다.
transactionIndex	블록의 몇 번째 거래로 저장했는지 나타냅니다.

6.2.2 거래 실행

이더리움에서 거래를 어떻게 실행하는지 설명합니다. 이더리움은 계정 정보를 저장하는 상태 트리에 잔액 정보를 저장하므로 3.3.4에서 설명한 비트코인의 UTXO 모델과 차이점이 있습니다.

거래 만족 조건과 하위 상태 구성

앨리스가 밥에게 송금하면 상태 트리는 어떻게 변할까요? 모든 거래는 다음 5개 조건을 만족해야 합니다.

- RLP(Recursive Length Prefix) 포맷[9]을 따르며 추가 후속 바이트가 없어야 합니다.
- 서명이 유효해야 합니다.
- 논스가 유효해야 합니다. 상태 트리와 계정의 논스를 비교해 유효한지 확인합니다.
- 거래에 미리 정한 가스 사용량 + 데이터를 전송하는 데 필요한 가스 사용량보다 gasLimit가 크게 설정되어야 합니다. 스마트 계약 생성은 추가로 32,000gas가 필요합니다.
- 거래 발신자의 계정 잔액은 앞에서 설명한 가스 사용량보다 커야 합니다.

5개 조건을 만족하면 하위 상태Substate를 만듭니다. 하위 상태는 [표 6-6] 항목으로 구성합니다.

표 6-6 하위 상태 구성 항목

하위 상태 항목	설명
Self-Destruct Set	거래 완료 후 삭제하는 계정 정보가 있으면 여기에 저장합니다.
Log Series	어느 지점까지 실행한 거래를 유지하는 확인 지점입니다. 거래 실행 상태를 확인하는 시스템에 필요합니다.
Refund Balance	거래 완료 후 계정으로 반환하는 가스입니다. 상태 트리에 데이터를 저장하려면 가스가 필요합니다. 반대로 상태 트리의 데이터를 삭제하면 트리 규모가 축소됩니다. 이 보상으로 일정 가스를 반환하는 것입니다. 거래 진행에 따라 상태 트리의 데이터를 삭제하면 이 항목의 값이 늘어납니다. 실제로 거래 실행 비용을 뺀 남은 가스를 반환합니다.

메시지 콜 흐름

메시지 콜 흐름은 다음 단계를 거칩니다.

---

9 임의로 중첩한 바이너리 데이터 배열을 인코딩하는 기술입니다. https://github.com/ethereum/wiki/wiki/RLP

1 상태 트리에 거래를 보내면 논스가 1 증가합니다.

2 5개 조건을 만족한 거래를 실행하는 데 필요한 가스를 계정 잔액에서 차감합니다.

3 거래 실행 후 남은 가스와 Refund Balance에 저장한 가스에서 계정으로 반환할 가스를 계산해 돌려줍니다. 거래 상태를 확정하는 것입니다.

4 가스를 돌려받으면 블록에 거래를 저장해준 채굴자 혹은 블록 생성 노드에 사용한 가스만큼의 ETH를 전송합니다.

5 Self-Destruct Set에 계정 정보를 저장했다면 삭제합니다.

6 거래에 사용한 가스양과 로그를 저장합니다. 블록의 거래 내역을 정의하는 데 사용합니다.

이 6단계가 이체나 계약을 실행하는 메시지 콜 흐름입니다.

계약 생성 흐름

계약을 생성하는 흐름은 메시지 콜과 조금 다릅니다. 먼저 계약을 생성하는 계정 및 EVM[10] 코드에서 하위 상태를 만듭니다. 그리고 다음 단계를 거쳐 계약 계정을 만듭니다.

1 계약을 생성하는 계정과 논스를 활용해 계약 주소를 만듭니다.

2 한 번도 실행하지 않은 신규 계약이므로 논스에 0을 지정합니다.

3 계약 계정에 이체한 이더 금액을 설정합니다.

4 계정의 저장공간을 비어 있게 설정합니다.

5 빈 문자열의 해시를 codeHash로 설정합니다.

6 초기화 코드를 실행해 계정을 만듭니다. 초기화 코드는 계약 작성자의 의도에 따라 계정 생성, 메시지 전송 등 다양한 기능을 넣습니다. 초기화 코드를 실행할 때는 가스를 사용합니다. 가스가 부족하면 계약 생성은 없었던 일이 됩니다. 코드 되돌리기(Revert Code) 에러가 발생하면 해당 시점에 남아 있는 가스와 3번 단계에서 설정한 이더 금액을 반환합니다.

7 초기화 코드 실행에 성공하면 계약의 데이터 크기에 따라 가스를 지급하고 남은 가스는 계약 생성 발신자에게 반환합니다.

초기화 코드를 실행하는 동안은 계약을 생성한 것이 아니므로 계약을 실행할 수 없습니다. 예를 들어 초기화 코드 중간에 실행 중지 코드를 넣으면 송금한 이더를 꺼낼 수 없으므로 주의해야 합니다.

---

10 이더리움 가상 머신입니다. 이더리움에서 애플리케이션을 실행하는 기반입니다.

메시지 콜과 계약 생성의 차이

메시지 콜은 계약 생성과 비슷하지만 계약을 생성하는 것이 아니므로 초기화 코드를 실행하지 않습니다. 대신 별도의 입력 데이터를 사용할 수 있습니다. 거래 상태가 바뀌면 출력 데이터를 얻을 수 있으며 출력 데이터는 이후의 거래에 사용할 수 있습니다.

솔리디티를 이용한 애플리케이션 개발

이 장에서는 솔리디티(Solidity)를 이용한 스마트 계약 개발의 기초를 소개합니다. 리믹스(Remix)라는 브라우저 기반 통합 개발 환경으로 프로그래밍 방법과 동작을 설명합니다. 또한 솔리디티 언어 사양을 간략하게 설명합니다.

7.1 첫 스마트 계약 개발

솔리디티는 스마트 계약을 개발하는 데 사용하는 프로그래밍 언어입니다. 자바스크립트와 비슷한 정적 타입 언어입니다. 스마트 계약 개발에서 현재 가장 많이 사용하므로 사실상 표준입니다.

통합 개발 환경으로는 브라우저 기반의 리믹스를 많이 이용합니다. 그런데 제트브레인의 인텔리제이^{IntelliJ}에서도 솔리디티를 프로그래밍할 수 있는 플러그인을 제공합니다. 또한 이맥스^{Emacs}와 Vim에도 플러그인이 있습니다. 여러분이 익숙하게 사용하는 에디터 프로그램으로도 솔리디티를 프로그래밍할 수 있습니다.

7.1.1 통합 개발 환경

IDE를 이용하면 구문 강조나 문법 오류 검사 등 편리한 개발 지원 기능의 혜택을 받을 수 있습니다. 대표적인 IDE를 [표 7-1]에 정리했습니다.

표 7-1 솔리디티를 지원하는 IDE 및 에디터의 개발 지원 기능

이름	IDE/에디터 이름	설명
Remix	브라우저	브라우저에서 솔리디티를 실행할 수 있는 통합 개발 환경입니다. 설치 없이 바로 솔리디티 프로그래밍을 할 수 있습니다. 이 책에서 주로 다룰 것입니다.
Intellij-Solidity	인텔리제이	구문 강조 기능, 컴파일 전 에러 감지 기능 등을 제공합니다. 8장에서 소개할 트러플(Truffle) 프레임워크에서 개발할 때 이 플러그인을 사용합니다.
Visual Studio Solidity	비주얼 스튜디오	이더리움 애플리케이션 개발을 지원하는 컨센시스(ConsenSys)에서 제공하는 플러그인입니다.
Ethereum Solidity language syntax for SublimeText	서브라임 텍스트	구문 강조 표시 기능을 지원합니다.
vim-solidity	Vim	구문 강조 기능을 지원하는 플러그인입니다.
Emacs Solidity Mode	이맥스	솔리디티 개발을 지원하는 별도의 개발 모드가 있습니다.

7.1.2 리믹스로 스마트 계약 개발 시작하기

웹 브라우저에서 리믹스 웹 사이트(http://remix.ethereum.org/)에 접속합니다. 그럼 [그림 7-1]과 같은 화면이 열립니다.

그림 7-1 리믹스 웹 사이트

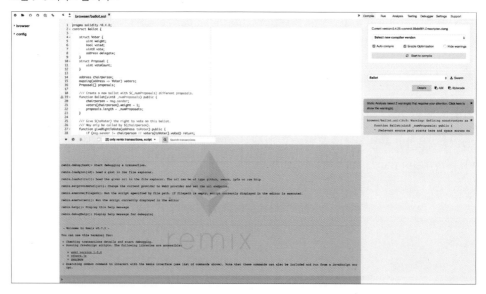

개발에 필요한 기능이 갖춰져 있다는 것을 한눈에 알 수 있습니다.

변수를 저장하는 계약 배포

리믹스에서 프로그래밍하는 방법을 살펴보기 위해 변수를 저장하는 간단한 프로그램(계약)을 만든 후 프로그램을 동작시켜보겠습니다. 왼쪽 위에 있는 **➕**를 누르면 파일을 저장할 수 있습니다. 'SimpleStorage.sol'이라는 이름을 입력한 후 〈OK〉를 눌러 파일을 만듭니다([그림 7-2] 참고).

그림 7-2 리믹스에서 파일 저장

이제 새로운 코드를 추가하겠습니다. [코드 7-1]입니다.

</> 코드 7-1 SimpleStorage.sol

```
// 컴파일러 버전 지정
pragma solidity ^0.4.25; // ①

// 계약 선언
contract SimpleStorage {
    // 변수 선언
    uint public storedData; // ②

    // storedData 값 변경 ③
    function set(uint x) public {
        storedData = x;
    }

    // storedData 값 반환 ④
    function get() public constant returns (uint) {
        return storedData;
    }
}
```

❶ pragma 키워드는 컴파일러에 소스 코드를 처리하는 방법을 정의할 때 사용합니다. 여기에서는 컴파일할 버전을 0.4.25로 지정하려고 사용했습니다. 버전을 지정하면 0.4.0 이하 환경에서 컴파일하지 않습니다. ^를 사용하면 0.5.0 이상의 환경에서 동작하지 않는다는 뜻입니다. 새로운 컴파일러 버전에서 예상하지 않은 동작이 실행되는 것을 막을 때 붙입니다.

❷ uint 타입(부호 없는 256비트 정수)으로 변수 storedData를 선언합니다. 솔리디티로 만드는 스마트 계약은 블록체인 안 계약 주소에 있는 코드와 데이터 집합입니다. 따라서 계약 상태를 저장하는 데 사용합니다. public 키워드는 외부에서 변수나 함수에 접근할 수 있게 만듭니다.

❸ set 함수를 정의합니다. uint 타입의 값을 저장하는 함수입니다. storedData 값을 변경할 수 있습니다.

❹ storedData 값을 반환하는 get 함수를 정의합니다. get 함수를 호출하면 storedData 변수에 저장한 값을 얻을 수 있습니다. constant 키워드는 계약 상태를 변경하지 않을 때 사용합니다. returns 키워드는 함수가 반환하는 데이터 타입을 정의합니다. storedData 변수에 저장한 uint 타입의 값을 돌려주므로 uint 타입으로 선언했습니다.

그림 7-3 계약 배포

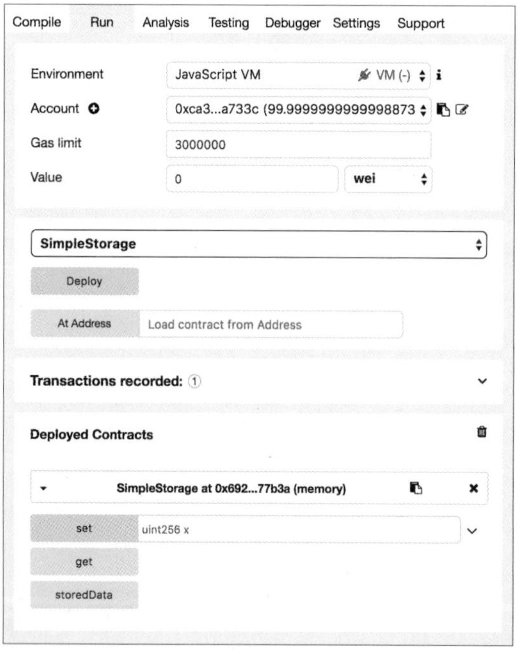

[코드 7-1]을 작성한 후 오른쪽 위 [Compile] 탭에 있는 〈Start to Compile〉을 누릅니다. 바로 아래 드롭다운 메뉴에 [SimpleStorage]이라고 표시되면 [그림 7-3]을 참고해 [Run] 탭에서 〈Deploy〉를 누릅니다. 아래에 〈set〉, 〈get〉 항목이 추가되면 SimpleStorage라는 계약을 블록체인에 배포한 것과 같은 상태가 됩니다. 이제 〈get〉을 눌러 get 함수를 실행해보겠습니다(여러 번 눌러도 괜찮습니다). 로그 영역에 다음 메시지를 출력하면 정상 실행한 것입니다.

로그 7-1 SimpleStorage 계약의 get 함수 실행 결과

```
call to SimpleStorage.get
[call] from:0xca35b7d915458ef540ade6068dfe2f44e8fa733c to:SimpleStorage.get()
data:0x6d4...ce63c
```

현재 storedData 변수에 어떤 값도 저장하지 않았으므로 0을 반환합니다. 〈get〉 아래에 0: uint256: 0이라는 메시지가 나타납니다. 다음은 set 함수를 실행하겠습니다. 〈set〉 옆 텍스트 박스에 '2018'을 입력한 후 〈set〉을 누릅니다. 로그 영역에 다음과 같은 메시지를 출력하면 정상적으로 실행한 것입니다.

로그 7-2 SimpleStorage 계약의 set 함수 실행 결과

```
transact to SimpleStorage.set pending ...
[vm] from:0xca3...a733c to:SimpleStorage.set(uint256) 0x692...77b3a value:0 wei
data:0x60f...007e2 logs:0 hash:0x9ed...6a7ed
```

실제로 어떤 작업을 실행했는지는 오른쪽에 있는 ∨를 눌러 자세한 내용을 볼 수 있습니다.

그림 7-4 작업 상세 내역 확인

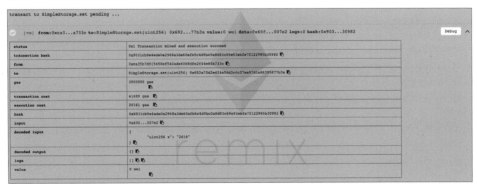

〈get〉을 눌러봅시다. 그리고 오른쪽에 있는 ∨를 눌러 [decoded output] 항목을 확인합니다.

📋 **로그 7-3** 다시 get 함수를 실행한 결과

```
call to SimpleStorage.get
[call] from:0xca35b7d915458ef540ade6068dfe2f44e8fa733c to:SimpleStorage.get()
data:0x6d4...ce63c

// [decoded output] 항목
{
    "0": "uint256: 2018"
}
```

set 함수를 실행해 저장한 '2018'이라는 값을 확인("uinit256 : 2018")할 수 있습니다. 참고로 〈storedData〉를 누르면 현재 storedData 변수에 저장한 값을 출력합니다.

이렇게 블록체인에 배포한 SimpleStorage 계약에서 어떤 데이터를 저장하는 과정을 살펴봤습니다. 단, 이 과정은 자바스크립트 가상 머신^JavaScript VM에서 에뮬레이션한 것입니다. 실제 블록체인에 데이터를 저장한 것이 아니라는 사실을 기억하기 바랍니다.

계약 생성 계정에 권한 설정

앞에서 간단한 솔리디티 코드를 실행했습니다. 그런데 〈set〉을 누르면 오른쪽 위 [Account] 항목 뒤 괄호 안 숫자가 줄어듭니다. 이는 테스트 계정이 보유한 이더를 사용한다는 뜻입니다.

스마트 계약은 블록체인에 계약을 배포하거나 데이터를 전송해 계약 상태를 변경할 때 가스를 소비합니다. 앞 예라면 SimpleStorage 계약을 배포하거나 set 함수로 storedData 변수에 데이터를 전송해 상태를 변경할 때 가스를 소비합니다. get 함수는 storedData 변수를 참조할 뿐이므로 가스를 소비하지 않습니다.

한편 SimpleStorage 계약은 사용자 권한을 설정하지 않았으므로 이 계약이 있다는 사실을 아는 계정이라면 누구나 storedData 변숫값을 바꿀 수 있습니다. 이는 문제입니다.

실제 리믹스에서 다른 계정으로 전환한 후 set 함수를 실행해보겠습니다. 사용자 전환은 오른쪽 창에서 [Run] 탭을 선택한 후 [Account] 항목의 드롭 다운 메뉴에서 현재 계정이 아닌 다른 것을 선택합니다([그림 7-5] 참고).

그림 7-5 계정 선택

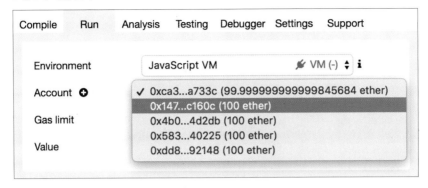

계정 변경 후 〈set〉 옆 텍스트 박스에 '3018'을 입력하고 〈set〉을 누릅니다. 그리고 〈get〉을 누르면 3018을 저장한 것을 확인할 수 있습니다.

이러한 데이터 변경은 계약을 배포한 계정만 할 수 있어야 합니다. 이제 기존 SimpleStorage 계약 코드를 수정해 배포 계정에만 데이터 변경 권한을 부여하겠습니다. SimpleStorage.sol 파일을 만든 방법과 같은 순서로 SimpleStorageOwner.sol 파일을 만듭니다. 그리고 [코드 7-2]를 작성합니다.

코드 7-2 SimpleStorageOwner.sol

```solidity
pragma solidity ^0.4.25;

contract SimpleStorageOwner {
    uint public storedData;

    // ① 계약을 배포한 계정 주소를 저장할 owner 변수를 정의합니다.
    address public owner;

    // ②
    constructor() public {
        // 생성자 정의
        owner = msg.sender;
    }

    // ③
    modifier onlyOwner() {
        // 생성자로 설정한 계정만 데이터 변경(거래)을 실행할 수 있게 설정합니다.
        // 생성자가 아니면 데이터 변경을 취소합니다.
```

```
        require(msg.sender == owner);

        // _는 함수 제한자입니다.
        _;
    }

    // ④ storedData 값 변경
    function set(uint x) onlyOwner public {
        storedData = x;
    }

    // ④ storedData 값 반환
    function get() onlyOwner public constant returns (uint) {
        return storedData;
    }
}
```

❶ 계약을 배포한 계정 주소를 저장하는 address 타입의 owner 변수를 정의합니다.

❷ 계약을 배포할 때 실행하는 생성자입니다. 계약을 배포한 계정 주소 msg.sender를 owner
에 저장합니다. 참고로 솔리디티 이전 버전에서는 계약 이름과 같은 이름으로 생성자 이름을
지정했는데 최신 버전에서는 경고가 발생합니다. constructor라는 생성자 이름으로 지정하는
것을 권합니다.

❸ onlyOwner 제한자는 require 함수로 계약에서 데이터 변경을 실행하는 계정 msg.sender
가 owner여야 한다는 조건을 설정합니다. 해당 계정이 아니면 데이터 변경을 실패하고 실
행 전 상태를 유지합니다. modifier의 함수인 onlyOwner()에 명시된 조건을 충족할 때만
modifier가 지정된 함수(예제에서 set 함수)를 실행합니다. _는 함수 제한자로 함수 안 동작
을 제어할 때 사용합니다. 보통 함수 안 이후 코드를 건너뛰고 다음 함수의 코드를 실행합니다.
이 예제에서는 이후 코드가 없으므로 의미가 없습니다.

TIP 처음 [코드 7-2]를 작성하고 컴파일하면 리믹스의 [Compile] 탭에는 방금 설명한 require의 특성과 관련한
경고 메시지가 출력됩니다. 실행하는 데는 상관없지만 상황에 따라 메시지에서 제시하는 assert 함수로 바꿔
야 할 수도 있으니 잘 읽어두기 바랍니다.

❹ storedData 변숫값을 변경하고 반환하는 함수에 ❸에서 정의한 제한자인 onlyOwner를 추
가합니다. 이 함수를 실행하기 전에 ❸에서 처리한 내용을 반영합니다.

이제 [코드 7-1] 때와 마찬가지로 [Run] 탭을 선택한 후 〈Deploy〉를 누릅니다. 그리고 우선 〈owner〉를 클릭해 계약을 배포한 계정을 생성자로 설정합니다. 그리고 〈set〉 옆의 텍스트 박스에 '2018'을 입력하고 〈set〉을 누릅니다.

다음에는 [그림 7-5]를 참고해 계정을 변경하고 다시 〈set〉 옆의 텍스트 박스에 '2019'라는 값을 설정한 후 〈set〉을 누릅니다. [로그 7-4]와 같은 메시지를 출력합니다.

📄 **로그 7-4** 계약을 배포한 계정이 set 함수 실행

```
call to SimpleStorageOwner.get
[call] from:0x14723a09acff6d2a60dcdf7aa4aff308fddc160c to:SimpleStorageOwner.get()
data:0x6d4...ce63c
transact to SimpleStorageOwner.set errored: VM error: revert.
revert  The transaction has been reverted to the initial state.
Note: The constructor should be payable if you send value.
Debug the transaction to get more information.
```

생성자로 설정한 계정이 아니므로 데이터를 변경할 수 없는 것입니다. 오른쪽에 있는 ∨를 눌러 작업 내역을 확인해보겠습니다.

그림 7-6 작업 상세 내역 확인

[status] 항목을 보면 "0x0 Transaction mined but execution failed"라는 메시지를 확인할 수 있습니다.

실제 〈get〉을 눌러서 [decoded output] 항목을 확인해도 이전에 설정한 '2018'이나 '2019' 모두 변경하지 않았음을 확인할 수 있습니다.

📄 **로그 7-5** get 함수로 데이터 변경 확인

```
call to SimpleStorageOwner.get
[call] from:0x14723a09acff6d2a60dcdf7aa4aff308fddc160c to:SimpleStorageOwner.get()
data:0x6d4...ce63c
```

```
// [decoded output] 항목
{
    "0": "uint256: 0"
}
```

7.1.3 리믹스와 Geth 연결

[코드 7-1]과 [코드 7-2]는 자바스크립트 가상 머신에 블록체인을 에뮬레이션해 스마트 계약을 배포했습니다. 그런데 6장에서 살펴본 것처럼 이 책에서는 Geth를 이용한 사설망에서 블록체인을 동작시킬 것입니다.

이번에는 Geth와 리믹스를 연결해 계약을 배포하고 실행하겠습니다. Geth 콘솔을 실행하지 않았다면 6.1.4를 참고해 실행시켜둡니다.

먼저 리믹스의 환경 설정을 변경합니다. 오른쪽 창에서 [Run] 탭을 선택한 후 [Environment] 항목 옆 드롭다운 메뉴를 선택합니다. 현재 설정한 [JavaScript VM]을 [Web3 Provider]로 바꿉니다([그림 7-7] 참고).

그림 7-7 Web3 Provider 선택

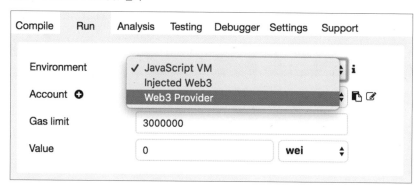

[그림 7-8]과 같은 창이 열리고 메시지를 보여줍니다. Geth 콘솔을 실행한 상태라면 〈OK〉를 누릅니다.

그림 7-8 이더리움 노드와 연결 확인

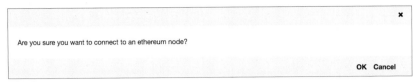

Web3 Provider 엔드포인트[1]에 연결할 것인지 묻습니다. 6.1.4를 참고해 Geth 콘솔을 실행했다면 사설망 포트 번호는 8545입니다. 따라서 [그림 7-9]처럼 기본 설정인 http://localhost:8545를 지정했는지 확인한 후 〈OK〉를 클릭합니다.

그림 7-9 Web3 Provider의 엔드포인트 지정

[그림 7-10]처럼 6장에서 만든 계정 3개의 정보를 확인할 수 있습니다.

그림 7-10 계정 3개 확인

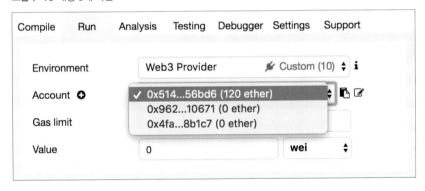

채굴을 중지하지 않았다면 코인베이스 계정의 이더가 5씩 계속 증가합니다.

---

1 옮긴이_ 네트워크에 연결해 네트워크 기반 애플리케이션을 실행하는 모든 네트워크 장치를 뜻합니다.

앞에서 [코드 7-2]를 실행할 때는 JavaScript VM에 배포했으므로 아직 Geth의 사설망에 배포하지 않았습니다. Geth 사설망에 배포하겠습니다. 먼저 채굴을 중지했다면 Geth 콘솔에서 `miner.start(1)` 명령을 실행해 채굴을 시작합니다. 그리고 오른쪽 위 [Run] 탭을 선택하고 〈Deploy〉를 누릅니다. 잠깐 기다립니다.

📝 **로그 7-6** [코드 7-2]를 사설망에 배포

```
creation of SimpleStorageOwner pending...
// 잠깐 기다립니다.
[block:289 txIndex:0] from:0x188...91bbf to:SimpleStorageOwner.(constructor)
value:0 wei data:0x608...00029 logs:0 hash:0x3be...a5b5c
```

JavaScript VM은 효율적인 개발을 위해 계약 배포 즉시 블록에 저장합니다. 사설망에서는 약 15초에 한 번 블록을 생성하기 때문에 배포한 계약이 생성한 블록에 저장될 때까지 기다려야 합니다.

이번에는 계약을 올바르게 배포했는지 로그를 확인하겠습니다. 6장에서 만든 [private_net] 디렉터리의 error.log 파일을 텍스트 에디터로 엽니다. 'Submitted'라고 검색해 [로그 7-7] 같은 메시지가 있으면 Geth를 리믹스에서 사용할 수 있습니다.

📝 **로그 7-7** 계약 생성 로그

```
INFO [05-11|15:37:10] Submitted contract creation
fullhash=0x3be48fb6bea897cdf9fb31f00b363565a303e1078b3e307671b1c463c77a5b5c
contract=0x41f21e353AdFa9c7D61eDAf0E552ce73DdA69da5
```

contract에 저장한 해시값은 사용자마다 다릅니다. 따라서 로그 메시지 처음에 있는 특정 날짜와 시각을 확인해 내가 사용하려는 계약 주소가 맞는지 확인하면 됩니다. 계약 주소는 〈Deploy〉를 눌러서 배포한 계약 이름 오른쪽에 있는 파일 모양의 아이콘을 누르면 클립보드에 복사됩니다([그림 7-11] 참고).

그림 7-11 계약 주소를 클립보드에 복사하기

7.2 값 타입

솔리디티는 메서드의 파라미터, 리턴 값, 컴파일할 때 데이터 타입을 확인하는 상태 변수[2]나 지역 변수에 데이터 타입을 지정해야 합니다. 다른 프로그래밍 언어처럼 '값 타입'과 '참조 타입'이 있습니다. 이 절에서 소개하는 값 타입은 변수 선언과 동시에 메모리를 생성해 어떤 값을 직접 할당할 수 있는 데이터 타입을 말합니다.

참고로 이 절에서 소개하는 예제 코드는 대부분 7.1에서 살펴본 리믹스로 실행할 수 있습니다. 솔리리티 공식 문서[3]를 인용한 부분도 있습니다.

7.2.1 논리 타입

논리 타입(bool)은 true와 false 값 중 하나를 저장합니다. 다음 연산자와 함께 사용합니다.

- 논리 NOT: !
- 논리 AND: &&
- 논리 OR: ||

---

2 옮긴이_ 계약의 맨 처음에 선언한 변수를 뜻합니다.
3 http://solidity.readthedocs.io/en/latest/

- 같음: ==
- 같지 않음: !=

논리 OR는 두 값이 모두 false일 때만 false를 리턴합니다. 그 이외는 모두 true를 리턴합니다. f(x) || g(y)에서 f(x)가 true면 g(y)의 값과 상관없이 true를 리턴합니다.

논리 AND 연산자는 두 값 모두 true일 때만 true를 리턴합니다. 그 이외는 모두 false를 리턴합니다. f(x) && g(y)에서 f(x)가 false면 g(y)의 값과 상관 없이 false를 리턴합니다.

코드 7-3 논리 타입

```solidity
pragma solidity ^0.4.25;

// 계약 선언
contract Booleans {
    // a가 true이므로 b의 값과 상관없이 true를 리턴합니다.
    function getTrue() public pure returns (bool) {
        bool a = true;
        bool b = false;
        return a || b;
    }

    // a가 false이므로 b의 값과 상관없이 false를 리턴합니다.
    function getFalse() public pure returns (bool) {
        bool a = false;
        bool b = true;
        return a && b;
    }
}
```

7.2.2 정수 타입

정수 타입은 부호가 있거나 없는 정수를 뜻합니다. 부호 있는 정수로는 int8, int16, int24, …, int248, int256이 있습니다. 부호 없는 정수로는 uint8, uint16, uint24, …, uint256이 있습니다. int와 uint 접두어에 8의 배수를 붙여 선언합니다. int와 uint만 선언할 때는 int256과 uint256을 선언한 것입니다. 다음 연산자와 함께 사용합니다.

- 비교 연산자: <=, <, ==, !=, >=, >. 논리 타입을 리턴합니다.

- 비트 연산자: &(AND), |(OR), ^(XOR), ~(NOT)
- 산술 연산자: +, -, *, /, %, **(지수 연산), <<(왼쪽 시프트 연산), >>(오른쪽 시프트 연산)

나누기는 EVM의 연산 코드^{opcode} DIV로 컴파일하며 소수점을 반올림합니다. 그러나 정수 리터럴(또는 정수 리터럴 표현식)이면 소수점을 포함한 값 그대로 연산합니다.

0으로 나누는 연산은 항상 컴파일 에러가 발생합니다. x << y는 x * 2 ** y와 같으며, x >> y는 x / 2 ** y와 같습니다. 단, 음수를 시프트 연산하면 컴파일 에러가 발생합니다.

📄 **코드 7-4** 정수 타입

```solidity
pragma solidity ^0.4.25;

contract Integers {
    // 3 / 2는 반올림해서 1입니다. 1 * 2를 계산해 2를 리턴합니다.
    function getTwo() public pure returns (uint) {
        uint a = 3;
        uint b = 2;
        return a / b * 2;
    }

    // 정수 리터럴이므로 3 / 2는 1.5입니다. 1.5 * 2를 계산해 3을 리턴합니다.
    function getThree() public pure returns (uint) {
        return 3 / 2 * 2;
    }

    // 주석을 풀면 컴파일 에러가 발생합니다.
    /* function divByZero() public pures returns (uint) {
        return 3 / 0;
    } */

    function shift() public pure returns(uint[2]) {
        uint[2] memory a;

        // 16 * 2 ** 2 = 64
        a[0] = 16 << 2;

        // -16 * 2 ** 2 = -64는 컴파일 에러가 발생합니다.
        // a[0] = -16 << 2;

        // 16 / 2 ** 2 = 4
        a[1] = 16 >> 2;
```

```
        return a;
    }
}
```

7.2.3 왼쪽 값을 포함하는 연산자

왼쪽 값Left Value을 포함하는 연산자를 사용할 수 있습니다. 보통 대입 연산자라고 합니다. 코드
를 간결하게 작성할 때 효율적입니다. 단, 남발하면 소스 코드의 가독성이 나빠지므로 주의해
야 합니다. [코드 7-5]는 대입 연산자의 예입니다(실행할 수 있는 코드는 아닙니다).

코드 7-5 왼쪽 값을 포함하는 연산자 예

```
uint a = 10;
uint e = 3;

// a = a + e
a += e;

// a = a - e
a -= e;

// a = a * e
a *= e;

// a = a / e
a /= e;

// a = a % e
a %= e;

// a = a | e
a |= e;

// a = a & e
a &= e;

// a = a ^ e
```

```
a ^= e;

// 증가 및 감소 연산자
a++;
a--;
```

7.2.4 고정 소수점 타입

고정 소수점 타입Fixed Point Numbers은 선언할 수 있지만 아직 완전히 지원되지 않기 때문에 값
으로 할당할 수 없습니다. fixed와 ufixed 타입이 있습니다. fixed<비트 수>x<10진수>,
ufixed<비트 수>x<10진수>로도 선언할 수 있습니다. 정수 타입에서 설명한 비교 연산자 및
산술 연산자와 함께 사용할 수 있습니다.

7.2.5 주소 타입

주소 타입(address)은 20바이트의 값을 저장합니다. 연산자 외에 멤버 함수도 있으며 모든
계약의 핵심을 정의하는 기반입니다. 정수 타입에서 설명한 비교 연산자와 다음 멤버 함수를
사용합니다.

- **balance**: 계정 주소에 있는 이더를 wei로 리턴합니다.
- **transfer**: 계정 주소에 있는 이더를 송금합니다.
- **send**: 계정 주소에 있는 이더를 송금합니다. 송금하지 못하면 false를 리턴합니다.
- **call**: 계정 주소에 있는 이더를 송금합니다. 실패하면 false를 리턴합니다. 가스양을 조정할 수 있으며 애플
  리케이션 바이트 인터페이스(ABI)에 적합하지 않은 계약과 연결하기 위해 어떤 데이터 타입의 임의 파라미
  터를 선언하는 함수 호출입니다.
- **delegatecall**: 다른 계약을 호출하는 메서드입니다.

코드 7-6 주소 타입

```
pragma solidity ^0.4.25;

contract Address {
    function () payable public { }

    function getBalance(address _t) public view returns (uint) {
```

```solidity
        if (_t == address(0)) {
            _t = this;
        }

        return _t.balance;
    }

    function transfer(address _to, uint _amount) public {
        _to.transfer(_amount);
    }

    function send(address _to, uint _amount) public {
        if (!_to.send(_amount)) {
            revert();
        }
    }

    function call(address _to, uint _amount) public {
        if (!_to.call.value(_amount).gas(1000000)()) {
            revert();
        }
    }

    function withDraw() public {
        address to = msg.sender;
        to.transfer(address(0).balance);
    }

    function withDraw2() public {
        address to = msg.sender;
        if (!to.call.value(address(0).balance).gas(1000000)()) {
            revert();
        }
    }
}
```

7.2.6 바이트 배열 타입

바이트 배열 타입은 bytes1, bytes2, bytes3, …, bytes32까지 있습니다. byte를 선언하면 bytes1을 선언한 것입니다. 또한 값 타입이 아닌 참조 타입으로 동적 크기의 바이트 배열인 bytes, 동적 크기의 UTF-8 인코딩 문자열인 string이 있습니다.

```solidity
pragma solidity ^0.4.25;

contract Bytes {
    // bytes2는 2바이트입니다.
    function bybb() public pure returns (bytes2) {
        bytes2 b = "ba";
        return b;
    }

    // bytes는 동적 크기의 바이트 배열입니다. 참조 타입입니다.
    function bybaab() public pure returns (bytes) {
        bytes memory a = 'baaaaaaaaaa';
        return a;
    }
}
```

7.2.7 열거 타입

열거 타입(enum)은 사용자화 타입을 만드는 방법 중 하나입니다. 모든 정수 타입으로 명시해서 변환할 수 있으며, 자동으로 변환할 수는 없습니다. 명시적 변환은 컴파일할 때 값의 범위를 확인합니다. 확인 결과에 따라 에러가 발생할 수 있습니다. 참고로 열거 타입에는 상수 하나가 있어야 합니다.

리턴 값은 uint8 타입으로 자동 지정됩니다. 큰 상수면 uint16 타입으로 자동 지정됩니다.

```solidity
pragma solidity ^0.4.25;

contract Enum {
    enum Colors { Red, Blue, Green }

    Colors color;
    Colors constant defaultColor = Colors.Green;

    function setColor() public {
        color = Colors.Blue;
    }
```

```
    // setColor 함수를 호출하지 않으면 0(Red)을 리턴합니다.
    // setColor 함수를 호출하면 1(Blue)을 리턴합니다.
    function getColor() public view returns (Colors) {
        return color;
    }

    // 2(Green)를 리턴합니다.
    function getDefaultColor() public pure returns (uint) {
        return uint(defaultColor);
    }
}
```

7.2.8 함수 타입

함수 타입은 함수 이름 그대로를 변수 등으로 사용합니다. 내부 함수 타입과 외부 함수 타입의
두 가지가 있습니다.

내부 함수는 internal 키워드를 사용해 선언하며 현재 함수 안에서 함수를 참조하는 데 사용
합니다. 〈함수 이름〉 형식으로 내부 함수를 호출합니다.

외부 함수는 public 키워드를 사용해 선언하며 계약 주소와 함수 서명으로 구성합니다. 해당
함수를 호출해 전달하거나 리턴할 수 있습니다. selector 메서드는 ABI에서 사용하는 함수
선택자(함수 서명의 첫 4바이트)를 리턴하는 특수 멤버 함수를 호출합니다. this.〈함수 이
름〉 형식으로 호출합니다.

▣/> 코드 7-9 함수 타입

```
pragma solidity ^ 0.4.25;

contract Selector {
    function e() public pure returns (bytes4) {
        // this를 사용하면 외부 함수를 호출하는 것입니다.
        return this.e.selector;
    }

    function f() public pure returns (uint) {
        // 내부 함수에는 selector 메서드가 없으므로 에러가 발생합니다.
        // return f.selector;
```

```
        // g()는 internal 키워드가 있으므로 내부 함수입니다. 여기에서는 호출할 수 없습니다.
        return g();
    }

    function g() internal pure returns (uint) {
        return 0;
    }
}
```

7.3 참조 타입, 배열, 구조체

참조 타입은 다른 위치에 값을 쓰고 변수는 해당 값이 있는 장소의 메모리 주소를 사용합니다.

값 형식은 기본적으로 큰 데이터를 저장할 수 없습니다. 이런 상황에 참조 타입을 사용합니다. 그러나 큰 데이터를 만들 때는 가스를 사용하므로 데이터 타입 지정에 신경 써야 합니다. 곧 설명할 storage나 memory 타입의 선택에 따라 사용하는 가스양 리턴 값이 달라질 수 있습니다.

7.3.1 데이터 위치 타입

데이터 위치를 지정할 때는 [코드 7-10]에서 사용하는 memory와 storage 타입을 사용합니다.

함수 파라미터의 리턴 값은 memory를 기본 데이터 위치 타입으로 사용합니다. 지역 변수와 상태 변수는 storage를 기본 데이터 위치 타입으로 사용합니다. 외부 함수의 파라미터(리턴 값이 아님)를 저장할 때 사용하는 calldata 타입도 있습니다. 변경할 수 없는 데이터 위치 타입입니다. 데이터를 호출하므로 memory 타입처럼 동작합니다.

데이터 위치 타입에 따라 데이터를 할당하는 방식이 다릅니다. storage의 데이터를 memory에 할당할 때는 항상 데이터의 복사본을 만들어 저장합니다. 상태 변수를 할당할 때도 마찬가지입니다. 지역 변수는 참조만 지정하므로 변수가 바뀌더라도 항상 상태 변수입니다. 메모리에 할당한 참조 타입을 다른 메모리에 할당할 때는 복사본을 만들지 않습니다.

```
pragma solidity ^0.4.25;

contract DataLocation {
    // 지역 변수 선언이므로 기본 데이터 위치 타입은 storage입니다.
    uint[] x;

    // memoryArray는 함수 안에서 사용하므로 기본 데이터 위치 타입은 memory입니다.
    function f(uint[] memoryArray) public {
        // storage 타입의 memoryArray를 복사합니다.
        x = memoryArray;

        // x의 포인터를 저장합니다. y는 상태 변수이므로 storage 타입입니다
        uint[] storage y = x;

        // y의 8번째 요소입니다.
        y[7];

        // length 변수로 x의 배열 길이를 변경합니다.
        y.length = 2;

        // x를 삭제하면 참조하는 y도 삭제합니다.
        delete x;

        // y는 상태 변수이므로 다른 storage 타입을 할당할 수 없습니다.
        // y = memoryArray;

        // y를 가리키는 값 타입이 없으므로 에러가 발생합니다.
        // delete y;

        // x를 참조해 g() 함수에 전달합니다.
        g(x);

        // x는 storage 타입이므로 memory 타입에 할당할 때는
        // 복사본을 만들어 h() 함수를 실행합니다.
        h(x);
    }

    function g(uint[] storage) internal pure { }
    function h(uint[] memory) public pure { }
}
```

length 변수는 배열 요소 수를 저장합니다. storage 타입으로 선언한 동적 배열은 length 변수로 배열 요소 크기를 바꿀 수 있습니다. memory 타입은 배열 요소 크기가 고정이므로 배열 요소 크기를 바꿀 수 없습니다. 현재 배열 요소 크기 이상으로 접근하면 배열 요소를 자동으로 호출하지 않습니다.

7.3.2 고정 배열과 동적 배열 타입

배열에는 고정 배열과 동적 배열이 있습니다. 고정 배열은 배열 요소 크기를 지정합니다. 예를 들어 배열 크기가 k인 배열 T는 T[k]로 표현합니다. k와 같은 크기를 넣지 않고 [ ]로 표현하면 동적 배열입니다. uint 타입의 5개 동적 배열을 배열로 구성한다면 uint[ ][5]로 표현합니다. 배열 요소는 임의 타입을 지정할 수 있습니다.

코드 7-11 배열 타입

```solidity
pragma solidity ^0.4.25;

contract Arrays {
    // 고정 배열
    uint[5] fArray = [uint(1), 2, 3, 4, 5];

    // 동적 배열
    uint[] dArray;

    function getFifteen() public view returns (uint) {
        uint res = 0;

        for (uint i = 0; i < fArray.length; i++) {
            res = res + fArray[i];
        }

        return res;
    }

    function getDArray() public returns (uint[]) {
        dArray.push(2);
        dArray.push(3);
        return dArray;
    }
}
```

예를 들어 세 번째 동적 배열의 두 번째 uint 타입 값에 접근하려면 x[2][1]이라고 표현합니다. 또한 문자 s의 UTF-8 바이트 표기에 접근하려면 bytes(s).length나 bytes(s)[7]로 표현합니다.

> **Column** 솔리디티의 고정 배열 표현
>
> 고정 배열의 기본 타입은 배열 요소에 공통으로 적용할 수 있는 타입입니다. 배열 타입 [1, 2, 3, 4, 5]라면 공통으로 적용할 수 있는 타입은 uint8입니다. [코드 7-10]의 배열은 이를 나타내려고 첫 번째 요소에 uint를 붙여 [uint(1), 2, 3, 4, 5]로 표기했습니다.

7.3.3 memory 타입의 배열 할당

new 키워드를 사용해 동적 배열을 memory 타입의 배열로 만들 수 있습니다. 단, length 변수에 숫자를 할당해 배열 요소 크기를 변경할 수는 없습니다.

코드 7-12 memory 타입 배열 할당

```
pragma solidity ^0.4.25;

contract MemoryArrays {
    function f(uint len) public pure {
        // uint 타입의 동적 배열을 7개 만듭니다.
        uint[] memory a = new uint[](7);

        // 크기가 len으로 고정된 바이트 배열을 만듭니다.
        bytes memory b = new bytes(len);
        a[6] = 8;
        b[len] = 'a';
    }
}
```

7.3.4 배열 리터럴 타입

배열 리터럴은 표현식으로 구성한 배열이므로 바로 변수에 할당할 수 없다는 특징이 있습니다. 따라서 배열 리터럴 타입은 고정 배열 요소 크기의 memory 타입 배열입니다.

[코드 7-13]에서 고정 배열 타입 [uint(1), 2, 3]을 memory 타입으로 나타내면 uint8[3] memory입니다.

코드 7-13 배열 리터럴 타입의 인라인 정의

```solidity
pragma solidity ^0.4.25;

contract ArrayLiterals {
    function f() public pure {
        g([uint(1), 2, 3]);
    }

    function g(uint[3]) public pure {
        // ...
    }
}
```

고정 배열 크기의 memory 타입 배열은 동적 크기의 memory 타입 배열에 할당할 수 없습니다. 따라서 [코드 7-14]는 에러가 발생합니다. 앞으로 솔리디티 버전이 높아지면 이러한 제한이 없어질 예정입니다.

코드 7-14 배열 리터럴 타입을 동적 배열에 할당

```solidity
// 예제는 컴파일할 수 없습니다.
pragma solidity ^0.4.25;

contract ArrayLiteralsNotCompiled {
    function f() public pure {
        // uint[3] 배열 리터럴 타입이므로 동적 배열 uint[]에 할당할 수 없습니다.
        uint[] x = [uint(1), 3, 4];
    }
}
```

또한 storage 타입의 동적 배열과 bytes 배열에는 배열 마지막 요소를 추가하는 push 멤버 함수가 있습니다. 리턴 값은 새로운 배열 요소 크기입니다. [코드 7-15]의 addFlag 함수를 살펴보기 바랍니다.

코드 7-15 배열의 다양한 사용 예

```solidity
pragma solidity ^0.4.25;

contract ArrayContract {
    uint[2 ** 20] m_aLotOfIntegers;

    // 고정 배열 요소 크기가 2인 bool 동적 배열입니다.
    bool[2][] m_pairsOfFlags;

    // newPairs는 memory 타입 배열입니다.
    function setAllFlagPairs(bool[2][] newPairs) public {
        // storage 타입 배열을 고정 배열로 덮어씁니다.
        m_pairsOfFlags = newPairs;
    }

    function setFlagPair(uint index, bool flagA, bool flagB) public {
        // 없는 배열 인덱스를 참조하면 에러가 발생합니다.
        m_pairsOfFlags[index][0] = flagA;
        m_pairsOfFlags[index][1] = flagB;
    }

    function changeFlagArraySize(uint newSize) public {
        // 새 배열 요소 크기가 작으면 삭제한 배열 요소만큼 배열 요소 크기를 조정합니다.
        m_pairsOfFlags.length = newSize;
    }

    function clear() public {
        // 배열을 완전히 삭제합니다.
        delete m_pairsOfFlags;
        delete m_aLotOfIntegers;

        // 배열 요소 크기를 0으로 설정하는 것도 배열을 삭제하는 것입니다.
        m_pairsOfFlags.length = 0;
    }

    bytes m_byteData;

    function byteArrays(bytes data) public {
        // bytes는 uint8[]와 같습니다.
        m_byteData = data;
        m_byteData.length += 7;
        m_byteData[3] = byte(8);
        delete m_byteData[2];
```

```
    }

    function addFlag(bool[2] flag) public returns (uint) {
        return m_pairsOfFlags.push(flag);
    }

    function createMemoryArray(uint size) public pure returns (bytes) {
        // memory 타입 동적 배열은 new 키워드로 만듭니다.
        uint[2][] memory arrayOfPairs = new uint[2][](size);
        arrayOfPairs[2][size]= 3;

        // 동적 바이트 배열 타입을 만듭니다.
        bytes memory b = new bytes(200);

        for (uint i = 0; i < b.length; i++)
            b[i] = byte(i);

        return b;
    }
}
```

7.3.5 구조체

struct 키워드로 문자열, 정수 등 여러 가지 값이 있는 구조체를 정의할 수 있습니다. 구조체를 정의한 계약 안에서만 사용하며, 다른 계약 계정 및 외부 계정에 직접 리턴할 수 없습니다.

구조체로 선언한 타입은 7.4.1에서 설명할 mapping 타입과 배열 안에서 사용할 수 있습니다. 또한 구조체 자체도 mapping 타입과 배열을 사용할 수 있습니다. 단, 구조체 안에 사용자가 미리 정의한 변수를 포함할 수 없습니다. 이러한 제한을 두는 이유는 구조체 크기가 정해져 있어야 하기 때문입니다.

구조체를 지역 변수에 어떻게 할당하는지 잘 알아야 합니다. 구조체는 값을 변수에 복사하지 않고 참조합니다. [코드 7-16] getUser(uint_id) 함수의 주석 처리 부분을 해제하면 getUser( ) 함수를 호출했을 때 모든 사용자의 name 값을 changed로 바꿉니다. 물론 users[0].name 등으로 직접 참조할 수 있습니다.

코드 7-16 구조체 사용

```solidity
pragma solidity ^0.4.25;

contract Structs {
    struct User {
        string name;
        string email;
    }

    User[] public users;

    function addUser(string _name, string _email) public {
        users.push(User(_name, _email));
    }

    function getUser(uint _id) public view returns (string, string) {
        // User storage u = users[_id];
        // u.name = "changed";
        return (users[_id].name, users[_id].email);
    }
}
```

7.3.6 삭제 연산자

삭제 연산자는 delete입니다. delete a는 타입의 초깃값을 a에 대입합니다. 정수 타입은 a = 0입니다. 고정 배열은 모든 배열 요소를 각 요소 타입의 초깃값으로 설정합니다. 동적 배열은 배열 요소 크기를 0으로 설정합니다. 구조체는 모든 필드를 재설정합니다. 단, mapping 타입은 임의 타입의 키를 설정할 수 있으므로 delete 연산자로 mapping 타입 전체를 초기화할 수 없습니다.

코드 7-17 삭제 연산자 예

```solidity
pragma solidity ^0.4.25;

contract DeleteExample {
    uint data;
    uint[] dataArray;

    function f() public {
```

```
        uint x = data;

        // x를 0으로 초기화합니다.
        delete x;

        // data를 0으로 초기화합니다.
        // x는 data의 값을 참조하므로 영향이 없습니다.
        delete data;
        uint[] storage y = dataArray;
        y[2] = 3;

        // dataArray.length는 0입니다.
        // y는 dataArray를 참조하므로 y.length도 0입니다.
        delete dataArray;

        // 참조 타입은 delete 연산자를 사용할 수 없으므로 delete y는 에러가 발생합니다.
        // delete y;
    }
}
```

7.4 매핑 타입과 타입 캐스팅

이 절에서는 키-값을 사용하는 매핑 타입과 타입 캐스팅을 살펴봅니다.

7.4.1 매핑 타입

매핑(mapping) 타입은 mapping(_KeyType => _ValueType)처럼 정의합니다. 키로 값을 참조할 수 있는 집합 형태입니다. 맵, 연관 배열, 딕셔너리 등 프로그래밍 언어마다 이름은 다릅니다. 키는 mapping 타입, 동적 배열 타입, 계약, 열거 타입 등 구조체를 제외한 타입 대부분을 사용합니다. 단, keccak256 타입의 해시값으로 바꿔 저장합니다. 값으로는 mapping 타입을 포함해 어떠한 타입이든 사용할 수 있습니다.

mapping 타입은 해시 테이블 형태이기도 합니다. 어떤 타입이든 사용할 수 있도록 키를 초기화합니다. 초기화했을 때의 값은 타입 각각의 기본값입니다.

또한 크기 제한이 없고 계약의 지역 변수와 storage 타입으로 이용할 수 있습니다. memory 타입 변수로는 사용할 수 없습니다.

📄 **코드 7-18** 매핑 타입

```solidity
pragma solidity ^0.4.25;

contract Mappings {
    struct User {
        string name;
        string email;
    }

    mapping(address => User) public users;

    function addUser(string _name, string _email) public {
        users[msg.sender].name = _name;
        users[msg.sender].email = _email;
    }

    function getUser() public view returns (string, string) {
        return (users[msg.sender].name, users[msg.sender].email);
    }
}
```

7.4.2 타입 캐스팅

컴파일러는 보통 자동으로 타입 캐스팅합니다. uint8에서 uint256으로, int8에서 int16으로 바꿀 수 있습니다. 그러나 int8에서 uint8은 음수를 표현할 수 없으므로 타입 캐스팅할 수 없습니다. 크기가 작은 타입 값을 큰 타입 값으로 타입 캐스팅할 수 있지만, 큰 타입 값에서 작은 타입 값으로 타입 캐스팅하면 크기가 작은 타입 값에 맞춰 표현하므로 원 값을 보장하지 않습니다(예: uint128을 uint16으로 타입 캐스팅 등). 참고로 uint160은 address로 타입 캐스팅할 수 있습니다.

타입을 명시해서 타입 캐스팅할 수 있습니다. 단, 개발자는 어떻게 타입 캐스팅되는지 정확하게 이해하고 있어야 합니다. [코드 7-19]에서 int8을 uint8로 타입 캐스팅하는 예를 살펴보겠습니다.

코드 7-19 자동 타입 캐스팅 예

```solidity
pragma solidity ^0.4.25;

contract Conversions {
    function f() public pure returns (uint8) {
        int8 y = -3;
        uint8 x = uint8(y);

        // 256-3이므로 253을 리턴합니다.
        return x;
    }
}
```

[코드 7-20]처럼 크기가 작은 타입 값을 명시해 타입 캐스팅하면 상위 비트값을 삭제합니다.

코드 7-20 자동 타입 캐스팅에서 값이 잘린 예

```solidity
pragma solidity ^0.4.25;

contract ConversionTruncate {
    function f() public pure returns (uint16) {
        // 305419896을 설정합니다.
        uint32 a = 0x12345678;

        // 0x5678이 잘립니다.
        uint16 b = uint16(a);

        // 22136을 리턴합니다.
        return b;
    }
}
```

7.5 예약어와 전역 함수 · 변수

솔리디티에는 통화나 시간 단위를 예약어(변수로 사용할 수 없습니다)로 정의해두었으므로 즉시 사용할 수 있습니다. 또한 블록과 거래 속성을 호출하는 전역 변수와 함수도 미리 정의해 두었습니다.

7.5.1 통화 단위 예약어

블록체인에서 사용하는 통화 단위 예약어입니다. [표 7-2]와 같습니다. 가스는 wei로 표시할 때가 많은데, 통화 단위로 다루기에는 숫자가 큽니다. 다른 통화 단위를 사용하는 것이 좋습니다. wei와 이더만 기억하면 큰 문제 없습니다.

표 7-2 통화 단위

통화 단위	최소 단위(wei) 기준 환산 금액
wei	1
kwei, ada, babbage, femtoether	1,000
mwei, lovelace, picoether	1,000,000
gwei, shannon, nanoether, nano	1,000,000,000
szabo, microether, micro	1,000,000,000,000
finney, milliether, milli	1,000,000,000,000,000
ether	1,000,000,000,000,000,000
kether, grand	1,000,000,000,000,000,000,000
mether	1,000,000,000,000,000,000,000,000
gether	1,000,000,000,000,000,000,000,000,000
tether	1,000,000,000,000,000,000,000,000,000,000

[코드 7-21]은 통화 단위를 사용한 예입니다.

코드 7-21 통화 단위 예

```solidity
pragma solidity ^0.4.25;

contract Units {
    function f() public pure {
        // 1wei
        1 wei;

        // 1,000,000,000,000 wei
        1 szabo;

        // 1,000,000,000,000,000 wei
        1 finney;
```

```
        // 1,000,000,000,000,000,000 wei
        1 ether;
    }
}
```

7.5.2 시간 단위 예약어

시간 단위 예약어로는 초, 분, 시, 일, 주, 년이 있습니다. 윤초[4]의 영향을 막고 정확한 시간을 사용하려면 9.4를 참고하여 오라클을 사용하길 권합니다.

표 7-3 시간 단위

시간 단위 이름	설명
second	1초
minute	60초
hour	60분
day	24시간
week	7일
year	365일

7.5.3 블록 및 거래 속성 변수

[표 7-4]는 블록 및 거래 속성과 관련 있는 변수를 소개한 것입니다.

표 7-4 블록 및 거래 속성 변수

변수 이름	설명
block.blockhash (uint blockNumber) returns (bytes32)	지정한 블록의 해시값을 리턴합니다. 현재 블록을 제외한 최신 256개 블록에만 사용할 수 있습니다. 그 이외의 블록에 사용하면 0을 리턴합니다.
block.coinbase (address)	현재 블록 채굴자의 계정 주소를 리턴합니다.
block.difficulty (uint)	현재 블록의 난이도를 리턴합니다.
block.gaslimit (uint)	현재 블록의 가스 제한량을 리턴합니다.

---

4 옮긴이_ 세계 시각과 실제 시각의 오차를 조정하려고 더하거나 빼는 시간입니다. 세계 시각 기준 1월 1일 혹은 7월 1일 0시(한국 시각으로 오전 9시)에 1초를 더하거나 뺍니다.

변수 이름	설명
block.number (uint)	현재 블록 번호를 리턴합니다.
block.timestamp (uint)	현재 블록의 타임스탬프를 unixtime으로 리턴합니다.
msg.data (bytes)	완전한 호출 데이터를 리턴합니다.
msg.gas (uint)	남은 가스양을 리턴합니다.
msg.sender (address)	메시지 보낸 사람을 리턴합니다.
msg.sig (bytes4)	calldata의 첫 4바이트를 리턴합니다. 함수 식별자로 사용합니다.
msg.value (uint)	메시지와 함께 보낸 wei를 리턴합니다.
now (uint)	block.timestamp의 별칭입니다.
tx.gasprice (uint)	해당 거래의 가스 가격입니다.
tx.origin (address)	거래 발신자를 리턴합니다.

msg.sender와 msg.value 등 msg의 모든 변숫값은 외부 함수를 호출할 때마다 바꿀 수 있습니다. 라이브러리 함수 호출을 포함합니다. block.timestamp, block.blockhash, now는 사용 방법에 따라 보장할 수 있는 값이 아닙니다. 현재 실행 중인 거래를 해당 블록에 반드시 저장시킨다고 보장할 수 없기 때문입니다.

7.5.4 에러 처리 함수

에러 처리에는 assert, require, revert 함수를 사용할 수 있습니다. assert와 require 함수는 조건을 만족하지 못하면 revert 함수를 호출합니다. assert는 내부 처리에 에러가 발생했을 때, require는 외부 입력에 에러가 발생했을 때 사용합니다. [표 7-5]에 정리했습니다.

표 7-5 에러 처리 함수

함수 이름	설명
assert(bool condition)	내부 에러를 나타내는 데 사용합니다. 조건을 만족하지 않을 때 에러가 발생합니다.
require(bool condition)	입력 또는 외부 구성 요소의 에러를 나타내는 데 사용됩니다. 조건을 만족하지 않을 때 에러가 발생합니다.
revert()	에러가 발생하면 상태를 거래 처리 전으로 되돌립니다.

7.5.5 수학 함수와 암호화 함수

솔리디티에서 사용하는 수학 및 암호화 함수를 소개합니다. 문자열이나 상태를 해시화할 때 등에 사용합니다. [표 7-6]은 함수들을 정리한 것입니다.

표 7-6 수학 및 암호화 함수

함수 이름	설명
addmod(uint x, uint y, uint k) returns (uint)	(x + y) % k를 리턴합니다.
mulmod(uint x, uint y, uint k) returns (uint)	(x * y) % k를 리턴합니다.
keccak256(...) returns (bytes32)	Ethereum-SHA-3(KECCAK-256) 해시를 계산합니다.
sha256(...) returns (bytes32)	SHA-256 해시를 계산합니다.
sha3(...) returns (bytes32)	keccak256의 별칭입니다.
ripemd160(...) returns (bytes20)	RIPEMD-160 해시를 계산합니다.
mecrecover(bytes32 hash, uint8 v, bytes32 r, bytes32 s) returns (address)	타원곡선 암호 서명[5]에서 공개 키와 연결된 주소를 리턴합니다.

7.5.6 주소 함수

계정 주소에서 사용하는 함수입니다. 계정 주소의 잔액 상태를 얻거나 계약 계정 및 외부 계정에 송금할 때 사용합니다. [표 7-7]에 정리했습니다.

표 7-7 계정 주소 함수

함수 이름	설명
⟨address⟩.balance(uint256)	계정 주소의 잔액을 wei로 리턴합니다.
⟨address⟩.transfer(uint256 amount)	주소 amount에 지정된 wei를 보냅니다. 실패 시 에러가 발생합니다.
⟨address⟩.send(uint256 amount) returns (bool)	주소 amount에 지정된 wei를 보냅니다. 실패했을 때는 false를 리턴합니다.
⟨address⟩.call(...) returns (bool)	로 레벨의 CALL을 호출합니다. 실패하면 false를 리턴합니다.
⟨address⟩.callcode(...) returns (bool)	로 레벨의 CALLCODE를 호출합니다. 실패하면 false를 리턴합니다.

---

5 옮긴이_ 타원곡선 이론에 기반을 둔 공개 키 암호 방식의 서명 알고리즘입니다. https://ko.wikipedia.org/wiki/타원곡선_암호

함수 이름	설명
⟨address⟩.delegatecall(...) returns (bool)	로 레벨의 DELEGATECALL을 호출합니다. 실패하면 false를 리턴합니다.

전송 스택이 1024비트이므로 그 이상이면 ⟨address⟩.send 실행이 실패합니다. ⟨address⟩.transfer를 사용하거나 송금 계정의 금액을 사용하는 등의 방법을 고려해야 합니다.

7.5.7 계약 함수

계약 안에서 사용할 수 있는 함수를 소개합니다. 스마트 계약은 배포하면 지금 소개하는 함수를 사용해야 삭제할 수 있습니다. 문제가 발생하여 계약 배포를 중지할 때 사용합니다. 단, 외부 공격 등을 생각해 함수 사용에 주의해야 합니다. [표 7-8]에 정리했습니다.

표 7-8 계약 함수

함수 이름	설명
this(current contract's type)	현재 계약을 뜻합니다. 계약 주소를 명시해서 바꿀 수 있습니다.
selfdestruct(address recipient)	현재 계약을 파기해 지정한 주소로 금액을 보냅니다.
suicide(address recipient)	selfdestruct의 별칭입니다.

7.6 파라미터, 제어 구조, 함수

솔리디티의 파라미터, 함수, 제어 구조를 알아보겠습니다. C와 자바스크립트 등의 제어 구조인 if, else, while, do, for, break, continue, return 등을 그대로 사용할 수 있습니다. 단, switch와 goto는 없습니다.

7.6.1 입력과 출력 파라미터

솔리디티의 함수는 입력할 때 파라미터를 정의할 수 있습니다. 또한 출력할 때 임의 개수의 파라미터를 리턴할 수 있습니다.

입력 파라미터는 변수와 같은 방식으로 선언합니다. 단, [코드 7-22]처럼 사용하지 않는 파라미터는 변수 이름을 생략할 수 있습니다.

📋 **코드 7-22** 입력 파라미터 사용

```
pragma solidity ^0.4.25;

contract InputParams {
    function taker1(uint _a, uint _b) public pure {
        _a;
        _b;
    }

    // _b를 사용하지 않는다면 파라미터 이름을 입력하지 않습니다.
    function taker2(uint _a, uint) public pure {
        _a;
    }
}
```

returns 키워드 다음에 출력 파라미터를 선언할 수 있습니다. [코드 7-23]은 정수 2개의 합과 곱을 리턴합니다. 입력 및 출력 파라미터는 함수 본문 식이나 왼쪽 값으로 사용할 수 있습니다.

📋 **코드 7-23** 출력 파라미터 사용

```
pragma solidity ^0.4.25;

contract OutputParams {
    function arithmetics(uint _a, uint _b) public pure
            returns (uint o_sum, uint o_product) {
        o_sum = _a + _b;
        o_product = _a * _b;
    }
}
```

출력 파라미터의 이름은 생략할 수 있습니다. 출력 파라미터는 return 키워드를 사용하여 하나 혹은 여러 값을 리턴할 수 있습니다. 리턴하는 파라미터의 초깃값은 명시하지 않으면 0입니다. [코드 7-24]는 여러 값을 리턴하는 예입니다.

```solidity
pragma solidity ^0.4.25;

contract OutputWithReturn {
    // 여러 값을 return으로 리턴합니다.
    function arithmetics(uint _a, uint _b) public pure
            returns (uint o_sum, uint o_product) {
        o_sum = _a + _b;
        o_product = _a * _b;

        // 2개 값을 리턴합니다.
        return (o_sum, o_product);
    }
}
```

7.6.2 제어 구조

솔리디티는 자바스크립트의 제어 구조 대부분을 사용할 수 있습니다. 보통 제어문의 중괄호는 생략할 수 없지만 단일 명령문은 중괄호를 생략할 수 있습니다. C나 자바스크립트와 달리 다른 타입을 bool 타입으로 캐스팅할 수 없습니다.

코드 7-25 제어 구조 예

```solidity
pragma solidity ^0.4.25;

contract Controls {
    function f(uint _a, uint _b) public pure returns (uint res) {
        res = _a;

        // 정수 타입을 bool 타입으로 변환할 수 없으므로 에러가 발생합니다.
        /* if (1) {
            res += _b;
        } */

        // 중괄호를 생략할 수 있습니다.
        if (true) res += _b;
    }
}
```

7.6.3 내부 함수 호출

계약의 함수는 직접 또는 계약 내부에서 호출할 수 있으며 재귀 호출도 할 수 있습니다. 내부 함수는 EVM의 연산 코드 JUMP로 변환해 효율적으로 호출합니다. [코드 7-26]은 내부 함수를 호출하는 예입니다. 함수의 재귀 호출이 있어 반드시 가스 제한에 도달하므로 실제 사용할 수 없습니다.

코드 7-26 내부 함수 호출

```solidity
pragma solidity ^0.4.25;

contract InternalFunctionCalls {
    // g() 함수에서 f() 함수를 호출합니다.
    function g(uint) public pure returns (uint ret) { return f(); }

    // f() 함수에서 g() 함수를 호출합니다. 한편 f() 함수를 재귀 호출합니다.
    function f() internal pure returns (uint ret) { return g(7) + f(); }
}
```

7.6.4 외부 함수 호출

[코드 7-26]에 정의한 함수 g()를 address(0).g(8)과 같은 형태로 외부 호출할 수 있습니다. 앞서 설명한 EVM의 JUMP가 아닌 메시지를 이용해 호출합니다. 이미 배포한 계약이 없으면 생성자로 외부 함수를 호출할 수 없다는 점에 주의하기 바랍니다.

코드 7-27 외부 함수 호출

```solidity
pragma solidity ^0.4.25;

contract InfoFeed {
    function info() public payable returns (uint ret) { return 42; }
    function getBalance() public view returns (uint) { return address(0).balance; }
}

contract Consumer {
    InfoFeed feed;
    function customConsumer() public payable { }
    function setFeed(address addr) public { feed = InfoFeed(addr); }
    function callFeed() public { feed.info.value(10).gas(800)(); }
```

```
    function getBalance() public view returns (uint) { return address(0).balance; }
}
```

다른 계약 안 함수를 호출할 때는 모든 함수의 파라미터를 메모리에 복사해야 합니다. 다른 계약의 함수를 호출할 때 소비하는 wei양과 가스양은 .value()와 .gas()로 지정할 수 있습니다. 또한 호출하는 함수에는 payable 키워드를 지정해야 합니다. payable을 지정하지 않으면 value를 지정할 수 없습니다.

[코드 7-27]의 setFeed 함수는 지정한 계약 주소의 타입을 InfoFeed(addr)이라고 명시해서 바꿉니다. 이미 배포한 계약을 지정하므로 생성자를 실행하지 않는다는 점을 기억하세요. 계약 주소를 명시해서 바꿀 때는 타입이 무엇인지 모르면 해당 계약의 함수를 호출하지 않아야 합니다. 또한 주소를 지정하는 것이 아니라 function setFeed(InfoFeed _feed) { feed = _feed; }처럼 InfoFeed 계약을 파라미터로 직접 할당할 수 있습니다.

feed.info.value(10).gas(800)은 함수를 호출했을 때 보내는 통화와 가스양을 설정합니다. 이때 계약의 잔액을 사용합니다. 단일 명령문이지만 중괄호를 사용해 호출한다는 것도 잘 기억해두기 바랍니다. 호출하는 계약이 없거나, 호출한 계약에 에러가 발생했거나, 가스가 부족하면 에러가 발생합니다.

외부 계약의 소스 코드를 모르면 여러 가지 문제가 발생할 수 있습니다. 예를 들어 외부 계약에 현재 계약의 제어 권한을 주면 의도하지 않은 작업을 실행할 여지를 줍니다. 알려진 계약의 구현을 상속할 때도 올바른 인터페이스를 사용한다고 보장하지 않습니다.

또한 외부 함수에서 현재 계약을 호출하지 않게 주의해야 합니다. 외부 함수가 있는 계약에서 현재 계약의 상태 변수를 변경할 수 있기 때문입니다. 자세한 내용은 9.1.1에서 설명합니다.

7.6.5 함수 파라미터의 임의 순서 지정

함수를 호출할 때 파라미터는 ({}) 형태로 임의 순서를 지정할 수 있습니다.

코드 7-28 함수 파라미터의 임의 순서 지정

```
pragma solidity ^0.4.25;
```

```
contract NamedCalls {
    function f(uint key, uint value) public pure {
        // ...
    }

    function g() public pure {
        // key, value 순서 이외에 value, key 순서로 함수 f()를 호출합니다
        f({ value: 2, key: 3 });
    }
}
```

7.6.6 파라미터 이름을 생략한 함수

사용하지 않는 파라미터 이름을 생략할 수 있습니다. 특히 여러 개의 파라미터를 리턴하는 것이 아니라면 생략하는 쪽이 편합니다. 파라미터 자체는 메모리의 스택 영역에 있지만 참조할 수는 없습니다.

코드 7-29 파라미터 이름을 생략한 함수 호출

```
pragma solidity ^0.4.25;

contract Omitted {
    // func의 두 번째 uint의 파라미터 이름은 생략했습니다.
    function func(uint k, uint) public pure returns (uint) {
        return k;
    }
}
```

7.6.7 new 키워드를 사용해 계약 만들기

계약은 new 키워드를 사용해 만들 수 있습니다. 생성한 계약의 코드를 먼저 알아야 하므로 재귀 관계가 성립하지 않습니다.

코드 7-30 계약 생성

```
pragma solidity ^0.4.25;

contract Target {
```

```
    uint x;

    constructor(uint a) public payable {
        x = a;
    }
}

contract CreateContract {
    // CreateContract의 생성자로 실행합니다.
    Target t = new Target(4);

    function createTarget(uint arg) public {
        Target newTarget = new Target(arg);
    }

    function createAndEndowTarget(uint arg, uint amount) public payable {
        // 생성과 함께 이더를 보냅니다.
        Target newTarget = (new Target).value(amount)(arg);
    }
}
```

.value( )를 사용해 Target 계약의 인스턴스를 생성하면서 이더를 전송할 수 있습니다. 단, 가스양을 제한할 수는 없습니다. 계약 생성을 실패(스택 부족 등)하면 에러가 발생합니다.

7.6.8 할당

변수를 선언할 때 여러 가지 형태로 할당할 수 있습니다. 또한 여러 값을 리턴하는 함수 호출은 동시에 여러 변수에 할당할 수 있습니다.

▣ 코드 7-31 여러 가지 변수 선언

```
pragma solidity ^0.4.25;

contract Assignment {
    uint[] data;

    // uint, bool, uint의 3개 타입 값을 리턴하는 함수입니다.
    function f() public pure returns (uint, bool, uint) {
        return (7, true, 2);
```

```
    }

    function g() public {
        uint x;
        bool b;
        uint y;

        // 기존 변수를 튜플 값으로 할당할 수 있습니다.
        (x, b, y) = f();

        // 이미 정의한 변수 타입에 맞게 할당합니다.
        (x, y) = (2, 7);

        // 두 변수의 값을 바꿀 때 유용합니다.
        (x, y) = (x, y);

        // length에 7을 넣습니다.
        // 튜플의 마지막이 빈 값이면 나머지 값은 무시합니다.
        (data.length, ) = f();

        // 튜플의 첫 값이 비어 있으면 해당 값만 무시합니다.
        // data[3]에 2를 넣습니다.
        (, data[3]) = f();
    }
}
```

배열이나 구조체 등 값 타입이 아니면 좀 더 복잡합니다. 상태 변수에 배열이나 구조체를 할당하면 항상 복사본을 생성합니다. 지역 변수에 할당하면 32바이트에 맞는 정적 타입만 별도의 복사본을 생성합니다. 구조체나 배열이 할당된 상태 변수를 지역 변수에 할당하면 지역 변수를 참조합니다.

7.6.9 범위

변수는 '기본값'이 있습니다. bool 타입의 기본값은 false입니다. uint 또는 int 타입의 기본값은 0입니다. 고정 크기의 배열이나 bytes1~bytes32 타입은 각 요소에 대응하는 타입의 기본값으로 초기화합니다. 동적 크기의 배열이나 bytes, string의 기본값은 빈 배열과 빈 문자열입니다.

함수 안에서 선언한 변수는 함수 전체 범위에 사용할 수 있습니다. 같은 함수 안에서 변수를 두 번 정의할 수 없습니다. [코드 7-32]는 주석 처리한 uint same1, uint same2, for (uint same3 ~) 부분의 //를 지우면 컴파일 에러가 발생합니다.

📃 **코드 7-32** 범위 예

```solidity
pragma solidity ^0.4.25;

contract ScopingErrors {
    function scoping() public pure {
        uint i = 0;

        while (i ++ <1) {
            uint same1 = 0;
        }

        while (i ++ <2) {
            // 같은 함수 안에서 same1을 두 번 정의할 수 없습니다.
            // uint same1 = 0;
        }
    }

    function minimalScoping() public pure {
        uint same2 = 0;

        // 같은 함수 안에서 same2를 두 번 정의할 수 없습니다.
        // uint same2 = 0;
    }

    function forLoopScoping() public pure {
        for (uint same3 = 0; same3 < 1; same3++) { }

        // 같은 함수 안에서 same3을 두 번 정의할 수 없습니다.
        // for (uint same3 = 0; same3 < 1; same3++) { }
    }
}
```

또한 변수를 선언했으면 함수 실행을 시작할 때 기본값으로 초기화합니다. [코드 7-33]은 그 예를 나타낸 것입니다.

```solidity
pragma solidity ^0.4.25;

contract Declarations {
    function foo() public pure returns (uint) {
        // baz는 함수 실행을 시작할 때 0으로 자동 초기화합니다.
        uint bar = 5;

        if (true) {
            bar += baz;
        } else {
            // if 문 조건이 true이므로 baz에는 10을 저장하지 않습니다.
            uint baz = 10;
        }

        // 5를 리턴합니다.
        return bar;
    }
}
```

7.6.10 에러 처리

에러 처리는 호출한 계약 상태의 모든 변경을 적용하지 않고 에러를 리턴합니다. assert와 require 함수를 사용해 조건을 확인하고 만족하지 않으면 에러가 발생합니다. assert는 내부 상태에 문제가 없는지 확인합니다. require는 입력 데이터와 계약 상태의 유효한 조건을 확인 하거나 외부 계약의 호출 결과를 검증하는 데 사용합니다.

에러를 처리하는 두 가지 방법으로 함수 revert와 throw가 있습니다. throw는 솔리디티 0.4.13 버전 이후에는 사용하지 않기를 권합니다. 앞으로 없어질 예정이므로 revert 함수를 사용하기 바랍니다.

어떤 계약에서 다른 계약을 호출해 처리하는 중 에러가 발생하면 호출한 계약에도 에러가 발생 합니다. 단, 로 레벨 함수의 call, delegatecall, callcode는 에러가 발생하지 않고 false 를 리턴합니다. 호출한 계약이 없다면 call, delegatecall, callcode는 true를 리턴합니다.

[코드 7-34]는 require 함수로 입력 조건을 확인하고, assert 함수로 내부 상태 에러를 확인 하는 예입니다.

```
pragma solidity ^0.4.25;

contract Sharer {
    function sendHalf(address addr) public payable returns (uint balance) {
        // 2로 나눌 수 있는 금액만 사용할 수 있습니다.
        require(msg.value % 2 == 0);
        uint balanceBeforeTransfer = address(0).balance;
        addr.transfer(msg.value / 2);

        // transfer 함수는 송금을 실패했을 때 에러를 발생시키지만 상태를 되돌릴 수 없습니다.
        // 반드시 송금할 수 있는지 확인해야 합니다.
        assert(address(0).balance == balanceBeforeTransfer - msg.value / 2);
        return address(0).balance;
    }
}
```

다음은 assert 함수로 처리할 수 있는 에러입니다.

- 배열 요소 크기보다 큰 인덱스 또는 음수 인덱스 지정
- 고정 크기의 바이트 배열 요소 크기보다 큰 인덱스 또는 음수 인덱스 지정
- 0으로 나눔
- 음수를 시프트 연산
- 열거 타입보다 큰 값 또는 음수로 변환
- 계약 함수 안에서 0으로 초기화되는 변수 호출
- false인 파라미터를 지정해 assert 함수 호출

다음은 require 함수로 처리할 수 있는 에러입니다.

- throw 호출
- false인 파라미터를 지정해 require 함수 호출
- 메시지로 함수를 호출했지만, 가스가 부족하거나 함수가 없는 등의 에러 발생
- new 키워드를 사용한 계약 생성 실패
- 실행 코드가 없는 계약을 외부에서 호출
- payable 키워드가 없는 외부 함수 호출로 이더 요청
- 외부에서 호출할 수 있는 getter 함수로 이더 요청
- transfer 함수로 송금 실패

assert는 거래에서 에러가 발생했을 때 사용 가능한 모든 가스를 소비합니다. require 함수는 해당 처리까지만 가스를 소비하고 나머지 가스는 돌려줍니다.

7.7 계약

계약은 상태를 저장하는 변수, 변수 참조 및 변경 기능이 있습니다. 생성자는 계약을 배포할 때 한 번만 실행합니다. 생성자는 선택 사양이므로 필요에 따라 선언합니다.

7.7.1 상태 변수 및 함수의 가시성

가시성은 [표 7-9]처럼 네 가지가 있습니다. 상태 변수와 함수의 기본값이 다릅니다. 아무것도 선언하지 않으면 변수는 internal이 기본값, 함수는 public이 기본값입니다.

표 7-9 함수의 가시성

가시성 수준	설명
external	외부 계약 및 거래에서 호출합니다.
public	계약 안 또는 메시지로 외부에서 호출합니다.
internal	계약 안 또는 계약에서 파생한 계약에서 호출합니다.
private	계약 안에서만 호출합니다.

7.7.2 함수 제한자

modifier 키워드는 함수 제한자를 만듭니다. 7.1.2 [코드 7-2]에서는 계약을 생성한 사람만 실행할 수 있는 기능을 제공하는 데 사용했습니다. 일정 이상의 잔액이 있는지 확인하는 등 다양한 조건을 부여할 수 있습니다. 함수 제한자는 여러 개를 지정해 지정한 순서로 실행합니다.

코드 7-35 modifier로 함수 제한자 만들기

```
pragma solidity ^0.4.25;

contract SimpleStorageOwner {
```

```solidity
    uint public storedData;

    // ① 계약을 배포한 계정 주소를 저장할 owner 변수를 정의합니다.
    address public owner;

    // ②
    constructor() public {
        // 생성자 정의
        owner = msg.sender;
    }

    // ③
    modifier onlyOwner() {
        // 생성자로 설정한 계정만 데이터 변경(거래)을 실행할 수 있게 설정합니다.
        // 생성자가 아니면 데이터 변경을 취소합니다.
        require(msg.sender == owner);

        // _는 함수 제한자입니다.
        _;
    }

    // ④ storedData 값 변경
    function set(uint x) onlyOwner public {
        storedData = x;
    }

    // ④ storedData 값 반환
    function get() onlyOwner public constant returns (uint) {
        return storedData;
    }
}
```

7.7.3 상수

constant 키워드를 사용해 상수를 선언합니다. 상수는 바꿀 수 없습니다. 상황에 따라 변할 수 있는 시각, 블록 시간, 거래 실행자, 거래 ID 등을 선언할 수 없습니다.

🖥 **코드 7-36** constant 키워드로 상수 선언

```solidity
pragma solidity ^0.4.25;
```

```
contract Constant {
    uint constant public data = 42;

    // 에러 발생. 상수는 바꿀 수 없습니다.
    function set() public pure returns (uint) {
        data = 20;
    }
}
```

7.7.4 view

함수에서 상태를 변경하지 않도록 선언합니다. 변경 처리를 실행하면 경고를 출력합니다. 상태 변수 할당, 이벤트 발행, 다른 계약 생성, view 혹은 7.7.5에서 설명하는 pure를 명시하지 않은 함수 호출 등은 상태 변경으로 간주합니다.

📄 **코드 7-37** view 사용 예

```
pragma solidity ^0.4.25;

contract View {
    function f(uint a, uint b) public view returns (uint) {
        return a * (b + 42) + now;
    }
}
```

7.7.5 pure

view처럼 함수 상태 변경을 제한할 뿐만 아니라 함수 안 상태 변수를 참조하지 않는다고 선언합니다. 블록이나 거래 속성 접근, 계약 잔액도 확인할 수 없습니다. 변경 및 참조가 있으면 컴파일 에러가 발생합니다.

📄 **코드 7-38** pure 사용 예

```
pragma solidity ^0.4.25;

contract Pure {
    function add(uint _x, uint _y) public pure returns (uint) {
```

```
        return _x + _y;
    }
}
```

7.7.6 이름 없는 함수

이름 없는 함수^{Fallback}를 만듭니다. 계약을 호출할 때 실행합니다. payable 키워드와 함께 사용하면 계약에서 송금을 처리할 수 있습니다.

코드 7-39 계약에서 송금을 처리하는 이름 없는 함수

```
pragma solidity ^0.4.25;

contract Fallback {
    uint public counter = 1;

    function () public payable {
        if (msg.value <= 0) {
            revert();
        }
        counter++;
    }
}
```

7.7.7 event

거래 로그를 출력합니다. deposit 함수를 호출하면 Deposit 이벤트라고도 합니다. 로그는 거래 영수증에 저장합니다.

코드 7-40 Deposit 이벤트 정의와 사용

```
pragma solidity ^0.4.25;

contract ClientReceipt {
    event Deposit (
        address indexed _from,
        bytes32 indexed _id,
        uint _value
```

```
    );

    function deposit(bytes32 _id) public payable {
        emit Deposit(msg.sender, _id, msg.value);
    }
}
```

7.7.8 상속

계약은 is 키워드를 사용해 상속할 수 있습니다. [코드 7-41]에서 계약 B는 계약 A를 상속해
countA 변수와 incrementA 함수를 사용합니다.

코드 7-41 계약 상속

```
pragma solidity ^0.4.25;

contract A {
    uint countA;

    function incrementA() public returns (uint) {
        countA++;
        return countA;
    }
}

contract B is A {
    uint countB;

    function incrementB() public returns (uint, uint) {
        countB++;
        return (countA, countB);
    }
}
```

애플리케이션 개발 프레임워크

이 장에서는 블록체인 애플리케이션 개발에 도움을 주는 트러플(Truffle) 프레임워크로 계약을 만들고, 테스트 코드를 작성하며, 안전하게 개발하는 방법을 설명합니다. 사설망뿐만 아니라 테스트넷에 계약을 배포한 후 메타마스크(MetaMask)로 계약의 소유를 확인하는 과정까지 소개합니다.

8.1 트러플 프레임워크

7장에서 솔리디티 기반의 스마트 계약 개발을 설명했는데, 계약 배포 전에 꼭 필요한 테스트는 어떻게 할지 궁금할 것입니다. 한편 이더리움에 계약을 배포하는 것은 리믹스에서도 할 수 있지만, 단순 계약 배포가 아니라면 스크립트로 관리하는 것이 효율적입니다. 이러한 요구를 만족시키려고 만든 것이 트러플 프레임워크Truffle Framework입니다. 스마트 계약 개발에 필요한 컴파일, 링크, 배포, 바이너리 관리 기능이 있어 통합 개발 관리를 할 수 있습니다. 쉽게 테스트를 만들고, 배포나 마이그레이션도 스크립트로 관리할 수 있습니다. 앞으로 솔리디티 기반으로 스마트 계약을 개발할 때 표준이 될 것으로 예상됩니다.

트러플 프레임워크 공식 사이트에서 설명하는 특징은 다음과 같습니다.

- 스마트 계약 컴파일, 연결, 배포, 바이너리 관리
- 신속한 개발을 위한 스마트 계약 테스트
- 스크립팅할 수 있는 확장 배포 및 마이그레이션 기능
- 공용망과 사설망에 배포할 수 있는 네트워크 관리
- ERC190[1]을 사용한 EthPM과 NPM을 사용한 패키지 관리
- 계약과 직접 통신할 수 있는 대화식 콘솔 제공
- 엄격한 통합 환경 구축을 위해 설정 변경을 도와주는 빌드 파이프라인 기능
- 트러플 프레임워크 환경에서 스크립트를 실행하는 외부 스크립트 실행기

----

1 옮긴이_ 이더리움의 스마트 계약 패키지 규약입니다. https://github.com/ethereum/EIPs/issues/190

8.1.1 개발 환경 구축

트러플 프레임워크는 Node.js의 패키지 관리자 npm[2]으로 설치할 수 있습니다. npm을 설치하지 않은 운영체제라면 npm 설치부터 시작합니다. 이미 설치했다면 '트러플 설치' 부분을 바로 참고하기 바랍니다.

윈도우

Node.js 다운로드 사이트(https://nodejs.org/en/download/)에서 LTS 버전의 Windows Installer 중 현재 사용하는 비트를 선택해 패키지를 다운로드한 후 설치합니다. 설치 과정은 간단하므로 따로 설명하지 않겠습니다. 단, 편리한 실행을 위해 [Add to PATH]를 꼭 선택해 설치하기 바랍니다.

macOS

역시 Node.js 다운로드 사이트에서 LTS의 macOS Installer를 선택해 pkg 패키지를 다운로드한 후 설치합니다. macOS용 패키지 관리자 Homebrew[3]를 이용해 설치할 수도 있습니다. Homebrew와 npm 설치는 [커맨드 8-1]을 참고해 실행합니다.

▥ 커맨드 8-1 npm 설치(Homebrew)

```
$ /usr/bin/ruby -e "$(curl -fsSL https://raw.githubusercontent.com/Homebrew/install/master/install)"
$ brew install npm
```

리눅스

터미널에서 [커맨드 8-2]를 참고해 설치합시다.

▥ 커맨드 8-2 npm 설치(curl)

```
$ curl -L https://www.npmjs.com/install.sh | sh
```

---

2 https://nodejs.org/en/
3 https://brew.sh/index_ko

트러플 설치

npm 설치를 완료하면 npm에서 트러플 프레임워크를 설치합니다. 윈도우는 윈도우 파워셸을 사용해 설치합니다. macOS나 리눅스는 터미널을 사용해 설치합니다.

커맨드 8-3 트러플 설치(npm)

```
$ npm install -g truffle
```

8.1.2 프로젝트 만들기

트러플 프레임워크를 설치했다면 새 프로젝트를 만듭니다. macOS나 리눅스라면 원하는 디렉터리를 만들 경로로 이동한 후 터미널을 엽니다. 그리고 다음 명령을 실행해 새 디렉터리를 만들고 이동합니다.

커맨드 8-4 프로젝트 디렉터리 생성

```
$ mkdir myproject
$ cd myproject
```

윈도우라면 원하는 경로에 프로젝트를 생성할 폴더를 하나 만들고 해당 폴더에서 윈도우 파워셸을 엽니다.

운영체제별로 디렉터리 생성이 끝났다면 다음 명령으로 트러플 프로젝트를 생성합니다.

커맨드 8-5 트러플 프로젝트 만들기

```
$ truffle init
```

[커맨드 8-5]로 새 프로젝트를 만들면 다음과 같은 프로젝트가 생성됩니다.

- contracts/: 스마트 계약 디렉터리
- migrations/: 스크립트를 작성하는 배치 파일 디렉터리
- test/: 테스트 파일 디렉터리
- truffle.js : 트러플 설정 파일
- truffle-config.js : 트러플 설정 파일 양식

8.1.3 이더리움 개발 클라이언트 선택

7.1.3에서는 Geth로 사설망을 만들었습니다. 그런데 스마트 계약을 개발하는 동안 블록체인 초기화나 채굴에 CPU 자원을 할당하기 싫을 수도 있습니다. 메인넷이나 테스트넷 등 실제 운영하는 네트워크에 계약을 배포할 때는 먼저 클라이언트에서 블록을 동기화해야 하는 작업도 있습니다. 트러플 프레임워크는 개발 상황에 따라 다양한 이더리움 클라이언트를 선택할 수 있도록 해줍니다.

가나슈

가나슈^{Ganache}는 이더리움 기반 블록체인 애플리케이션 개발에 사용하는 개인용 블록체인입니다. 애플리케이션이 블록체인에 끼치는 영향을 GUI에서 확인할 수 있으며 계정 잔액, 계약 생성, 가스 사용 등 세부 정보도 확인할 수 있습니다. 거래할 때 자동으로 채굴하게 만들 수 있고, 블록 생성 시점도 초 단위로 조정할 수 있습니다. 트러플 프레임워크의 가나슈 공식 사이트 (http://truffleframework.com/ganache/)에서 다운로드할 수 있습니다.

Truffle Develop

Truffle Develop는 트러플 프레임워크에 내장된 개발용 블록체인입니다. 따라서 외부에 별도의 블록체인 환경을 준비할 필요가 없습니다. 블록 생성 시간 없이 거래를 즉시 처리할 수 있으므로 코드를 빠르게 테스트할 수 있습니다. 스마트 계약에서 에러가 발생하면 바로 알려주기도 합니다. 또한 자동화 테스트를 실행하는 클라이언트도 있어 빠른 자동 테스트를 할 수 있습니다. Truffle Develop를 실행하려면 다음 명령을 입력합니다.

▣ 커맨드 8-6 Truffle Develop 실행

```
$ truffle develop
```

[커맨드 8-6]을 실행하면 http://localhost:9545에 접속해 Truffle Develop 클라이언트를 실행할 수 있습니다. 터미널에서 실행한 초기 상태에 10개의 초기 계정이 준비되어 있습니다. 각 계정의 주소와 계정을 만들 연상 기호^{Mnemonic}가 표시됩니다. Truffle Develop는 매번 같은 연상 기호를 사용하므로 개발 편의성을 조금 높여줍니다.

[커맨드 8-6]을 실행한 후 [커맨드 8-7]처럼 Truffle Develop 콘솔이 열립니다. Truffe Develop 콘솔은 인터렉티브 방식이며 셸과 비슷한 프롬프트를 표시합니다.

⟨/⟩ 커맨드 8-7 Truffle Develop 콘솔 표시

```
truffle(develop)>
```

터미널에서 truffle 명령으로 스마트 계약을 컴파일할 때는 [커맨드 8-8]처럼 명령을 입력해서 실행해야 합니다.

⟨/⟩ 커맨드 8-8 스마트 계약 컴파일

```
$ truffle compile
```

하지만 Truffe Develop 콘솔에서는 [커맨드 8-9]처럼 compile만 입력해서 컴파일할 수 있습니다.

⟨/⟩ 커맨드 8-9 계약의 컴파일(Truffle Develop 콘솔)

```
truffle(develop)> compile
```

Truffle Develop 인터렉티브 콘솔의 사용 방법은 뒤에서 살펴보겠습니다. 우선 [Ctrl] + [D] 키를 눌러 콘솔을 종료합니다.

실제 운영하는 네트워크에 계약 배포

메인넷이나 테스트넷 등 실제 운영하는 네트워크에 계약을 배포할 때는 다음과 같은 이더리움 클라이언트를 사용할 수 있습니다.

- **Geth(go-ethereum)**: https://github.com/ethereum/go-ethereum
- **Aleth(cpp-ethereum)**: https://github.com/ethereum/cpp-ethereum
- **parity ethereum**: https://github.com/paritytech/parity

이러한 클라이언트는 사설망 설정을 변경해 자동으로 계약을 배포할 수도 있습니다. 이 장에서는 이더리움 클라이언트를 호스팅하는 인푸라^{Infura}를 사용해 계약 배포를 실행합니다.

8.1.4 스마트 계약 컴파일

모든 스마트 계약은 프로젝트의 contracts 디렉터리에 저장되어 있습니다. 보통 솔리디티 계약 및 라이브러리 파일을 생성해 저장하면 됩니다.

먼저 컴파일해보겠습니다. [커맨드 8-4]에서 만든 디렉터리에서 다음 명령을 실행합니다.

</> 커맨드 8-10 계약 컴파일

```
$ truffle compile
```

트러플 프레임워크는 이전 컴파일 이후 변경된 계약 파일만 컴파일하는 부분 컴파일 방식을 사용합니다. 컴파일 시간을 줄이는 데 도움이 됩니다.

전체 파일을 다시 컴파일하려면 다음 명령처럼 --all 옵션을 설정해 실행합니다.

</> 커맨드 8-11 계약 전체 컴파일

```
$ truffle compile --all
```

컴파일 결과로 생성한 파일은 프로젝트의 build/contracts 디렉터리에 있습니다. 디렉터리를 만들지 않았다면 자동으로 만듭니다. 이 파일은 트러플 프레임워크 실행과 애플리케이션 개발 과정에서 중요한 역할을 합니다. build/contracts 디렉터리에 저장한 파일은 계약의 컴파일과 배포마다 덮어쓰므로 직접 수정하면 안 됩니다.

계약 불러오기

트러플 프레임워크는 솔리디티의 import 키워드로 계약의 의존 관계를 정의할 수 있습니다. 올바른 순서로 계약을 컴파일한 후 의존 관계를 컴파일러에 전달합니다. 의존 관계는 두 가지 방법으로 정의할 수 있습니다.

| 파일 이름을 지정해 계약 불러오기 |

다른 파일에서 계약을 불러오려면 계약 선언 앞에 [코드 8-1]처럼 import 다음에 "〈경로 이름〉/〈파일 이름〉"을 넣습니다. 파일 안 모든 계약을 불러올 수 있습니다.[4]

코드 8-1 다른 파일에서 계약 불러오기

```solidity
pragma solidity ^0.4.24;

import "./AnotherContract.sol";
```

| 외부 패키지에서 계약 불러오기 |

트러플 프레임워크는 npm과 EthPM 등으로 설치한 외부 패키지에서 계약을 불러올 수 있습니다. [코드 8-2]와 같은 구문으로 계약을 불러옵니다.

코드 8-2 외부 패키지에서 계약 불러오기

```solidity
pragma solidity ^0.4.24;

import "〈외부 패키지 이름〉/〈파일 이름〉.sol";
```

〈외부 패키지 이름〉은 npm 또는 EthPM으로 설치한 패키지 이름입니다. 〈파일 이름〉.sol은 해당 패키지에서 제공하는 솔리디티 소스 파일의 경로입니다.

트러플 프레임워크는 npm의 패키지보다 EthPM의 패키지를 먼저 검색합니다. 같은 패키지 이름이 있다면 EthPM의 패키지를 사용합니다.

8.1.5 마이그레이션

마이그레이션 파일은 migrations 디렉터리에 있습니다. 이더리움 네트워크에 계약을 배포하는 데 사용합니다. 자바스크립트로 만들며, 각 파일에 정의한 배포 작업을 담당합니다. 개발을 진행하면서 프로젝트에 새 계약이 추가된다고 가정합니다.

---

4 옮긴이_ 2018년 9월 말 기준 트러플 프레임워크는 솔리디티 0.4.25를 지원하지 않습니다. 하지만 곧 지원할 것으로 예상합니다. 아직 정확한 사실은 확인되지 않았으므로 8장의 솔리디티 버전은 0.4.24를 유지했습니다. 향후 공식 지원한다면 별도로 지원 사이트(https://github.com/wizplan/blockchain_book)에 공지하겠습니다.

따라서 프로젝트에 새 계약을 추가할 때마다 마이그레이션 파일을 만듭니다. 또한 마이그레이션한 내역은 마이그레이션을 관리하는 별도의 계약을 실행해 블록체인에 저장합니다.

마이그레이션을 실행하는 명령은 다음과 같습니다.

📋 **커맨드 8-12** 마이그레이션 실행

```
$ truffle migrate
```

프로젝트의 migrations 디렉터리에 있는 모든 마이그레이션 파일을 실행합니다. 참고로 가장 간단한 마이그레이션 작업은 배포 스크립트 모으기입니다.

컴파일과 마찬가지로 이전에 성공적으로 실행한 마이그레이션 내역이 있다면 해당 성공 지점 이후 새로 해야 할 마이그레이션 작업만 실행합니다. --reset 옵션을 설정하면 모든 마이그레이션 작업을 처음부터 실행합니다.

8.1.6 메타코인 예제 프로젝트 살펴보기

트러플 프레임워크에는 자체 통화가 있습니다. 그리고 통화를 계정 사이에서 교환하는 계약 관련 예제 프로젝트가 있습니다. 여기에서는 예제 프로젝트를 배포하는 truffle unbox 명령 사용 방법과 계약 관련 예제 프로젝트에 무엇이 있는지 살펴봅니다.

예제 프로젝트 다운로드

메타코인MetaCoin의 예제 내용을 확인합시다. [커맨드 8-4]에서 만든 디렉터리에 metacoin이라는 디렉터리를 만들고 그 안에서 truffle unbox 명령을 실행합니다.

📋 **커맨드 8-13** 예제 프로젝트 다운로드

```
$ mkdir metacoin
$ cd metacoin
$ truffle unbox metacoin
```

truffle unbox는 트러플 프레임워크에서 제공하는 예제 프로젝트를 로컬 환경에 다운로드하는 명령입니다. 'Truffle Boxes[5]'를 살펴보면 메타코인 이외에도 다양한 예제 프로젝트가 있습니다. 나중에 다른 예제 프로젝트도 사용해보기 바랍니다.

계약 코드 설명

명령 입력 후 시간이 약간 지나면 예제 프로젝트의 contract 디렉터리에 sol 파일을 다운로드합니다. 먼저 MetaCoin.sol 파일을 살펴보겠습니다.

코드 8-3 MetaCoin.sol

```solidity
pragma solidity ^0.4.24;

import "./ConvertLib.sol";

contract MetaCoin {
    mapping (address => uint) balances; // ①

    // ②
    event Transfer(address indexed _from, address indexed _to, uint256 _value);

    // ③
    constructor() public {
        balances[tx.origin] = 10000;
    }

    // ④
    function sendCoin(address receiver, uint amount) public
            returns (bool sufficient) {
        if (balances[msg.sender] < amount) return false;
        balances[msg.sender] -= amount;
        balances[receiver] += amount;
        emit Transfer(msg.sender, receiver, amount);
        return true;
    }

    // ⑤
    function getBalanceInEth(address addr) public view returns (uint) {
        return ConvertLib.convert(getBalance(addr), 2);
```

---

5 http://truffleframework.com/boxes/

```
    }

    // ⑥
    function getBalance(address addr) public view returns (uint) {
        return balances[addr];
    }
}
```

❶ mapping 타입 balances를 선언합니다. 키는 address 타입(사용자 계정의 주소)이고 값은 uint 타입입니다. 메타코인 소유량을 관리합니다. 값은 블록체인에 저장하는 것이 아니라 블록체인 밖 상태 트리에 저장합니다.

❷ event 타입 Transfer를 선언합니다. 어떤 주소(_from)에서 다른 주소(_to)로 송금한 메타코인의 양(_value)을 저장하는 것입니다. 로그를 이용해 지갑 등에서 이벤트를 추적할 수 있습니다.

❸ constructor는 생성자 함수입니다. 계약을 초기화할 때 실행하는 함수입니다. ❶에서 정의한 balances의 tx.origin이라는 주소에 10,000을 넣습니다. tx.origin은 계약을 호출한 계정 주소입니다. 처음 계약을 만든 계정은 무조건 10,000메타코인을 얻을 수 있습니다.

❹ sendCoin 함수는 송금을 보낼 계정 주소 receiver와 송금한 금액인 amount를 파라미터로 설정합니다. 실행 계정 msg.sender에 있는 메타코인은 balances에서 확인합니다. amount보다 금액이 적으면 false를 리턴하며, 금액이 많으면 다음 작업을 실행합니다. msg.sender의 balances로 amount 값을 넣고, receiver의 balances에 amount 값을 추가한 후, Transfer 이벤트를 실행합니다. 실제로 sender는 receiver의 amount에 늘거나 줄어든 메타코인을 저장합니다. 전체 함수 실행을 완료하면 true를 반환합니다.

❺ 주소 타입의 addr로 ConvertLib의 convert 메서드를 실행해 getBalance(addr) 함수를 호출합니다.

❻ 주소 타입의 addr 파라미터로 balances가 소유한 메타코인의 양을 uint 타입으로 리턴합니다.

다음으로 ConvertLib.sol 파일을 확인합니다.

📄 코드 8-4 ConvertLib.sol

```solidity
pragma solidity ^0.4.24;

library ConvertLib {
    function convert(uint amount, uint conversionRate) public pure
            returns (uint convertedAmount) {
        return amount * conversionRate;
    }
}
```

contract가 아닌 library로 ConvertLib을 선언했습니다. library의 함수는 해당 함수를 호출한 계약에서 실행한다는 점이 contract와 다릅니다. library로 선언하면 라이브러리에서 함수를 정의했어도 호출한 계약에서 상태 변수를 참조할 수 있습니다.

convert 함수는 uint 타입 amount와 conversionRate를 곱해 uint 타입 convertedAmount로 리턴합니다. [코드 8-3] getBalanceInEth 함수에서 호출할 때 getBalance(addr)과 2를 전달하므로 계정 주소가 소유한 메타코인의 양을 2배로 만들어 리턴합니다.

컴파일 및 마이그레이션 실행

이제 트러플 프레임워크에서 컴파일하겠습니다. truffle develop 명령을 입력하여 콘솔을 실행합니다. Truffle Develop 콘솔을 실행할 때는 계정 정보를 알려줍니다. 계정 정보는 항상 같으므로 메모해도 좋습니다. 다음으로 compile 명령어로 컴파일합니다.

TIP 컴파일하기 전 truffle unbox 명령으로 다운로드한 메타코인 예제 프로젝트의 contracts 디렉터리에 있는 MetaCoin.sol과 ConvertLib.sol 파일을 [코드 8-3]과 [코드 8-4]처럼 수정해야 합니다. 또한 Migrations.sol 파일 안 Migrations 함수 이름을 계약 이름(Migrations)과 같지 않게 수정해야 합니다.

📄 커맨드 8-14 Truffle Develop 콘솔에서 컴파일

```
$ truffle develop
truffle(develop)> compile
```

기본 계정은 (0)입니다. 이어서 migrate 명령어로 개발용 블록체인에 메타코인 계약을 배포합니다.

▣ 커맨드 8-15 마이그레이션 실행

```
truffle(develop)> migrate
```

migrate 명령어를 실행하면 로그를 출력합니다. 실행 환경마다 로그가 다르므로 [로그 8-1]과 같지 않을 수도 있습니다.

▣ 로그 8-1 마이그레이션 실행 결과

```
Using network 'develop'.

Running migration: 1_initial_migration.js
  Deploying Migrations...
  ... 0x19f1001683d6d8c289e133cbb6a160543e8c3da851bdcc916834ab7ad2a5bee1
  Migrations: 0x8cdaf0cd259887258bc13a92c0a6da92698644c0
Saving successful migration to network...
  ... 0xd7bc86d31bee32fa3988f1c1eabce403a1b5d570340a3a9cdba53a472ee8c956
Saving artifacts...
Running migration: 2_deploy_contracts.js
  Deploying ConvertLib...
  ... 0x2fbf63a3366af2ea34ab28dbc01bc4eed970635509d1f557374c8d7578ac111c
  ConvertLib: 0x345ca3e014aaf5dca488057592ee47305d9b3e10
  Linking ConvertLib to MetaCoin
  Deploying MetaCoin...
  ... 0x4ef6c8c6fcaf32fc86c11ec7f2472ef65cbc87a476f328d36e9a18398f765636
  MetaCoin: 0xf25186b5081ff5ce73482ad761db0eb0d25abfbf
Saving successful migration to network...
  ... 0x059cf1bbc372b9348ce487de910358801bbbd1c89182853439bec0afaee6c7db
Saving artifacts...
```

MetaCoin: 0x~로 시작하는 메타코인 주소를 꼭 메모해두기 바랍니다(굵은 글씨로 표시한 부분입니다).

배포 확인

메타코인을 성공적으로 배포했는지 확인하겠습니다. 콘솔에서 getBalance 함수를 호출해 계정 0이 10,000메타코인을 소유했는지 확인합니다.

매번 메타코인의 계약 주소를 입력해 호출하려면 번거롭습니다. 따라서 at( )을 이용해 변수에 주소를 저장하겠습니다. 먼저 [커맨드 8-16]처럼 메타코인 계약을 변수 m에 저장합니다.

⟨/⟩ 커맨드 8-16 메타코인 계약을 변수에 저장

```
truffle(develop)> m = MetaCoin.at("0xf25186b5081ff5ce73482ad761db0eb0d25abfbf")
```

굉장히 긴 로그가 출력될 것입니다. 다음으로 [커맨드 8-17]처럼 getBalance 함수를 실행해 소유한 메타코인의 양을 확인합니다. 파라미터는 계정 0의 주소를 나타내는 web3.eth.accounts[0]을 넣습니다.

⟨/⟩ 커맨드 8-17 getBalance 함수 호출

```
truffle(develop)> m.getBalance(web3.eth.accounts[0])
```

앞 명령을 실행하면 다음과 같은 결과를 출력합니다.

⟨/⟩ 로그 8-2 계정 0의 getBalance 함수 호출 결과

```
BigNumber { s: 1, e: 4, c: [ 10000 ] }
```

메타코인양이 10,000이라는 것을 확인했습니다. 계정 1의 메타코인양을 확인해보겠습니다.

⟨/⟩ 커맨드 8-18 getBalance 호출

```
truffle(develop)> m.getBalance(web3.eth.accounts[1])
BigNumber { s: 1, e: 0, c: [ 0 ] }
```

소유한 메타코인양이 0이므로 정상입니다.

다음은 계정 0에서 계정 1에 1,000메타코인을 송금하겠습니다.

⟨/⟩ 커맨드 8-19 sendCoin 함수로 계정 1에 메타코인 송금하기

```
truffle(develop)> m.sendCoin(web3.eth.accounts[1], 1000)
```

처음 마이그레이션을 실행했을 때처럼 계약 정보를 출력합니다. 상태 변경은 거래이므로 실제 블록체인이라면 거래를 블록에 저장할 때까지 기다려야 합니다. 하지만 지금은 트러플 프레임워크의 개발용 네트워크를 이용하므로 거래를 즉시 블록에 저장합니다.

이제 계정 0과 계정 1의 메타코인양을 확인합니다.

⟨/⟩ 커맨드 8-20 계정 0과 1의 잔액 확인

```
truffle(develop)> m.getBalance(web3.eth.accounts[0])
BigNumber { s: 1, e: 3, c: [ 9000 ] }
truffle(develop)> m.getBalance(web3.eth.accounts[1])
BigNumber { s: 1, e: 3, c: [ 1000 ] }
```

로그처럼 계정 1은 1,000메타코인, 계정 0은 9,000메타코인을 소유함을 확인할 수 있습니다.

송금에 실패했을 때도 확인하겠습니다. 소유한 메타코인양보다 많은 9,500메타코인을 송금합니다.

⟨/⟩ 커맨드 8-21 소유한 메타코인양을 초과해서 송금

```
truffle(develop)> m.sendCoin(web3.eth.accounts[1], 9500)
```

1,000메타코인을 송금했을 때와 비교하면 거래 로그의 logs 항목이 비었다는 것을 확인할 수 있습니다.

⟨/⟩ 로그 8-3 logs 항목이 빈 거래 로그

```
{ tx: '0x77d5ebc3833a7a7ef61861278cae17ff922ef4e9698be2a6b749c04fbf595649',
  receipt:
   { transactionHash: '0x77d5ebc3833a7a7ef61861278cae17ff922ef4e9698be2a6b749c04f
```

```
                              bf595649',
       transactionIndex: 0,
       blockHash: '0x46a3ca3b811d3dfed694482c36fce0a1bd736fb2d67b88f65ec8f526129c81
                   de',
       blockNumber: 7,
       gasUsed: 23594,
       cumulativeGasUsed: 23594,
       contractAddress: null,
       logs: [],
       status: '0x01',
       logsBloom: '0x0000000000000000000000000000000000000000000000000000000000000
                   000000000000000000000000000000000000000000000000000000000000000
                   000000000000000000000000000000000000000000000000000000000000000
                   000000000000000000000000000000000000000000000000000000000000000
                   000000000000000000000000000000000000000000000000000000000000000
                   000000000000000000000000000000000000000000000000000000000000000
                   000000000000000000000000000000000000000000000000000000000000000
                   000000000000000000000000000000000000000000000000000000000000000
                   00' },
    logs: [] }
```

Transfer 이벤트를 실행할 때까지 거래를 실행하지 않았음을 뜻합니다. 따라서 계정 0과 1의 메타코인양은 변하지 않습니다. 다시 [커맨드 8-20]을 실행해 계정 0과 계정 1의 잔액을 확인하면 변하지 않았음을 알 수 있습니다.

8.1.7 테스트 코드

이번에는 테스트 코드를 살펴보겠습니다. 여기에서는 test 디렉터리 안의 metacoin.js 파일을 설명합니다. 참고로 테스트 코드는 솔리디티나 자바스크립트로 작성할 수 있습니다.

📄 **코드 8-5** test/metacoin.js

```javascript
var MetaCoin = artifacts.require("./MetaCoin.sol"); // ①

contract('MetaCoin', function(accounts) { // ②
    it("should put 10000 MetaCoin in the first account", function() { // ③
        return MetaCoin.deployed().then(function(instance) { // ④
            return instance.getBalance.call(accounts[0]); // ⑤
```

```
    }).then(function(balance) { // ⑥
        assert.equal(balance.valueOf(), 10000,
                    "10000 wasn't in the first account"); // ⑦
    });
});

it("should call a function that depends on a linked library",
    function() { // ⑧
    // 값을 저장하는 변수 선언
    var meta;
    var metaCoinBalance;
    var metaCoinEthBalance;

    // ⑨
    return MetaCoin.deployed().then(function(instance) {
        meta = instance;
        return meta.getBalance.call(accounts[0]);

    // ⑩
    }).then(function(outCoinBalance) {
        metaCoinBalance = outCoinBalance.toNumber();
        return meta.getBalanceInEth.call(accounts[0]);

    // ⑪
    }).then(function(outCoinBalanceEth) {
        metaCoinEthBalance = outCoinBalanceEth.toNumber();

    // ⑫
    }).then(function() {
        assert.equal(metaCoinEthBalance, 2 * metaCoinBalance,
                    "Library function returned unexpected function,
                    linkage may be broken");
    });
});

it("should send coin correctly", function() {
    // 계약을 저장하는 변수 선언
    var meta;

    // 첫 번째와 두 번째 계정의 초기 잔액을 불러옵니다.
    // 계정 수를 저장하는 변수 선언
    var account_one = accounts[0];
    var account_two = accounts[1];
    var account_one_starting_balance;
```

```javascript
    var account_two_starting_balance;
    var account_one_ending_balance;
    var account_two_ending_balance;

    // 송금액 정의
    var amount = 10;

    // ⑬
    return MetaCoin.deployed().then(function(instance) {
        meta = instance;
        return meta.getBalance.call(account_one);

    // ⑭
    }).then(function(balance) {
        account_one_starting_balance = balance.toNumber();
        return meta.getBalance.call(account_two);

    // ⑮
    }).then(function(balance) {
        account_two_starting_balance = balance.toNumber();
        return meta.sendCoin(account_two, amount, {from: account_one});

    // ⑯
    }).then(function() {
        return meta.getBalance.call(account_one);

    // ⑰
    }).then(function(balance) {
        account_one_ending_balance = balance.toNumber();
        return meta.getBalance.call(account_two);
    }).then(function(balance) {
        account_two_ending_balance = balance.toNumber(); // ⑱
        assert.equal(account_one_ending_balance,
                    account_one_starting_balance - amount,
                    "Amount wasn't correctly taken from the sender"); // ⑲
        assert.equal(account_two_ending_balance,
                    account_two_starting_balance + amount,
                    "Amount wasn't correctly sent to the receiver"); // ⑳
    });
    });
});
```

❶ artifacts.require(〈파일 이름〉)은 contracts 디렉터리의 sol 파일을 불러옵니다. 여기에서는 MetaCoin.sol 파일을 정의합니다.

❷ MetaCoin 계약을 테스트하므로 contract 함수의 첫 번째 파라미터로 MetaCoin을 설정합니다. 두 번째 파라미터를 function(accounts)로 설정하면 개발 환경에서 자동으로 생성한 계정 정보를 전달합니다. 이어지는 테스트 함수를 사용할 수 있습니다.

❸ it()은 테스트 내용을 설명합니다. 여기에서는 첫 번째 계정(계약을 만든 계정)에 10,000 메타코인을 배포하는지 테스트합니다. 두 번째 파라미터에는 function()을 설정해서 계속 중괄호 안 내용을 작성합니다.

❹ MetaCoin.deployed() 함수로 MetaCoin 계약을 배포합니다. 배포한 후 then 메서드에 function(instance)를 설정해 instance 변수를 전달합니다.

❺ instance 변수는 배포한 MetaCoin 계약을 뜻합니다. 따라서 메타코인을 가져오는 getBalance 함수를 호출합니다. 호출할 때 함수 이름에 .call 메서드를 붙입니다. [코드 8-3]에서 살펴본 getBalance 함수의 파라미터는 address addr이라는 주소 타입이므로 0번째 계정 주소에 해당하는 accounts[0]을 설정합니다.

❻ ❺의 getBalance 값을 then(function(balance) 형태로 balance 변수에 전달합니다.

❼ assert.equal은 첫 번째 파라미터와 두 번째 파라미터 값이 같은지 확인하는 함수입니다. balance.valueOf()는 balance 변수에 저장한 값을 해당 데이터 타입 형태로 리턴합니다. 두 번째 파라미터에는 첫 번째 파라미터에 있을 것으로 예상하는 값을 넣습니다. MetaCoin 계약의 계정 0은 10,000메타코인을 소유하므로 10,000을 넣었습니다. 세 번째 파라미터는 함수를 실행하지 못했을 때의 경고 메시지를 넣습니다. "계정 0에 10,000메타코인이 없습니다"라는 뜻입니다.

테스트 실행

metacoin.js 파일을 계속 살펴보기 전 코드를 좀 더 잘 이해하기 위해 측면에서 테스트 코드를 실행하겠습니다. 콘솔에서 test 명령어를 실행합니다.

```
truffle(develop)> test
```

실행 후 다음 로그를 출력한다면 테스트 코드를 정상적으로 실행한 것입니다.

로그 8-4 테스트 코드 실행 결과

```
TestMetacoin
    testInitialBalanceUsingDeployedContract (64ms)
    testInitialBalanceWithNewMetaCoin (55ms)

  Contract: MetaCoin
    should put 10000 MetaCoin in the first account
    should call a function that depends on a linked library
    should send coin correctly (80ms)


  5 passing (808ms)
```

❼의 assert.equal의 두 번째 파라미터로 설정한 10000을 10001로 바꿔 테스트 코드 실행을 실패하게 만들겠습니다([코드 8-6] 참고). 수정 후 콘솔에서 test 명령어를 실행합니다.

코드 8-6 10,000메타코인을 10,001로 변경

```
        }). then(function(balance) {
            assert.equal(balance.valueOf(), 10001,
                      "10001 was not in the first account");
        });
```

다음 로그가 출력되면 예상대로 테스트 코드 실행이 실패합니다.

로그 8-5 10,001로 바꾼 후 테스트 코드 실행 결과

```
1) Contract: MetaCoin should put 10000 MetaCoin in the first account:
    AssertionError: 10001 wasn't in the first account:
    expected '10000' to equal 10001
```

10,000과 10,001을 비교했으므로 값이 같지 않아 경고 메시지를 출력합니다. 이렇게 테스트 코드를 이용해 안전하게 계약 개발을 진행할 수 있습니다. 다음 과정을 위해 assert.equal 함수의 내용을 원래대로 되돌린 후 저장해둡니다.

이제 metacoin.js 파일을 계속 살펴보겠습니다.

❽ ConvertLib.sol 파일 안 함수 처리가 정상인지 테스트합니다.

❾ MetaCoin 계약을 배포한 후 instance 변숫값을 전달하는 함수를 만듭니다. meta 변수에 instance 변숫값을 할당합니다. 그리고 계정 0 메타코인의 양(accounts[0])을 다음 함수의 파라미터인 outCoinBalance 변수에 전달합니다.

❿ outCoinBalance 변숫값을 Number 타입으로 바꾸는 .toNumber() 메서드를 실행한 후 metaCoinBalance 변수에 할당합니다. 변숫값은 10000이어야 합니다. 이번에는 getBalanceInEth 함수를 호출해 해당 값을 다음 함수의 파라미터인 outCoinBalanceEth 변수에 전달합니다.

⓫ outCoinBalanceEth 변숫값을 Number 타입으로 바꾸는 .toNumber() 메서드를 실행한 후 metaCoinEthBalance 변수에 할당합니다. 값은 20000이어야 합니다.

⓬ metaCoinEthBalance 변숫값과 metaCoinBalance 변숫값을 2배로 곱한 값이 같은지 비교합니다.

다음은 메타코인을 정상적으로 송금할 수 있는지 테스트하는 부분입니다.

⓭ ❾ 과정을 다시 한번 실행합니다. 단, 이번에는 account_one(계정 0 메타코인의 양을 저장한 변수)을 다음 함수의 파라미터인 balance에 전달합니다.

⓮ balance 변숫값을 Number 타입으로 바꾸는 .toNumber() 메서드를 실행한 후 account_one_starting_balance 변수에 할당합니다. 값은 10000일 것입니다. 그리고 account_two(계정 1 메타코인의 양을 저장한 변수)를 다음 함수의 파라미터인 balance 변수에 전달합니다.

⓯ 역시 balance 변숫값을 Number 타입으로 바꾸는 .toNumber() 메서드를 실행한 후 account_two_starting_balance 변수에 할당합니다. 0일 것입니다. 이번에는 meta.sendCoin 함수를 호출해 account_one 변숫값 중 account_two 변수에 10메타코인을 송금합니다.

❶ `meta.getBalance.call(account_one)`을 호출해서 account_one의 메타코인양을 확인하고 다음 함수의 파라미터인 balance 변수에 전달합니다.

❶ balance 변숫값을 Number 타입으로 바꾸는 `.toNumber()` 메서드를 실행한 후 account_one_ending_balance 변수에 할당합니다. 10메타코인을 송금했으므로 변숫값은 9990일 것입니다. `meta.getBalance.call(account_two)`로 account_two 변숫값을 확인(계정 1 메타코인의 양 확인)하고, 다음 함수의 파라미터인 balance 변수에 전달합니다.

❶ balance 변숫값을 Number 타입으로 바꾸는 `.toNumber()` 메서드를 실행한 후 account_two_ending_balance 변수에 할당합니다. account_two_ending_balance 변숫값은 10, account_one_ending_balance 변숫값은 9990일 것입니다.

❶ account_one_starting_balance 변숫값은 10000, amount 변숫값은 10이므로 10,000 − 10 = 9,990입니다. 이를 account_one_ending_balance 변숫값과 비교합니다. 같은 값이므로 정상적으로 assert.equal 함수를 실행할 것입니다.

❷ account_two_ending_balance 변숫값은 10, account_two_starting_balance 변숫값은 0, amount 변숫값은 10입니다. 0 + 10 = 10이므로 변숫값을 비교하면 같습니다. 따라서 정상적으로 assert.equal 함수를 실행할 것입니다.

꽤 길었지만 metacoin.js 파일을 살펴봤습니다. 테스트 코드 실행은 번거로울 수 있으나 통화를 다루는 스마트 계약을 개발하는 것이므로 테스트 코드를 충분히 실행하기 바랍니다.

8.2 ERC20 호환 토큰 생성

이 절에서는 5.1.4에서 살펴본 ICO 등에 활용할 수 있는 토큰 만들기를 설명합니다. 이더리움의 표준 토큰은 ERC20[6] 규격을 따릅니다. 이 ERC20 규격을 준수하는 토큰을 ERC20 호환 토큰이라고 합니다. ERC20을 준수하면 다른 토큰 사이의 교환을 단순화하는 ERC20 대응 지갑을 개발할 수 있습니다. 참고로 ERC는 Ethereum RFC의 약자이며 20은 20번째 규격임을 뜻합니다.

---

6 옮긴이_ https://theethereum.wiki/w/index.php/ERC20_Token_Standard

먼저 토큰을 만들 때 구현해야 하는 함수를 살펴보겠습니다. 다음과 같습니다.

```
function totalSupply() public view returns (uint totalSupply) { }
function balanceOf(address _owner) public view returns (uint balance) { }
function transfer(address _to, uint _value) public returns (bool success) { }
function transferFrom(address _from, address _to, uint _value) public
        returns (bool success) { }
function approve(address _spender, uint _value) public returns (bool success) { }
function allowance(address _owner, address _spender) public view
        returns (uint remaining) { }
```

다음의 두 가지 이벤트도 구현해야 합니다.

```
event Transfer(address indexed _from, address indexed _to, uint _value);
event Approval(address indexed _owner, address indexed _spender, uint _value);
```

8.2.1 트러플 프로젝트 만들기

8.1과 별도의 프로젝트를 만들어야 합니다. 토큰 이름을 dapps-token이라고 할 것이므로 같은 이름의 디렉터리를 만듭니다. [커맨드 8-23]을 참고해 새 디렉터리를 만든 후 truffle init 명령을 실행해 새 프로젝트를 만듭니다.

📋 **커맨드 8-23** 새 프로젝트 생성

```
$ mkdir dapps-token
$ cd dapps-token
$ truffle init
```

truffle init 명령을 실행하면 다음에 소개한 디렉터리 구조와 파일이 생성됩니다.

- contracts/: 스마트 계약 디렉터리(Migrations.sol)
- migrations/: 스크립트를 작성하는 배치 파일 디렉터리(1_initial_migrations.sol)
- test/: 테스트 파일 디렉터리
- truffle.js : 트러플 설정 파일
- truffle-config.js : 트러플 설정 파일 양식

8.2.2 오픈제플린 설치

트러플 프레임워크는 npm이나 EthePM을 패키지로 관리하는 오픈제플린^{OpenZeppelin} 라이브러리를 사용할 수 있습니다. 계약을 안전하게 만들 수 있는 예제집이라고도 할 수 있습니다.

8.2.1에서 만든 새 프로젝트 디렉터리에서 다음 명령을 실행해 오픈제플린 솔리디티^{openzeppelin-solidity}를 설치합니다.

커맨드 8-24 오픈제플린 솔리디티 설치

```
$ npm init -f
$ npm install openzeppelin-solidity
```

8.2.3 토큰의 스마트 계약 생성

토큰의 스마트 계약을 만들겠습니다. [코드 8-7]에서 소개하는 토큰의 스마트 계약을 단계별로 설명합니다.

코드 8-7 토큰의 스마트 계약(contracts/DappsToken.sol)

```solidity
pragma solidity ^0.4.24; // ①

import "../node_modules/openzeppelin-solidity/contracts/token/ERC20/
        StandardToken.sol"; // ②

contract DappsToken is StandardToken { // ③
    string public name = "DappsToken"; // 토큰 이름 설정
    string public symbol = "DTKN"; // 토큰을 화폐 단위로 나타낼 때의 기호 설정
    uint public decimals = 18; // 토큰에서 허용할 소수점 자릿수 설정

    // ④
    constructor(uint initialSupply) public {
        totalSupply_ = initialSupply;
        balances[msg.sender] = initialSupply;
    }
}
```

❶ 솔리디티 버전을 확인합니다. 오픈제플린은 솔리디티 0.4.18 버전 이상에서 실행할 수 있습니다.

❷ import 키워드로 오픈제플린의 ERC20 구현 클래스 StandardToken.sol을 불러옵니다.

❸ DappsToken 계약은 StandardToken 계약을 상속합니다. contract 〈계약 이름〉 is 〈상속하는 계약 이름〉으로 상속을 정의할 수 있습니다.

그림 8-1 ERC20 토큰 클래스의 상속 관계

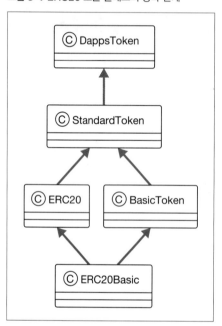

❹ 계약을 만들 때 호출하는 생성자를 정의합니다. initialSupply에 전달한 토큰 발행 수를 totalSupply_(전체 토큰 수)에 할당합니다. totalSupply_는 StandardToken 계약과 상속 관계인 ERC20 계약, 그리고 ERC20 계약과 상속 관계인 ERC20Basic 계약에 정의되어 있습니다. balances[msg.sender] = initialSupply는 현재 토큰을 발행한 계정 주소인 msg.sender를 설정한 balances[] 배열에 initialSupply 변수에 저장한 토큰 발행 수를 할당합니다.

참고로 이 절을 시작하면서 구현해야 하는 함수와 이벤트를 소개했습니다. 이는 오픈제플린에 있는 StandardToken 계약을 상속하면 구현이 끝난 셈입니다.

다음으로 계약을 배포할 때 필요한 마이그레이션 스크립트를 작성해야 합니다. [코드 8-8]을 참고해 작성한 후 migrations 디렉터리에 저장합니다. 참고로 스크립트 파일 이름은 '숫자_작업 내용_계약 이름'으로 만드는 것이 일반적입니다.

코드 8-8 2_deploy_dapps_token.js

```
var DappsToken = artifacts.require("./DappsToken.sol"); // ①

// ②
module.exports = function(deployer) {
    var initialSupply = 1000;
    deployer.deploy(DappsToken, initialSupply);
}
```

❶ DappsToken.sol 파일을 호출해 실행 결과로 얻은 값을 DappsToken 변수에 할당합니다.

❷ initialSupply 변수에 토큰 발행 수 1000을 할당하고 deployer.deploy 함수의 첫 번째 파라미터로 DappsToken을, 두 번째 파라미터로 initialSupply를 설정해 배포합니다.

8.2.4 테스트 코드 작성

[코드 8-9]는 테스트 코드입니다. DappsTokens.js 파일은 test 디렉터리에 저장합니다.

코드 8-9 DappsTokens.js

```
var DappsToken = artifacts.require("./DappsToken.sol"); // ①

contract('DappsToken', function(accounts) { // ②
    // ③

    it("should put 1000 DappsToken in the first account", function() {
        return DappsToken.deployed().then(function(instance) {
            return instance.balanceOf.call(accounts[0]);

        // ④
        }).then(function(balance) {
            assert.equal(balance.valueOf(), 1000,
                        "1000 wasn't in the first account");
```

```
        });
    });
});
```

❶ [코드 8-8] 마이그레이션 스크립트처럼 DappsToken.sol 파일을 호출해 실행 결과로 얻은 값을 DappsToken 변수에 할당합니다.

❷ 테스트 코드가 DappsToken 계약을 테스트한다고 선언합니다. accounts를 함수의 파라미터로 설정해 테스트에 사용할 계정을 다음 함수에 전달합니다.

❸ 테스트 내용을 설명합니다. "첫 번째 계정이 1000DappsToken을 저장했는지 여부"를 테스트합니다. DappsToken 계약을 배포한 후 instance를 함수 파라미터로 설정해 전달합니다. 그리고 instance 변수에 계정 0의 토큰 발행 수를 리턴합니다. accounts[0]은 토큰을 발행한 계정이므로 1,000토큰을 소유했을 것입니다.

❹ balance를 함수의 파라미터로 설정해 전달한 후 .valueOf( )를 이용해 balance 변숫값이 1000과 같은지 확인합니다.

이제 컴파일, 테스트, 마이그레이션 등을 실행하겠습니다. truffle develop 명령을 실행한 후 콘솔에서 테스트를 실행합니다.

TIP 테스트를 실행하기 전 contracts 디렉터리의 Migrations.sol 파일 안 Migrations 함수 이름을 계약 이름(Migrations)과 같지 않게 수정해야 합니다.

📄 커맨드 8-25 테스트 실행

```
$ truffle develop
truffle(develop)> compile
truffle(develop)> test
```

문제 없이 테스트를 마치면 migrate 명령으로 개발용 네트워크에 배포합니다.

📄 커맨드 8-26 마이그레이션 실행

```
truffle(develop)> migrate
truffle(develop)> dappsToken = DappsToken.at(DappsToken.address)
```

계약을 제대로 배포했는지 설정한 이름 등을 확인합니다.

</> 커맨드 8-27 이름 확인

```
truffle(develop)> dappsToken.name()
'DappsToken'
```

이번에는 통화 기호(symbol)와 발행한 전체 토큰의 양을 확인합니다.

</> 커맨드 8-28 통화 기호와 전체 토큰 발행량 확인

```
truffle(develop)> dappsToken.symbol()
'DTKN'
truffle(develop)> dappsToken.totalSupply()
BigNumber { s: 1, e: 3, c: [ 1000 ] }
```

이어 계정별 토큰 발행량을 확인합니다. 계정 목록은 web3.eth.accounts 명령으로 확인할 수 있습니다. 계정의 첫 번째는 토큰을 발행한 사람이므로 모든 토큰을 소유하고 있습니다.

</> 커맨드 8-29 계정 0과 1의 토큰 발행량 확인

```
truffle(develop)> dappsToken.balanceOf(web3.eth.accounts[0])
BigNumber { s: 1, e: 3, c: [ 1000 ] }
truffle(develop)> dappsToken.balanceOf(web3.eth.accounts[1])
BigNumber { s: 1, e: 0, c: [ 0 ] }
```

계정 1은 토큰이 없습니다(0입니다). 다음 명령으로 100토큰을 송금해보겠습니다.

</> 커맨드 8-30 100토큰 송금

```
truffle(develop)> dappsToken.transfer(web3.eth.accounts[1], 100)
```

송금 후 각 계정에 있는 토큰 개수를 확인하면 다음과 같습니다. 토큰이 제대로 작동한다는 사실을 알 수 있습니다.

```
truffle(develop)> dappsToken.balanceOf(web3.eth.accounts[0])
BigNumber { s: 1, e: 2, c: [ 900 ] }
truffle(develop)> dappsToken.balanceOf(web3.eth.accounts[1])
BigNumber { s: 1, e: 2, c: [ 100 ] }
```

8.3 네트워크에 계약 배포

이 절에서는 8.2에서 만든 ERC20 호환 토큰을 트러플 프레임워크를 이용해 Geth 사설망에
배치합니다. 그리고 롭튼Ropsten 테스트넷에도 배포해봅니다.

8.3.1 사설망에 계약 배포

6.1.5 [커맨드 6-24]를 참고해 계정 잠금을 해제하는 상태로 Geth 콘솔을 실행합니다. 계약
을 배포한 후에는 블록에 저장하도록 채굴하는 상태로 두겠습니다. 다음 명령을 Geth 콘솔에
서 실행해 채굴하는지 확인합니다.

📟 커맨드 8-32 채굴 확인

```
> eth.mining
```

false를 리턴하면 채굴하지 않는 것입니다. miner.start( ) 명령으로 채굴을 실행합니다. 그
리고 eth.mining 명령을 실행해 채굴하는지 확인합니다.

📟 커맨드 8-33 채굴 실행 및 확인

```
> miner.start(1)
null
> eth.mining
true
```

true를 리턴하면 채굴을 실행해 블록을 생성하는 상태입니다.

이제 8.2에서 살펴본 트러플 프로젝트를 변경하겠습니다. 프로젝트의 dapps-token 디렉터리에 있는 truffle.js를 [코드 8-10]처럼 수정합니다.

📝 **코드 8-10** truffle.js

```
module.exports = {
    networks: {
        development: {
            host: "localhost",
            port: 9545,
            network_id: "10"
        }
    }
};
```

네트워크 development를 정의한 것입니다. 컴퓨터의 9545번 포트에서 실행 중이며 network_id가 10인 네트워크입니다.

이 네트워크에 트러플 프로젝트를 배포하겠습니다. 지금까지는 Truffle Develop 콘솔에서 migrate 명령을 실행해 배포했지만 이번에는 Geth를 실행한 상태에서 새 터미널 창을 열고 직접 truffle migrate 명령을 실행합니다. dapps-token 디렉터리에서 --network 옵션을 붙이고 development를 설정합니다.

📝 **커맨드 8-34** 개발용 네트워크에 계약 배포

```
$ truffle migrate --network development
```

실행 결과를 출력할 때까지 약간의 시간이 걸리지만, [로그 8-6]과 같은 형태로 출력하면 배포를 완료한 것입니다. 로그에서 표시하는 계약 주소(DappsToken의 강조 부분)는 사용자의 운영체제 환경에 따라 값이 다르므로 참고하기 바랍니다.

```
Using network 'development'.

Running migration: 1_initial_migration.js
  Deploying Migrations...
  ... 0xfe20b4e5a88268f167cf1680be5ad133dfd5feabffcb9866b74134d6f5495176
  Migrations: 0x7ccfb8339d912132d408c6fcee0fbe5f8e707575
Saving artifacts...
Running migration: 2_deploy_dapps_token.js
  Deploying DappsToken...
  ... 0x7ffd2b3636b5064902998ffdd67545a99d5cd5346bb9061a6284de1b8405c14f
  DappsToken: 0x4e0ac24bcf6e261dbf2a217682ed4d7513adea93
Saving artifacts...
```

배포한 계약을 다뤄보겠습니다. 프로젝트의 dapps-token 디렉터리에서 다음 명령을 실행해 development 네트워크에 연결합니다.

커맨드 8-35 development 네트워크 연결

```
$ truffle console --network development
```

콘솔에 truffle(development)>라는 프롬프트가 표시되면 정상적으로 진입한 것입니다. 그리고 [로그 8-6]에서 확인했던 DappsToken 주소를 DappsToken.at( )에 지정해 변수로 설정합니다.

커맨드 8-36 DappsToken 주소를 변수로 설정

```
truffle(development)> d = DappsToken.at(
                        "0x4e0ac24bcf6e261dbf2a217682ed4d7513adea93")
```

다음 명령을 실행해 변수에 저장된 계약 이름과 통화 기호를 확인합니다.

커맨드 8-37 DappsToken 계약 확인

```
truffle(development)> d.name()
'DappsToken'
```

```
truffle(development)> d.symbol()
'DTKN'
```

Geth에서 만든 각 계정의 잔액을 확인합니다.

⟨/⟩ 커맨드 8-38 각 계정의 잔액 확인

```
truffle(development)> d.balanceOf(web3.eth.accounts[0])
BigNumber { s: 1, e: 3, c: [ 1000 ] }
truffle(development)> d.balanceOf(web3.eth.accounts[1])
BigNumber { s: 1, e: 0, c: [ 0 ] }
truffle(development)> d.balanceOf(web3.eth.accounts[2])
BigNumber { s: 1, e: 0, c: [ 0 ] }
```

web3.eth.accounts[0]에서 web3.eth.accounts[1]로 토큰을 송금합니다. 실행하는 데 시간이 좀 걸립니다.

⟨/⟩ 커맨드 8-39 web3.eth.accounts[0]에서 web3.eth.accounts[1]로 토큰 송금

```
truffle(development)> d.transfer(web3.eth.accounts[1], 100)
```

다시 각 계정의 잔액을 확인합니다. 토큰 송금에 성공했다면 다음 결과를 확인할 수 있습니다.

⟨/⟩ 커맨드 8-40 계정 잔액 확인

```
truffle(development)> d.balanceOf(web3.eth.accounts[0])
BigNumber { s: 1, e: 2, c: [ 900 ] }
truffle(development)> d.balanceOf(web3.eth.accounts[1])
BigNumber { s: 1, e: 2, c: [ 100 ] }
truffle(development)> d.balanceOf(web3.eth.accounts[2])
BigNumber { s: 1, e: 0, c: [ 0 ] }
```

8.3.2 테스트넷에 계약 배포하기

6.1.2에서 설명한 것처럼 대표적인 테스트넷으로는 롭튼, 코밴, 린키비가 있습니다. 여기에서는 롭튼 테스트넷에 계약을 배포하겠습니다.

메타마스크 설치

메타마스크^{MetaMask}는 크롬 브라우저에서 사용하는 이더리움 지갑입니다. 롭튼 테스트넷에 계약을 배포하는 데 사용합니다. 실제 네트워크에 계약을 배포할 때는 가스를 소모한다고 여러 번 설명했습니다. 따라서 롭튼 테스트넷에서 사용할 이더가 있어야 합니다. 메타마스크는 롭튼 네트워크에서 사용할 이더를 받는 데도 도움을 줍니다.

메타마스크는 크롬 브라우저의 확장 기능으로 제공합니다. 크롬 브라우저를 설치하지 않았다면 먼저 크롬 브라우저를 설치[7]합시다. 크롬을 실행한 후 Chrome 웹 스토어[8]에 접속합니다. Chrome 웹 스토어에서 왼쪽 상단의 매장 검색 입력란에 'metamask'를 입력하여 크롬 확장 기능을 검색합니다. 검색 결과로 'https://metamask.io 제공'이라는 문구가 있는 [메타마스크]가 보일 것입니다. 오른쪽에있는 〈CHROME에 추가〉를 눌러 설치합니다.

그림 8-2 Chrome 웹 스토어에서 메타마스크 찾기

설치 확인 창이 열리면 〈확장 프로그램 추가〉를 누릅니다. 메타마스크 설치를 완료합니다.

----

7 https://www.google.com/chrome
8 https://chrome.google.com/webstore/category/extensions

그림 8-3 메타마스크 추가

설치가 완료되면 크롬 브라우저의 상태 표시줄 오른쪽에 여우 모양의 아이콘이 표시됩니다. 아이콘을 누르면 메타마스크의 개인 정보 고지 사항을 알려주는 'PRIVACY NOTICE'가 열립니다. 〈Accept〉를 누릅니다.

그림 8-4 메타마스크 개인 정보 고지 사항

이어서 이용 약관 창이 열립니다. 마지막까지 스크롤하여 읽은 후 〈Accept〉를 누릅니다. 이제 메타마스크의 암호를 설정하고 〈CREATE〉를 누릅니다. 설정한 암호를 잊지 않도록 주의하기 바랍니다.

다음 화면에서는 메타마스크를 복구할 때 사용하는 비밀 키를 연상 기호Mnemonic 형태로 표시합니다. 12개의 단어를 정렬합니다. 연상 기호를 잊으면 메타마스크를 복구할 수 없으므로 해당 화면을 캡처하거나 단어를 잘 적어서 보관해둡니다. 〈I'VE COPIED ITSOMEWHERE SAFE〉를 눌러 메타마스크를 실행하거나 〈SAVE SEED WORDS AS FILE〉을 눌러 파일 형태로 저장합니다.

그림 8-5 메타마스크 연상 기호 저장

이렇게 메타마스크 설정을 완료했습니다.

이더 받기

메타마스크를 설정했다면 MetaMask Ether Faucet(https://faucet.metamask.io)에서 롭튼 테스트넷의 이더를 받아보겠습니다. 크롬 브라우저의 상태 표시줄에서 메타마스크 아이콘을 누릅니다. 그리고 왼쪽 위 [Main Network] 부분을 눌러 'Ropsten Test Network'로 변경합니다.

그림 8-6 메타마스크를 롭튼 테스트넷에 연결

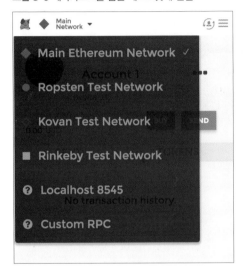

다음으로 〈BUY〉를 눌러 BUY ETH 창을 엽니다. 그리고 〈ROPSTEN TEST FAUCET〉을 눌러 MetaMask Ether Faucet 사이트에 접속합니다.

그림 8-7 MetaMask Ether Faucet 사이트에 접속

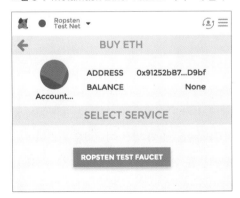

해당 사이트에 접속하면 [faucet], [user], [transactions] 항목을 볼 수 있습니다. [transactions] 항목 말고는 항목 각각의 주소와 잔액을 확인할 수 있습니다. 이제 [faucet] 잔액 표시 아래에 있는 〈request 1 ether from faucet〉을 눌러 거래를 실행합니다. [transactions] 항목에서 거래를 확인할 수 있습니다.

그림 8-8 MetaMask Ether Faucet에서 거래 실행

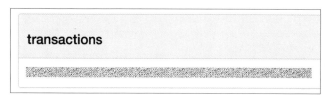

다시 메타마스크 아이콘을 눌러 잔액을 확인합니다. 1.000ETH가 있다면 거래 성공입니다.

그림 8-9 MetaMask에서 잔액 확인

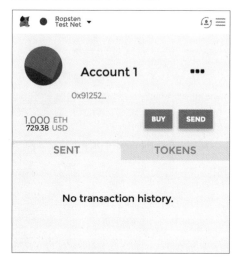

인푸라에 등록

MetaMask Ether Faucet를 이용해 롭튼 테스트넷에서 사용할 이더를 메타마스크에 저장했습니다. 이제 '인푸라'라는 서비스에 가입합니다. 인푸라는 Geth와 같은 이더리움 클라이언트를 이용하지 않고도 테스트넷이나 메인넷에 계약을 배포할 수 있는 서비스입니다. 물론 Geth로도 계약을 배포할 수 있지만 각 네트워크의 블록체인과 동기화하려면 많은 시간과 디스크 용

량이 소모됩니다. 먼저 인푸라 공식 사이트(https://infura.io/)에 접속합니다. 그리고 화면 왼쪽 〈GET STARTED FOR FREE〉를 누릅니다.

그림 8-10 Infura 공식 사이트

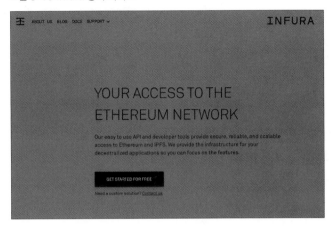

사용자 등록 화면 창이 열리면 회원 가입에 사용할 이름, 이메일 주소, 비밀번호를 입력하고 〈SIGN UP〉을 누릅니다.

그림 8-11 Infura 등록 화면

회원 가입을 완료한 후 가입할 때 입력한 메일 주소로 등록이 완료되었다는 이메일을 받으면 인푸라 사용자 등록을 완료한 것입니다. 또한 로그인한 후 오른쪽 위 [≡] → [Documentation]을 선택하면 인푸라 사용에 도움을 주는 문서 페이지로 이동합니다. 왼쪽 위 [Choose a Network]를 누르면 각 테스트넷의 URL을 알려줍니다.

왼쪽 위 [DASHBOARD]를 선택하면 'YOUR PROJECTS' 페이지로 이동합니다. 여기서 〈CREATE NEW PROJECT〉를 누른 후 'ADD NEW PROJECT' 아래에 있는 [NAME] 항목에 새로운 이름(이 책에서는 dapps-token 프로젝트의 계약을 배포할 것이므로 dapps-token이라고 하겠습니다)을 입력한 후 〈CREATE PROJECT〉를 누르면 새 프로젝트가 만들어집니다. 프로젝트 생성 후 왼쪽의 [API KEY]는 [Choose a Network] 항목에서 소개한 테스트넷 URL의 your-api-key 부분에 적용할 키입니다. 오른쪽에 있는 클립보드 버튼을 누르면 복사할 수 있습니다. 다음 과정에 바로 사용할 것이니 잘 기억해두기 바랍니다.

그림 8-12 API 키 발급

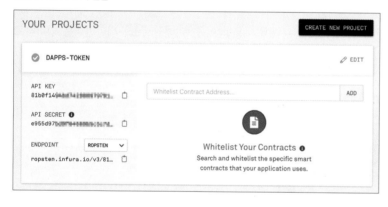

트러플 프로젝트에 롭튼 네트워크 설정

[코드 8-11]을 참고해 dapps-token 디렉터리에 있는 truffle.js 파일에 네트워크 설정을 추가합니다. 추가한 사항은 굵은 글씨로 표시했습니다.

▣ 코드 8-11 truffle.js 파일에 롭튼 네트워크 설정

```javascript
var HDWalletProvider = require("truffle-hdwallet-provider");
var mnemonic = $MNEMONIC; // ①
var accessToken = $INFURA_ACCESS_TOKEN; // ②

module.exports = {
    networks: {
        development: {
            host: "localhost",
            port: 9545,
            network_id: "10"
        },
        ropsten: {
            provider: function() {
                return new HDWalletProvider(
                    mnemonic,
                    "https://ropsten.infura.io/" + accessToken
                );
            },
            network_id: 3,
            gas: 500000
        }
    }
};
```

❶ $MNEMONIC에는 메타마스크를 설치했을 때 저장한 연상 기호(12개 단어)를 입력합니다. 문자열을 큰 따옴표로 묶어 입력합니다.

❷ $INFURA_ACCESS_TOKEN은 인푸라에 등록할 때 발급받은 API 키('https://ropsten.infura.io/' 뒤에 있는 문자열)를 입력합니다. 역시 큰 따옴표로 묶어 입력합니다.

[코드 8-11]의 첫 줄에는 truffle-hdwallet-provider 패키지를 이용한다고 선언했습니다. 이는 별도로 설치해야 합니다. 터미널에서 dapps-token 디렉터리로 이동한 후 다음 명령을 실행해 truffle-hdwallet-provider를 설치합니다.

```
$ npm install truffle-hdwallet-provider
```

한편 가스양을 직접 설정하지 않으면 [로그 8-7]과 같은 에러를 출력해 계약 배포를 완료할 수 없습니다.

로그 8-7 가스 부족으로 마이그레이션 실패

```
Error encountered, bailing. Network state unknown. Review successful transactions
manually.
Error: The contract code couldn't be stored, please check your gas amount.
```

이를 막으려면 마이그레이션 파일도 수정해야 합니다. [코드 8-8]에서 살펴본 migrations 디렉터리의 2_deploy_dapps_token.js 파일을 [코드 8-12]처럼 바꿔 가스양를 설정합니다 (추가한 사항은 굵은 글씨로 표시). 참고로 initialSupply에 저장한 토큰 숫자를 늘린 이유는 메타마스크의 UI에서 표현할 수 없을 정도로 토큰 수가 적기 때문입니다.

코드 8-12 2_deploy_dapps_token.js에 가스양 설정

```javascript
var DappsToken = artifacts.require("./DappsToken.sol");

module.exports = function(deployer) {
    var initialSupply = 1000e18;

    deployer.deploy(DappsToken, initialSupply, {
        gas: 2000000
    });
}
```

롭튼 네트워크에 계약 배포

사설망에 배포할 때처럼 truffle migrate 명령을 사용합니다. --network 옵션은 ropsten 을 설정합니다. 다음 명령을 실행해 배포합니다. 실행 완료까지 약간 시간이 걸립니다.

```
$ truffle migrate --network ropsten
```

계약 배포를 실패하면 다시 설정을 확인합니다. 처음부터 다시 계약을 배포한다면 truffle migrate 명령에 --reset 옵션을 추가해 실행할 수 있습니다. 혹은 프로젝트 폴더에 있는 build 디렉터리를 삭제한 후 truffle compile --all 명령을 실행해 프로젝트를 다시 컴파일한 후 [커맨드 8-42] 명령을 실행해보는 것도 좋습니다. 로그에는 계약 주소를 출력하므로 이를 잘 저장해두기 바랍니다.

로그 8-8 truffle migrate 명령 실행 결과

```
Using network 'ropsten'.

Running migration: 1_initial_migration.js
  Deploying Migrations...
  ... 0x07c98f41fc885f71fd41df8724bb42a526e8e64ec8da773c716fde17b9c29cbd
  Migrations: 0x0392a7b6c8a7d4e363a21bfab0f4f2cbc96831a6
Saving successful migration to network...
  ... 0x5ba64358c07ae803232dabe22a9ead77c2c230c0faa24e4a67258610306f27ca
Saving artifacts...
Running migration: 2_deploy_dapps_token.js
  Deploying DappsToken...
  ... 0x28a5969632b7f88e0fff9fcf1657f03ab482040a25a75643769d5cee35de32db
  DappsToken: 0xab5f25d2950f87f7ce3e89557ab63529779782ee
Saving successful migration to network...
  ... 0x162c0e0143beb1c22bab2e9fa219f341d89de3974b2fd6c376777438b998040d
Saving artifacts...
```

TIP 상황에 따라 [로그 8-8] 출력 후 터미널의 프롬프트로 돌아가지 않을 때가 있습니다. 이럴 때는 [Ctrl] + [C] 를 눌러 강제로 프롬프트로 돌아가기 바랍니다.

계약 배포를 완료한 후 다시 메타마스크를 실행해 토큰을 등록합니다. [TOKENS] 탭에서 〈ADD TOKEN〉을 누릅니다. [Token Contract Address] 항목에 배포한 계약 (DappsToken)의 토큰 주소를 입력합니다. 입력을 완료하면 〈Add〉를 눌러 토큰 등록을 완료합니다.

그림 8-13 토큰 등록

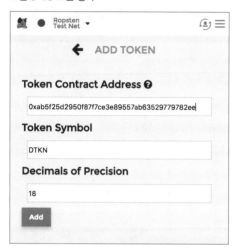

메타마크스의 [TOKEN] 탭에 1000 DTKN을 표시했다면 계약을 배포한 사람에게 토큰을 부여한 것입니다.

이제 사설망에서처럼 롭튼 네트워크 안에서 토큰을 송금해보겠습니다. truffle console 명령에 --network 옵션과 ropsten을 설정해 실행합니다.

커맨드 8-43 롭튼 네트워크에 연결

```
$ truffle console --network ropsten
```

배포한 토큰을 변수로 설정합니다.

커맨드 8-44 토큰을 변수로 설정

```
truffle(ropsten)> d = DappsToken.at("0xab5f25d2950f87f7ce3e89557ab63529779782ee")
```

자신의 계정 주소 잔액을 확인합시다. 계정 이름 옆에 있는 […]를 눌러 [Copy Address to clipboard]를 선택해서 자신의 계정 주소를 복사할 수 있습니다. 혹은 MetaMask Ether Faucet 사이트의 [user] 항목에 있는 address 값을 확인해도 됩니다.

</>커맨드 8-45 잔액 확인

```
truffle(ropsten)> d.balanceOf("0x91252bb720498353958bfa455a3a53cae46cd9bf")
BigNumber { s: 1, e: 21, c: [ 10000000 ] }
```

다음에는 다른 계정을 만들어 송금해보겠습니다. 메타마스크에서 새 계정을 만듭니다. 오른쪽 위의 계정 아이콘(사람 모양)을 눌러 [Create Account]를 선택해 만듭니다. 그리고 계정 생성 후 자신의 계정 주소를 저장하거나 기억해둡니다.

이제 콘솔로 돌아가서 다음 명령을 입력합니다. 주소 부분에 새 계정 주소를 복사하여 실행합니다(주소는 큰 따옴표로 묶어 입력합니다).

</>커맨드 8-46 토큰 송금

```
truffle(ropsten)> d.transfer("0xa2ACFa5dd346004D07F560B767FC7CA8E7db73a1", 1e18)
```

거래가 정상적으로 실행되면 다음 명령으로 토큰 잔액을 확인합니다.

</>커맨드 8-47 토큰 잔액 확인

```
truffle(ropsten)> d.balanceOf("0x91252bb720498353958bfa455a3a53cae46cd9bf")
BigNumber { s: 1, e: 20, c: [ 9990000 ] }
truffle(ropsten)> d.balanceOf("0xa2ACFa5dd346004D07F560B767FC7CA8E7db73a1")
BigNumber { s: 1, e: 18, c: [ 10000 ] }
```

메타마스크에서도 [그림 8-14]처럼 토큰 잔액이 변경되었음을 확인합니다.

그림 8-14 송금 후 계정 잔액 확인

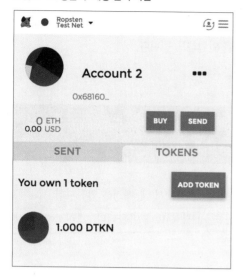

애플리케이션을 설계할 때 주의할 점

이더리움 기반 블록체인을 설계할 때는 주의해야 할 사항이 있습니다. 보안 위험 대처, 저장공간 이용 방법, 외부 정보 취급 등을 중심으로 살펴보겠습니다.

9.1 스마트 계약이 당하는 공격 유형과 대처 방안

스마트 계약도 소프트웨어이므로 보안 위험이 있습니다. 개발과 배포는 주의를 기울여서 해야 합니다. 스마트 계약은 메인넷에 배포한 후 누구든 이용할 수 있습니다. 스마트 계약의 소스 코드는 공개할 것을 권하며, 공개하지 않아도 이더스캔[1]에서 주소를 검색해 누구나 참조할 수 있습니다.[2] 공격당할 확률이 높은 셈입니다.

사용자 모두가 착한 것은 아닙니다. 나쁜 생각을 품은 크래커가 다양한 공격을 시도할 수 있습니다. 밤낮을 가리지 않고 공격당하는 스마트 계약도 다수 있습니다. 1장에서 소개한 마운트곡스 사건처럼 악의적인 공격으로 수십억 원에서 수백억 원에 달하는 피해를 입은 사례도 있습니다.

이 절에서는 스마트 계약이 당하는 공격 중 잘 알려진 사례를 소개하고, 공격에 대처하는 계약 개발 방법을 설명합니다.

---

1 옮긴이_ https://etherscan.io/

2 예를 들어 크립토키티의 소스 코드는 https://etherscan.io/address/0x06012c8cf97bead5deae237070f9587f8e7a266d#code에서 볼 수 있습니다.

9.1.1 재진입성의 약점을 노린 공격

재진입성reentrant이란 메모리 안의 같은 데이터 사본을 여러 사용자가 공유할 수 있는 프로그램 설계를 말합니다. 재진입성이 있는 루틴은 동시에 병렬적으로 실행할 수 있습니다. 전역 변수 같은 공유 자원을 사용하지 않기 때문입니다.

이러한 설계로 만들어진 프로그램은 공격하기 쉽습니다. 스마트 계약이라면 외부 계약을 호출했는데 어떤 함수가 임의의 데이터를 수정하는 예를 들 수 있습니다. 호출한 함수 처리를 끝내지 않았는데도 다른 함수를 호출해 개발자가 의도하지 않은 상황이 벌어지는 것입니다.

4.2.1에서 설명한 DAO 크래킹은 바로 재진입성의 약점을 노린 공격입니다. 스마트 계약이 잔액을 줄이기 전에 송금을 실행하는 소스 코드가 문제를 발생시켰습니다. 공격자는 송금 처리함수를 호출해 송금을 받으면 블록에 저장하는 것이 아니라 송금 처리 함수를 호출하는 스마트 계약을 만들었습니다. 이는 이더를 모두 송금하거나 계약에서 설정한 가스 제한에 도달해 에러가 발생할 때까지 계속 실행되었습니다.

그림 9-1 잔액을 관리하는 계약의 처리 흐름

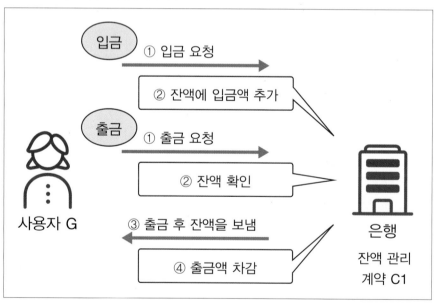

은행에서 잔액을 관리하는 계약(C1)을 살펴보겠습니다. 은행은 출금 요청을 받았을 때 다음 사항을 처리합니다.

1 출금 요청을 받습니다.

2 사용자의 잔액을 확인합니다.

3 출금 후 남은 잔액을 사용자에게 돌려줍니다.

4 출금액을 차감합니다.

반대로 입금 요청을 받았을 때는 다음 사항을 처리합니다.

1 입금 요청을 받습니다.

2 현재 잔액에 입금액을 더해 저장합니다.

이 계약을 정상적으로 이용할 때의 처리 흐름은 왼쪽 [그림 9-1]과 같습니다.

이를 이더리움 기반 스마트 계약의 사례로 옮기겠습니다. 사용자 G가 계약을 이용해 이더를 입금하거나 출금하는 흐름은 다음과 같습니다.

1 G는 C1에 1이더를 송금해 입금해둡니다.

2 이더가 필요할 때 G는 C1에 1이더의 출금을 요청합니다.

3 C1은 블록이 생성되면 G에게 1이더를 출금합니다.

이번에는 공격자가 C1 계약을 이용할 때의 처리 흐름을 설명합니다. 공격자 E가 만든 계약 EC1에는 다음과 같은 처리가 구현되어 있습니다. C1에 입금을 요청하는 흐름은 다음과 같습니다.

1 E는 EC1에 C1에 입금할 금액을 송금합니다.

2 EC1은 C1에게 입금액을 송금해 입금합니다.

C1에 출금을 요청하는 흐름은 다음과 같습니다.

1 공격자는 EC1으로 C1에 출금을 요청합니다.

2 C1은 EC1에 출금액을 송금합니다.

3 송금 후 C1은 EC1에 송금한 출금액을 차감합니다.

여기까지만 보면 EC1은 단순히 공격자와 C1 사이의 중개자 정도로 여겨질 것입니다. 그런데 EC1에는 C1이 출금액을 보내도 EC1이 받지 못했다고 인식시켜 다시 출금을 요청하는 공격이 있습니다. 이러한 입출금 흐름을 스마트 계약의 공격 사례로 최종 정리하겠습니다.

1 E는 EC1에 1이더를 송금하여 입금해둡니다.

2 EC1은 E에게 받은 1이더를 EC1의 주소로 C1에 송금합니다. EC1에서 C1으로 보낸 1이더가 공격하는 동안 출금되지 않고 남겨진 상태로 있게 됩니다.

3 E는 EC1으로 C1에 출금을 요청합니다.

4 C1은 EC1의 잔액에 1이더 이상이 있는지 확인하고 1이더를 EC1에 출금합니다.

5 EC1은 C1에서 출금액을 받을 때 다시 3의 출금 요청을 자동으로 호출(이름 없는 함수 이용)합니다.

6 EC1은 아직 C1의 출금액을 차감하지 않은 상태이므로 4를 다시 실행합니다.

7 C1이 소유한 이더가 모두 없어지거나 가스를 모두 소비할 때까지 4~6을 반복 실행합니다.

[그림 9-2]는 방금 설명한 스마트 계약에 시도하는 공격 흐름을 정리한 것입니다.

그림 9-2 잔액을 관리하는 계약을 공격하는 흐름

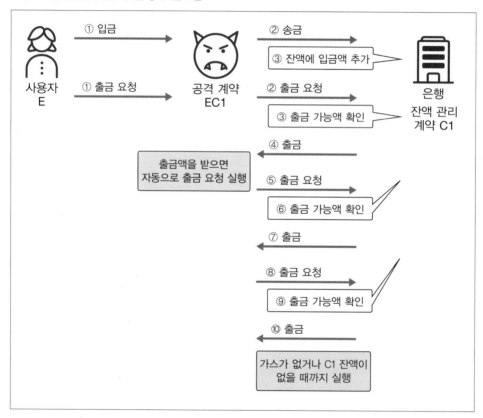

DAO 크래킹에서는 공격 계약에서 입출금하는 토큰의 양을 늘려 여러 번 크래킹했습니다.

이러한 공격을 해결하는 방법 중 하나로 출금액을 인식하는 변수를 변경하지 않도록 하는 상호 배제 알고리즘Mutex[3]을 이용하는 방법이 있습니다. 계약을 호출한 실제 사용자만 계약의 상태를 변경할 수 있도록 잠금 상태로 만듭니다. 임의 메서드 호출을 막는 것입니다. 앞에서 소개한 공격 계약 예를 상호 배제 알고리즘으로 막는 흐름은 다음과 같습니다.

1 E는 EC1에 1이더를 송금해 입금해둡니다.

2 EC1의 주소로 C1에 1이더를 송금합니다. 역시 EC1에서 C1으로 보낸 1이더가 공격하는 동안 출금되지 않고 남겨진 상태로 있게 됩니다.

3 E는 EC1으로 C1에 출금을 요청합니다.

4 C1은 처리하기 전에 잔액 변경 요청이 false로 설정되었는지 확인합니다. false면 현재 잔액을 변경하는 상태가 아니라는 것을 뜻합니다. 따라서 잔액을 변경하려고 잔액 변경 요청을 true로 바꿉니다. 이제 EC1의 잔액에 1이더 이상 있는지 확인해 1이더를 EC1에 출금합니다.

5 EC1은 C1에서 출금액을 받을 때 다시 3의 출금 요청을 자동으로 호출합니다.

6 4를 다시 실행할 때 잔액 변경 요청이 아직 true입니다. 잔액을 변경하는 상태이므로 출금을 하지 않습니다.

잔액 변경 요청을 잠그거나 푸는 방식을 이용하면 임의의 잔액 변경을 막을 수 있습니다. 또한 잔액을 먼저 변경하고 출금하는 방식을 도입해도 이러한 공격을 막을 수 있습니다.

9.1.2 거래 순서 의존 문제를 이용한 공격

거래 순서 의존Transaction Order Dependence, TOD 문제는 다른 사용자가 계약을 조작해 거래 순서와 실제 블록에 저장하는 순서를 바꾸는 것입니다.

경매에서 판매자가 팔고 싶은 아이템과 판매 금액을 계약에 등록했다고 생각해봅시다. 구매자는 해당 아이템을 사고 싶다면 구매 요청을 계약에 보낼 것입니다. 정상적이라면 경매(비딩) 거래 흐름은 다음과 같습니다.

1 경매(비딩) 계약(AC)을 배포합니다(필수 조건).

2 판매자(S)가 AC에 아이템 최소 판매 금액을 1이더로 등록해둡니다.

3 구매자(B)는 AC에 1이더에 아이템을 사겠다는 거래를 보냅니다.

4 판매자(S)는 아이템 판매 금액이 2이더가 되도록 AC의 정보를 업데이트하고 거래합니다.

---

3 옮긴이_ https://ko.wikipedia.org/wiki/상호_배제

그림 9-3 경매 계약

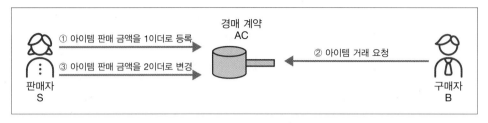

이러한 경매 흐름에 어떤 문제가 발생할까요? 블록체인의 거래 순서는 블록에 저장하는 순서로 앞뒤 관계를 파악합니다. 블록 저장 순서가 3 → 4가 아닌 4 → 3이 될 가능성도 있습니다. 앞에서도 설명했지만 거래를 블록에 저장하는 우선 순위는 각 거래가 소유한 가스양입니다. 즉, 거래 3이 실행될 것을 판매자가 미리 알 수 있다면 거래 4의 가스를 넉넉하게 설정해서 블록 저장 순서를 바꿀 수 있습니다. 그러면 3의 거래가 성립하지 않습니다. 구매자는 최소 2이더를 지급해야 거래를 할 수 있습니다.

거래 순서를 정하는 것은 채굴자의 고유 권한이므로 블록체인만으로는 이를 막을 수 없습니다. 따라서 블록체인을 이용하는 서비스 등에서 거래 3이 성립한 후 거래 4를 실행하는 등으로 순서를 강제 설정해야 합니다. 참고로 거래 순서 의존 문제는 거래하는 계정 주소가 같으면 발생하지 않습니다. 거래할 때마다 계정 주소에 있는 논스를 이용(거래할 때 1씩 값이 증가하는 특성)해 앞뒤 순서를 알 수 있기 때문입니다.

9.1.3 타임스탬프 의존 문제를 이용한 공격

블록 타임스탬프에 거래 순서 판단을 의존하는 계약에도 주의할 사항이 있습니다. 블록 타임스탬프는 노드가 블록을 생성한 시간일뿐입니다. 노드의 타임스탬프에 큰 오류가 발생하는 것은 아니지만, 일정 시간 안이면 노드를 운영하는 사람의 판단에 따라 원하는 거래 순서를 만들 수 있습니다.

추첨 방식의 계약을 생각해봅시다. 투표자는 세 자리 숫자를 공개해두고, 블록 타임스탬프 끝 세 자리 숫자가 공개한 숫자와 일치하면 당첨자로 판단한다고 가정하겠습니다. 투표자 중 블록을 생성하는 채굴자가 있다면 끝 세 자리 숫자가 일치하는 시간에 맞춰 블록을 채굴해 당첨자가 될 수 있습니다. 블록 채굴자에게 유리하므로 공정한 계약이 아닌 겁니다. 블록 타임스탬프는 채굴자가 조작할 수 있다는 것을 꼭 기억해두기 바랍니다.

9.1.4 정수 오버플로

uint 타입 변수는 오버플로가 발생할 수 있습니다. 상품의 재고를 관리하는 계약을 생각해봅시다. 재고 수량을 uint8 타입으로 선언하면 최대 표현할 수 있는 수는 255입니다. 재고 수량을 나타내는 변수가 255라면 1을 더했을 때 오버플로가 발생해 재고 수량이 0이 됩니다.

오버플로를 피하려면 더 큰 부호 없는 정수 타입으로 선언하거나 타입의 최댓값에 도달했을 때를 판단하는 처리를 넣어야 합니다.

9.1.5 예기치 않은 거래 되돌림

계약이 실패했을 때 조건에 따라 거래 실행 전 상태로 되돌릴 수 있습니다. 그러나 공격자가 일부러 실행 전 상태로 되돌릴 수도 있습니다. 따라서 실행 상태에 의존하는 처리는 가급적 만들지 않는 것이 좋습니다.

[코드 9-1]은 경매(비딩) 계약을 구현한 예입니다.

[/>] 코드 9-1 예기치 않은 거래 되돌림이 있는 계약

```solidity
pragma solidity ^0.4.25;

contract Auction {
    address currentLeader;
    uint highestBid;

    function bid() public payable {
        require(msg.value > highestBid);
        require(currentLeader.send(highestBid));
        currentLeader = msg.sender;
        highestBid = msg.value;
    }
}
```

새 입찰자가 bid( ) 함수를 호출했을 때의 흐름은 다음과 같습니다.

- 현재 최고 입찰 금액보다 새 입찰자가 송금한 금액이 큰지 확인합니다.
- 크다면 현재 입찰자의 금액을 돌려줍니다.
- 환불 후 새 입찰자가 현재 최고 입찰 금액을 낸 사람이 됩니다.

그런데 두 번째 require 함수는 require 함수 내부의 조건을 만족하지 않으면 계약 상태를 거래 실행 전으로 되돌리므로 문제가 발생할 수 있습니다. 만약 공격자가 해당 계약에 입찰해 환불을 실패하게 만든다면 거래 실행 전으로 되돌렸을 때 기존 입찰 금액을 비교해 입찰할 수 없는 상태가 됩니다.

이러한 상황을 막으려면 사용자가 직접 환불을 요청할 수 있게 만드는 것이 좋습니다. 이른바 '취소 지급 시스템Pull Payment System'입니다. 예를 들어 [코드 9-2]처럼 각 사용자의 환불 금액을 저장한 후 환불이 필요할 때 돌려줍니다.

코드 9-2 환불 처리를 추가한 계약

```solidity
pragma solidity ^0.4.25;

contract Auction {
    address currentLeader;
    uint highestBid;
    mapping(address => uint) usersBalance;

    function bid() public payable {
        require(msg.value > highestBid);

        // 현재 최고 입찰 금액을 반환할 수 있게 업데이트한 후 저장합니다.
        usersBalance[currentLeader] += highestBid;
        currentLeader = msg.sender;
        highestBid = msg.value;
    }

    function withdraw() public {
        require(usersBalance[msg.sender] > 0 );

        // 환불 금액을 amount 변수에 할당합니다.
        uint amount = usersBalance[msg.sender] ;

        // 환불
        assert(msg.sender.send(amount));
    }
}
```

9.1.6 블록 가스 제한

블록 각각에는 거래 결과와 함께 블록에 저장하는 정보인 가스 제한^{Gas Limit}이 있습니다. 블록 가스 제한을 초과하면 거래가 반드시 실패합니다.

예를 들어 배열을 반복 처리할 때 공격자가 배열을 변경할 수 있다고 가정해봅시다. 배열에 설정한 가스 가격과 반복 처리에 사용한 가스를 곱한 상태가 블록 가스 제한을 초과하면 반복 처리는 반드시 실패합니다. 꼭 공격이 아니더라도 의도하지 않게 발생할 수 있으므로, 반복 처리를 설정할 때는 주의해야 합니다.

9.1.7 강제 출금

9.1.1에서 설명한 재진입성 약점을 이용한 공격 이외에도 비정상적으로 이더를 출금할 수 있습니다. [코드 9-3]과 같은 방법입니다.

코드 9-3 비정상적인 이더 출금 코드

```solidity
pragma solidity ^0.4.25;

contract Vulnerable {
    function () payable public {
        revert();
    }

    function doSomething() public view {
        require(address(0).balance > 0);
        // 여기에 작성하는 코드를 실행할 수도 있습니다.
    }
}
```

출금할 때 작동하는 이름 없는 함수 안에 revert( ) 함수를 넣었습니다. 따라서 출금할 때 꼭 거래 실행 이전 상태로 돌아갑니다. 그리고 이름 없는 함수(fallback) 다음에 정의한 doSomething( )은 require 함수로 잔액을 확인합니다. 따라서 다음에 작성한 코드도 실행할 것입니다.

이외에도 비정상적으로 출금하는 방법이 있습니다. 함수에 계약을 해지하는 selfdestruct 키 워드를 넣는 것입니다. selfdestruct 키워드를 넣은 함수 파라미터에 주소를 설정하면, 계약 을 해지했을 때 해당 계약이 소유한 이더를 설정한 주소로 보냅니다. 이때 계약에 이름 없는 함 수가 있더라도 해당 함수를 실행하지 않습니다. 또한 계약 배포 전 출금할 계약 주소를 예측해 미리 송금하는 방법으로도 비정상적인 출금을 구현할 수 있습니다. 블록체인 애플리케이션을 만들 때는 이러한 상황을 염두에 두고 개발할 필요가 있습니다.

9.2 보안성을 높이는 방법

이 절에서는 8.2에서 살펴본 오픈제플린을 이용해 보안성을 높이는 방법을 소개합니다.

9.2.1 오픈제플린

오픈제플린[4]은 솔리디티에서 안전한 스마트 계약을 개발할 수 있도록 지원하는 라이브러리입 니다. ERC20 호환 토큰, ICO, 소유권 등을 개발할 때 필요한 템플릿을 제공합니다.

스마트 계약은 '튜링 완전'하므로 개발할 때의 자유도가 높습니다. 하지만 예기치 않은 동작을 발생시킬 확률도 높은 셈입니다. 이때 오픈제플린을 사용하면 에러 등의 장애를 막을 수 있습 니다.

특히 사용자가 암호화폐를 받는 기능이나, 권한 관리 등은 주의해서 개발해야 합니다. 예를 들 어 ICO는 거액의 투자금을 모으는 것이므로, 버그가 있으면 제3자의 토큰을 훔치거나 모르는 주소에 송금해 출금할 수 없는 등의 상황이 발생할 수 있습니다. 버그를 100% 없애는 것이 무 리인 줄은 알지만 그래도 최대한 실수를 없애야 합니다.

이러한 상황에 도움을 주려고 오픈제플린 개발사인 제플린 솔루션^{Zeppelin Solutions}[5]이 나섰습 니다. 보안성을 높이는 구체적인 설계 지침인 'Onward with Ethereum Smart Contract Security[6]'를 공개했습니다. 내용을 요약해 소개하면 다음과 같습니다.

---

4 https://github.com/OpenZeppelin/zeppelin-solidity

5 https://zeppelin.solutions/

6 https://blog.zeppelin.solutions/onward-with-ethereum-smart-contract-security-97a827e47702

| 계약 상태를 항상 파악하고 문제 발생을 숨기지 않습니다 |

계약의 현재 상태를 항상 파악해야 합니다. assert와 require 함수 등을 사용해 항상 확인합니다. 문제가 발생한 것을 숨기지 않고 알려야 도움을 받을 수 있습니다.

| 안전한 입출금 기능을 구현해야 합니다 |

9.1.5에서 소개한 취소 지급 시스템 같은 기능을 구현하는 것입니다. 계약과 관련된 공격을 막는 데 큰 도움을 받을 수 있습니다.

| 조건 영향 상호작용 패턴 구현 |

조건–영향 상호작용Condition-Effects-Interaction은 다음과 같은 과정을 구현하는 것을 뜻합니다.

1 함수를 실행하기 전에 함수 실행 조건을 갖췄는지 확인합니다.
2 조건에 맞지 않으면 함수 실행을 하지 않습니다.
3 상태를 업데이트합니다.
4 상태를 업데이트할 수 없으면 함수 실행을 바로 중단하고 거래 전 상태로 되돌립니다.
5 다른 계약이나 사용자에게 메시지를 리턴합니다.

이 패턴은 앞에서 설명한 '계약 상태 상시 파악'을 설계하는 데도 도움을 줍니다.

| EVM 플랫폼의 한계 고려 |

EVM 플랫폼의 한계를 파악해야 합니다. 예를 들어 배열 요소 수가 255개 이상이면 배열의 반복 처리는 모든 가스를 소비해 실행을 종료합니다. 콜 스택도 호출 횟수도 1,024번으로 제한합니다. 따라서 콜 스택의 제한도 의식하며 개발해야 합니다.

애플리케이션 사용자는 개발자가 예상하지 못하는 작업을 할 수 있는 사람이라고 가정해야 합니다. 예상하지 못하는 값을 입력한다는 점을 고려해 데이터 타입을 명시적으로 지정하거나 에러가 발생했을 때의 처리 방법을 구현하는 것이 좋습니다.

| 테스트 작성과 실행 |

8장에서 트러플 프레임워크의 테스트 방법을 소개했습니다. 테스트는 가능하면 여러 번 하는 것이 바람직합니다. 테스트는 설계의 복잡도를 알려주며, 리팩토링이나 기능 추가에 도움을 줍니다. 꼭 테스트를 합시다.

| 버그 리포트와 긴급 정지 기능 구현 |

버그를 발견하는 것은 중요합니다. 그런데 버그를 파악하는 것은 어렵습니다. 이를 보완하는 방법 중 하나로 버그를 발견한 사용자에게 토큰을 보상하는 지급 구조를 준비하는 것이 좋습니다. 토큰 보상이 아닌 어떤 다른 이득을 주는 것도 괜찮습니다. 버그 발견율이 크게 오를 것입니다. 계약은 한 번 배포하면 실행 상태로 문제를 고치기 어렵습니다. 따라서 계약 전체에 문제를 일으킬 버그를 발견했을 때 일시적으로 유지 관리 모드로 전환하는 등의 긴급 정지 기능을 구현해두는 것이 좋습니다. 치명적인 버그 때문에 발생하는 큰 피해를 막을 수 있습니다.

| 자산 한도 제한 기능 구현 |

스마트 계약 공격자는 자신의 개발 실력을 과시하려는 사람보다 경제적인 이득을 얻으려는 사람이 많습니다. 즉, 많은 자산을 소유한 스마트 계약이 첫 번째 공격 대상이 될 확률이 높습니다. 공격 대상이 되지 않으려면 계약 하나에 소유하는 자산의 양을 제한하는 등의 기능을 구현하는 것이 좋습니다.

| 모듈 단위로 기능 구현 |

다른 프로그래밍 언어와 마찬가지로 스마트 계약을 개발할 때는 모듈 단위 구성을 권합니다. 간단한 기능을 여러 개 구현해 애플리케이션을 만드는 것은 개발 이해도를 높이는 데도 도움을 줍니다. 함수를 만들 때는 코드 사이의 종속성을 최소화하는 것이 중요합니다. 변수와 함수는 기능을 이해하기 좋은 이름으로 만든다는 것도 항상 생각하기 바랍니다.

오픈제플린은 지금까지 설명한 사항을 라이브러리로 만들어 제공합니다.

사실 밑바닥에서 모든 것을 하나씩 구현해 나가는 것은 개발자의 동기 부여와 실력 향상에 도움을 줍니다. 하지만 검증받은 라이브러리를 사용해 안전하고 빠른 기능을 구현하는 것도 개발자가 해야 할 일입니다. 또한 라이브러리를 사용하는 것은 같은 라이브러리를 사용하는 다른 개발자의 도움을 받을 수 있거나 도움을 준다는 점에서 개발 생태계를 건전하게 꾸려가는 데 기여할 수 있습니다. 단, 이러한 라이브러리를 사용했으니까 큰 문제가 없다고 안심해서는 안 됩니다. 언제나 문제가 발생할 수 있다는 경각심을 갖고 개발하기 바랍니다.

9.2.2 미스릴

미스릴Mythril은 솔리디티용 보안 분석 도구입니다. 파이썬 3 이상의 실행 환경을 구축해야 합니다. 설치 방법은 미스릴 깃허브[7]를 참고하기 바랍니다. 2018년 9월 기준 최신 버전은 0.18.7 입니다.

컴파일한 코드나 솔리디티 파일에서 주요 공격 기법으로 발생하는 취약점 등을 분석합니다. Geth로 배포한 계약 주소를 미스릴에 설정하면 배포한 계약도 분석과 진단을 할 수 있습니다. EVM의 연산 코드를 직접 확인하거나 처리 흐름을 그래프로 표시할 수도 있습니다.

스마트 계약 개발은 테스트까지 실행했더라도 공격 당할 수 있다고 생각하는 것이 좋습니다. 공격을 당하면 앞서 설명한 긴급 정지 기능 등을 실행한 후 미스릴을 이용해 보안 문제는 없는지 등을 파악하기 바랍니다.

9.3 데이터 저장공간 선택

블록체인 애플리케이션을 개발할 때는 애플리케이션이 사용하는 데이터를 어떻게 저장할지 신중히 검토해야 합니다. 이 절에서는 애플리케이션이 사용하는 데이터의 특성에 따른 데이터의 저장공간 선택 방법을 알아보겠습니다.

9.3.1 데이터를 저장할 때 주의할 점

블록에 저장한 정보는 모든 사람이 볼 수 있으며 블록체인을 형성하면 조작하기 어렵다는 특징이 있습니다. 이러한 부분은 장점이지만 단점일 때도 있습니다. 따라서 블록체인 애플리케이션을 만들 때는 어떠한 형태로 데이터를 저장할 것인지 생각해야 합니다.

고려해야 할 첫 번째 사항은 데이터 용량과 물리 자원입니다. 게이머가 소유, 교환, 업그레이드하는 카드 아이템을 블록에 저장하는 소셜 게임이 있다고 생각해봅시다. 블록 안 데이터는 전세계 모든 노드에 공유하므로 소량의 데이터라도 몇 번씩 복사합니다. 물리 자원을 많이 사용하는 것입니다. 이더리움 기반 블록체인이라면 블록에 데이터를 저장하는 데 가스라는 수수료

---

7 https://github.com/b-mueller/mythril/

를 지급해야 합니다. 방금 설명한 소셜 게임이라면 카드 이미지 파일 등의 대용량 데이터를 블록에 저장하므로 많은 수수료를 지급할 것입니다. 이러한 부분들은 문제가 될 수 있으므로 고려해야 합니다.

두 번째로는 데이터 공개 여부입니다. 소셜 게임의 사용자 채팅은 외부에 공개할 데이터가 아닙니다. 그런데 블록체인에 채팅 기록을 저장한다면 모든 사용자가 채팅 내용을 볼 수 있습니다. 혹은 블록체인 자체도 해당 암호 알고리즘을 해석하는 방법이 나와 안전하지 않을 수 있습니다. 블록체인에 저장한 데이터는 지울 수 없으므로 데이터 유출을 막을 수단이 없습니다. 이러한 점을 생각해 공개할 데이터와 숨길 데이터를 미리 고려해야 합니다.

세 번째는 데이터 변경 횟수입니다. 저장한 데이터를 변경할 수 없다는 블록체인의 특징은 자주 데이터가 변하는 소셜 게임의 아이템에는 적합하지 않을 수 있습니다. 물론 블록을 계속 늘리는 형태로 변경한 데이터를 저장해 데이터 조작을 막을 수 있다는 장점은 있지만 첫 번째 고려할 사항의 문제가 발생하는 것이죠.

이러한 세 가지 사항을 고려해 블록체인에 저장할 데이터를 선택해야 합니다. 지금까지 설명한 소셜 게임이라면 계정 정보나 카드 보유량 등이 될 것입니다. 다른 데이터라면 다음부터 설명할 방법을 이용해 효율적인 저장공간을 선택해서 활용하는 것이 좋습니다.

9.3.2 사용자의 로컬 저장공간

정보의 보안성은 판단 주체마다 기준이 다릅니다. 그러나 비공개 정보나 불특정 다수가 알 필요 없는 정보는 블록체인보다 사용자의 기기와 같은 비공개의 안전한 저장공간을 사용하는 것이 바람직합니다. 이러한 정보를 저장하지 않는 애플리케이션 설계를 고려할 필요도 있습니다.

9.3.3 서비스 제공자의 데이터베이스

서비스와 연동하는 정보는 데이터가 자주 변할 수 있습니다. 9.3.1에서 소개한 소셜 게임이라면 게임 밸런스를 유지하기 위해 카드 각각의 능력치나 상태를 바꿀 수 있습니다. 이벤트를 열어 평소보다 낮은 가격에 카드를 제공하거나 다른 아이템을 사용해 카드의 능력을 잠시 변경할 수도 있을 것입니다.

이러한 정보는 과거 어느 시점에 변경했는지 굳이 알 필요가 없습니다. 이럴 때는 웹 서비스나 RDBMS 등에 데이터를 저장하는 것이 좋습니다.

9.3.4 데이터를 분산해 저장

공개할 필요는 있지만 모든 노드에 데이터를 저장할 필요까지는 없다면 블록체인을 사용하지 않아도 됩니다. 이럴 때는 분산 파일 저장공간을 활용할 수 있습니다. 분산 파일 저장공간은 P2P 네트워크에서 여러 사람이 같은 데이터를 보관하는 것입니다. 하지만 블록체인과 달리 적절한 수의 노드만 데이터를 보관해도 됩니다. 블록체인보다 저렴하게 저장공간을 사용할 수 있습니다.

예를 들어, 소셜 게임에서 사용하는 카드의 도안 등과 같은 이미지 파일은 분산 파일 스토리지에 저장해 접근 부하를 분산시키면서 전 세계에 파일을 공유할 수 있습니다. 여기에서는 대표적인 분산 파일 스토리지로 스웜과 IPFS를 소개합니다.

스웜

이더리움 네트워크에서 운영하는 분산 파일 저장공간으로 스웜Swarm이 있습니다. 분산 저장공간 플랫폼 안에서 DDoS가 발생해도 무중단 서비스를 제공할 수 있다는 특징이 있습니다. 현재 개념 증명Proof of Concept[8] 0.2 단계입니다. 2018년 2분기에 안정적인 서비스를 제공할 예정입니다. 파일을 암호화할 수 없으므로 숨겨야 할 정보는 스웜에 공개하지 말아야 합니다.

데이터를 저장하면 해시값을 생성해 돌려줍니다. 해시값만 알면 언제든지 해당 데이터에 접근할 수 있습니다. 이더리움 네트워크 안이므로 호스트 하나에 문제가 발생하더라도 서비스나 작업을 중단하지 않습니다.

데이터에서 해시값을 생성하므로 같은 데이터라면 해시값도 같습니다. 해시값은 유일합니다. 데이터를 조금이라도 변경하면 다른 해시값을 생성합니다. 데이터는 삭제하지 않으며 과거 버전도 항상 유지하므로 과거 이력을 추적할 수 있습니다. 다음 소개할 IPFS도 비슷한 기능을 제공합니다.

---

8 옮긴이_ 신기술을 도입하기 전에 미리 사용하여 검증한다는 개념입니다. 사용 타당성이 있다는 것을 증명한다는 의미도 있습니다.

하지만 스웜은 이더리움 네임 서비스Ethereum Name Service, ENS[9]와의 연계를 고려해 이더리움에서 직접 개발하는 서비스라는 장점이 있습니다.

IPFS

IPFSInterPlanetary File System[10]는 P2P 방식의 분산 파일 저장공간입니다. 스웜처럼 한 번 저장하면 데이터를 조작할 수 없다는 특징이 있습니다. 데이터를 변경할 때마다 해시값이 변하는 것이 번거로워 파일 이름을 확인하는 IPNS라는 기능을 추가했습니다. P2P 네트워크의 노드에 데이터를 저장하며, 파일 자체는 암호화되었으므로 해시값을 모르면 데이터에 접근할 수 없습니다.

IPFS는 불변 웹The Permanent Web이라고도 합니다. 데이터 지속성과 데이터 분실 방지에 유용하기 때문입니다. 단점은 응답 속도를 보장하지 않으므로 'n초 안에 데이터를 반환'하는 등의 성능 조건을 요구할 수 없습니다. 장점은 이용하고 그렇지 않은 부분은 기존 또는 다른 기술의 활용 방법을 고려하기 바랍니다.

9.4 오라클

애플리케이션을 개발할 때는 다양한 API를 사용하고 싶은 상황이 생깁니다. 그러나 스마트 계약은 블록체인 외부 정보를 얻을 수 없습니다. 계약을 실행하는 EVM은 블록체인 외부와 차단된 상태이기 때문입니다. 외부 정보를 얻는다는 건 그에 따른 안전과 신뢰성을 보장한다는 것과 같은 뜻입니다.

이더리움은 작업 증명 분산 합의 알고리즘을 사용해 블록에 저장한 정보의 사실 관계를 보장합니다. 무언가에 의존하는 구조는 어렵게 구축한 신뢰성에 문제를 일으킬 수 있으므로 블록체인의 개발 이념과 맞지 않습니다. 따라서 신뢰도와 무관한 외부 정보를 얻는 방법을 생각해야 합니다. 이러한 요구로 등장한 것이 오라클(데이터베이스를 말하는 것이 아닙니다)입니다.

---

9 https://ens.domains/

10 https://ipfs.io/

오라클은 블록체인 외부의 정보를 계약에 가져오는 개념을 뜻하기도 합니다. 2017년 11월, 이더리움 개발자 컨퍼런스인 데브콘 3[Devcon3][11]에서 오라클 관련 프로젝트 3개가 발표되었습니다. 이 절에서는 각 프로젝트의 특징을 소개합니다.

그림 9-4 오라클

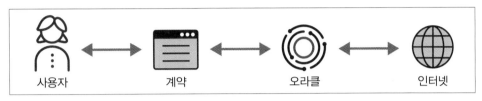

9.4.1 블록원 IQ

블록원 IQ[BlockONE IQ][12]는 톰슨 로이터[13]에서 제공하는 서비스입니다. 금융, 리스크 관리, 세무, 회계, 법률 등의 분야에 관한 신뢰도 높은 정보를 제공합니다. 현재 R3 재단에서 개발한 '코다[Corda]' 프로젝트에 오라클 서비스를 제공하고 있습니다.

환율 정보 얻기, 서비스에서 사용자 위험 최소화하기, 기업의 동향 정보에서 주목할 기업을 선출하고 지켜보기 등의 데이터를 블록체인에 제공합니다. 톰슨 로이터가 정보를 제공한다는 점에서 정보의 사실 관계를 보장합니다.

9.4.2 체인 링크

체인 링크[Chain Link]는 스마트컨트랙트[SmartContract]라는 회사가 블록체인 전문 연구 기관인 IC3[14]와 협력해 개발한 블록체인과 외부를 중개하는 미들웨어입니다. LINK라는 토큰도 있습니다.

---

11 https://etheuemfoundation.org/devcon3/
12 https://blockoneiq.thomsonreuters.com/
13 https://www.thomsonreuters.com/
14 http://www.initc3.org

IC3 주도로 개발한 타운 크라이어^{Town Crier}[15]의 정보를 블록체인에서 이용할 수 있습니다. 또한 체인 링크 네트워크를 이용해 법정 통화 결제나 VISA 같은 신용카드 결제를 LINK 토큰으로 대체하겠다는 목표가 있습니다. PayPal 등의 온라인 지급 결제 서비스 API와 연결하려는 시도도 진행 중입니다.

타운 크라이어는 인텔 프로세서의 보호 영역인 SGX를 활용해 EVM 처리 내용의 조작을 막습니다. 이를 기반으로 정보의 사실 관계를 보장합니다. 또한 SGX에 계약 처리를 맡김에 따라 처리 성능도 향상시키는 중입니다.

9.4.3 오라클라이즈

오라클라이즈^{Oraclize}는 블록체인과 외부 API를 연결하는 데이터 전송 수단입니다. 이더리움뿐만 아니라 비트코인, 루트스톡, 코다에서도 사용할 수 있습니다. 특정 시점에 특정 서버가 제공한 데이터라는 사실을 보장하는 TLSNotary 암호화 인증서를 사용합니다.

에스토니아 정부의 eID 스마트 카드 프로젝트에 이더리움 주소를 연결한 사례가 있습니다. 안드로이드 기기가 최신 버전의 운영체제를 사용하는지 증명하거나, 오라클라이즈가 개발한 애플리케이션이 하드웨어 지갑 레저^{Ledger}에서 제대로 동작하는지 제3자에게 증명하는 서비스도 제공합니다.

---

[15] http://www.town-crier.org

블록체인의 기술적 과제와 해결 방법

블록체인은 아직 발전하는 기술이므로 실제 운영할 때 해결해야 할 문제가 많습니다. 이 장에서는 블록체인의 주요 기술적인 문제를 설명하고 현재 제안된 해결 방법과 사례를 소개합니다.

10.1 블록체인의 결제 완결성

블록체인을 다양한 분야에서 활용할 때는 종종 '결제 완결성Settlement Finality'이라는 문제와 마주칩니다. 이는 결제를 최종 완료했다면 취소할 수 없다는 것을 뜻합니다. 이 절에서는 블록체인의 결제 완결성 개념과 그에 따르는 문제를 설명합니다.

10.1.1 암호화폐 결제의 완결성 문제

9장에서 설명한 각종 공격이 아니더라도 네트워크 지연이나 프로그램 에러 등으로 데이터가 달라질 수 있습니다. 비트코인의 블록체인에서는 채굴한 블록을 사용하지 않는 '고아 블록Orphaned Block'을 연간 50~60개 정도 생성[1]한다고 합니다. 고아 블록에 저장한 거래도 언젠가 새 블록에 통합할 가능성이 큽니다. 하지만 블록에 저장한 거래가 무효로 될 수도 있습니다.

이러한 점 때문에 블록체인을 이용한 시스템은 "결제 완결성을 보장할 수 없다"라는 의견이 많습니다. 금융 시스템을 구축하는 데 큰 문제입니다.

---

1 https://blockchain.info/ja/charts/n-orphaned-blocks

10.1.2 분산 시스템의 합의 형성

결제 완결성 문제를 분산 시스템의 관점에서 설명하면 "블록체인으로 합의를 이끌어낼 수 있나요?"라고 물을 수 있습니다.

합의 형성은 여러 노드로 구성한 분산 시스템 전체에서 유일한 상태를 선택할 수 있다는 걸 뜻합니다.[2] [그림 10-1]에서 x = a의 상태와 x = b의 상태가 다르면 합의를 이끌어냈다고 말할수 없습니다. 어떤 방법으로 x 값을 전부 같게 만들어야 합의를 이끌어냈다고 할 수 있습니다.

그림 10-1 분산 시스템의 합의 형성

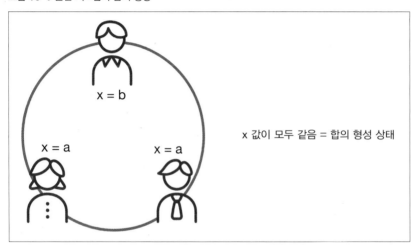

분산 시스템의 '엄격한 합의'를 따른다면 결정한 값을 나중에 바꿔서는 안 됩니다. 현재 분산 시스템을 구성하는 모든 노드가 유일한 상태라면 합의했다고 생각하기 쉽습니다. 하지만 합의는 미래에도 상태가 변경되지 않는다는 것을 보장해야 합니다. 일반적인 합의 개념과 분산 시스템의 합의 개념이 다른 것도 문제가 발생하는 원인 중 하나입니다.

---

2 Marshall Pease, Robert Shostak, Leslie Lamport. Reaching Agreement in the Presence of Faults. Journal of the ACM 27 (2): 228 – 234. April 1980. http://research.microsoft.com/en-us/um/people/lamport/pubs/reaching.pdf

10.1.3 블록체인의 합의 개념

블록체인을 이용하는 분산 시스템의 합의 개념은 무엇인지 생각해봅시다. 먼저 블록체인과 채굴의 개념을 다시 짚어봅시다. 블록체인은 이미 존재하는 블록부터 블록 번호를 할당하는 것이고 채굴은 최신 블록 번호 다음에 이어지는 블록을 생성하는 작업입니다. 이는 블록체인 네트워크 안에서는 채굴 과정에서 같은 블록 번호를 갖는 블록 여러 개를 동시에 생성할 수도 있다는 뜻입니다.

그런데 블록에 저장한 해시 ID는 거래에서 계산해 생성한 것이므로 채굴한 사람이 다르면 블록의 해시 ID는 반드시 다른 값입니다. 즉, 같은 블록 번호에 만들어진 여러 블록의 해시 ID 중 보상에 따라 어떤 하나를 선택하는 프로세스가 블록체인의 '합의'입니다.

그림 10-2 블록체인 시스템의 합의 개념

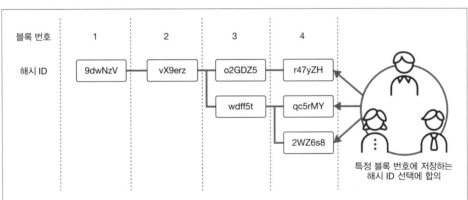

10.1.4 비잔티움 장애 허용

분산 시스템에서 합의을 이끌어내는 유명한 문제로 '비잔티움 장애 허용'이 있습니다. 비잔티움 장애 허용의 기반이 되는 것은 비잔티움 장군 문제입니다.

그림 10-3 비잔티움 장군 문제

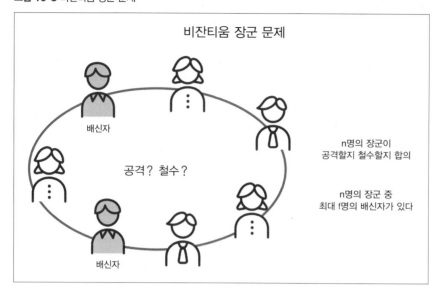

n명의 장군이 서로 메시지를 보내 '공격'이나 '철수' 작전에 합의하는 문제를 P2P 네트워크의 합의 형성으로 모델링한 것입니다.[3] n명의 장군 중 최대 f명의 배신자가 있으면 배신자들은 장군들의 합의를 방해하려고 움직입니다. 이러한 조건에서도 제대로 합의할 수 있는지를 묻는 것이 비잔티움 장애 허용입니다.

비잔티움 장군 문제의 배신자는 분산 시스템에서 '고장 난' 노드입니다. 실제 분산 시스템을 구성하는 노드 수가 많으므로 중앙 집중형 시스템보다 고장 날 확률이 높습니다. 따라서 어떤 노드가 고장 났을 때 고려하는 시스템 설계가 필요합니다.

보통 노드가 고장 났다고 하면 노드가 일시적으로 혹은 계속해서 응답하지 않는 등의 상황을 생각합니다. 그런데 비잔티움 장군 문제를 적용하면 고장 난 노드가 엉뚱한 응답을 한다거나, 전체 시스템을 정지시키는 응답을 하는 것, 고장 난 노드 여러 개가 연결되어 시스템을 정지시키는 동작을 할 가능성까지 고려해야 합니다. 이를 '비잔티움 장애 모델'이라고도 합니다.

---

3 Leslie Lamport, Robert Shostak, Marshall Pease. The Byzantine Generals Problem. ACM Transactions on Programming Languages and Systems 4 (3): 382–401. July 1982. http://research.microsoft.com/en-us/um/people/lamport/pubs/byz.pdf

10.1.5 비잔티움 장군 문제 해결

비잔티움 장군 문제는 배신자 수 f가 전체의 1/3 미만(n > 3f)이면 해결할 수 있습니다.

[그림 10-4]는 n = 3, f = 1일 때의 메시지 전달 과정을 나타냅니다. 여기에서는 모든 장군이 동격이라고 생각하지 않습니다. 어떤 장군이 작전을 구상하고 다른 장군이 작전을 실행하는 사령관과 부관 관계로 생각합니다.

그림 10-4 장군 3명, 배신자 1명일 때의 비잔티움 장군 문제

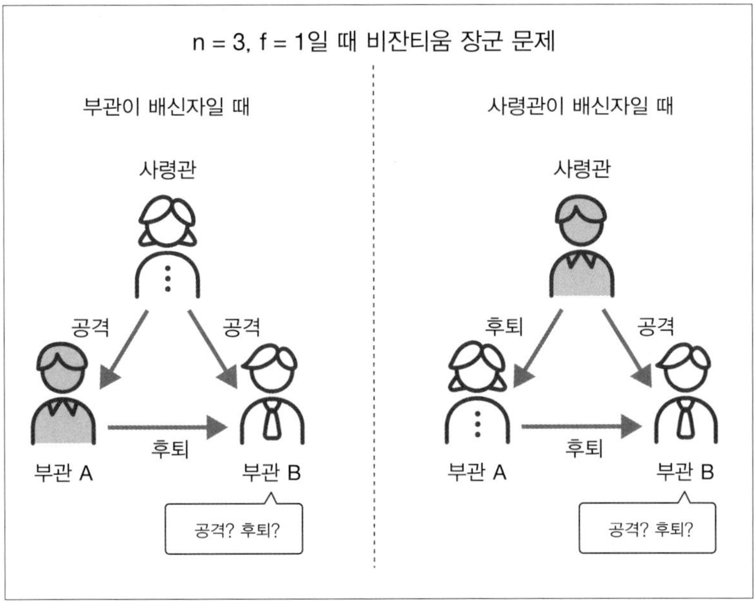

사령관, 부관 A, 부관 B 중 1명이 배신자임을 안다는 조건으로 부관 A가 배신자일 때를 생각해보겠습니다.

1 사령관이 작전을 구상해 부관 A와 부관 B에게 공격 명령을 전달합니다.

2 부관 B는 3명 중 1명이 배신자임을 압니다. 따라서 지휘관이 거짓 명령을 내렸을 가능성을 생각해 부관 A에게 명령을 확인합니다.

3 부관 A는 합의 형성을 방해하므로 부관 B에게 후퇴 명령을 받았다고 전달합니다.

다음으로 사령관이 배신자일 때를 생각해봅시다.

   1 사령관은 합의 형성을 방해하므로 부관 A에게는 후퇴 명령을, 부관 B에게는 공격 명령을 전달합니다.
   2 부관 B는 부관 A에게 사령관에게 받은 명령을 확인합니다.
   3 부관 A는 부관 B에게 후퇴 명령을 받았다고 전달합니다.

두 가지 모두 부관 B는 사령관과 부관 A에서 다른 명령을 받았으므로 어떤 명령을 실행해야 할지 알 수 없습니다. 부관 B는 사령관이나 부관 A 중 누가 배신자인지와 상관없이 받는 명령이 같습니다. 배신자를 구별할 수 없는 것입니다.

이러한 상황은 배신자가 아닌 부관이 1명 더 있으면 해결할 수 있습니다. [그림 10-5]는 f = 1이고 n = 4일 때의 메시지 전달 과정입니다.

그림 10-5 장군 4명, 배신자 1명일 때의 비잔티움 장군 문제

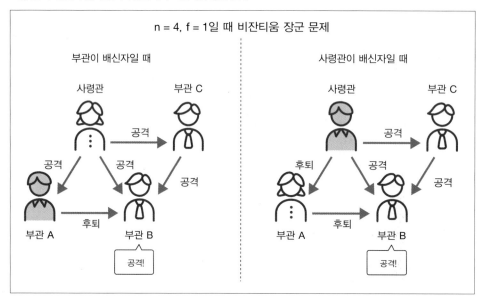

먼저 부관 A가 배신자일 때를 생각해봅시다.

   1 사령관은 부관 A, 부관 B, 부관 C에게 공격 명령을 전달합니다.
   2 부관 B는 사령관이 배신자일 때를 대비해 부관 A와 부관 C에게 명령을 확인합니다.
   3 부관 A는 합의 형성을 방해하려고 사령관에게 받은 명령과 다른 후퇴 명령을 전달합니다.
   4 부관 C는 배신자가 아니므로 사령관에게 받은 공격 명령 그대로를 전달합니다.

부관 B는 공격 명령을 2명에게 받고 후퇴 명령을 1명에게 받았으므로 다수결 원칙에 의거해 공격 명령을 실행(합의)합니다.

다음으로 사령관이 배신자일 때를 생각해봅시다.

1 사령관은 합의 형성을 방해하므로 각 부관에게 다른 명령을 전달합니다. 부관 A에게는 후퇴 명령, 부관 B와 부관 C에게는 공격 명령을 전달합니다.
2 부관 B는 부관 A와 부관 C에게 명령을 확인합니다.
3 2명에게 공격 명령을 확인하고, 1명에게 후퇴 명령을 확인하므로 다수결 원칙에 의거해 공격 명령을 실행(합의)합니다.

물론 배신자 사령관이 부관에게 명령을 전달하지 않거나 공격과 후퇴 이외의 명령을 보내 혼란을 일으키는 상황도 있을 것입니다. 하지만 부관에게 적용하는 다수결 알고리즘에 기본 명령을 미리 설정해두면 합의를 이끌어낼 수 있습니다. "부관의 명령 내용이 모두 다르면 공격 명령이다" 등을 설정하는 것입니다.

배신자가 2명 이상일 때도 명령 확인 단계를 반복해서 실행하면 전체 합의를 이끌어 낼 수 있습니다.

10.1.6 퍼블릭 블록체인의 제약 조건

비잔티움 장군 문제는 시스템 전체 노드 수 n에 비잔티움 에러가 발생하는 노드 수 f가 1/3 미만($n > 3f$)이면 시스템 전체 합의를 이끌어낼 수 있습니다. 하지만 비트코인과 이더리움 등의 블록체인이나 퍼블릭 P2P 네트워크는 비잔티움 장군 문제의 조건을 둘 수 없습니다. 다음과 같은 상황이기 때문입니다.

- 관리자가 없고, 임의 노드가 자유롭게 참여할 수 있으므로 전체 노드 수 n을 미리 파악할 수 없습니다.
- 나쁜 의도가 있는 참여자 1명이 대량의 에러 발생 노드를 생성[4]해 참여시킬 수 있으므로 에러 발생 노드의 최대 수 f에 조건을 둘 수 없습니다.

이는 P2P 서비스가 활성화되지 않은 이유의 하나이기도 합니다.

---

[4] 시빌 공격(Sybil Attack)이라고 합니다.

그림 10-6 퍼블릭 블록체인의 제약 조건

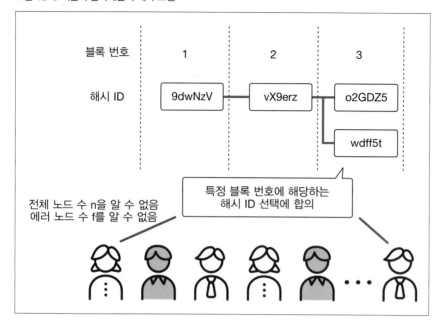

그림 10-7 블록체인에 포함할 블록 선택과 제안

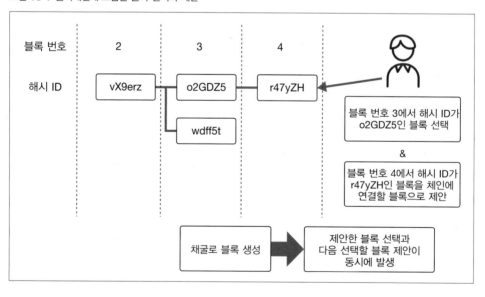

10.1.7 작업 증명과 나카모토 합의를 이용한 해결 방법

10.1.3에서 블록체인 합의 개념은 특정 블록 번호에 해당하는 해시 ID를 선택하는 것이라고 설명했습니다. 이를 더 자세히 살펴보겠습니다.

왼쪽 [그림 10-7]처럼 해시 ID가 o2GDZ5인 블록과 wdff5t인 블록이 있는 블록 번호 3에서 체인에 포함(합의)할 블록을 제안하는 상황을 생각해보겠습니다.

어떤 블록을 선택했는지는 블록 번호 4의 새 블록을 체인에 연결해보면 알 수 있습니다. 블록 체인의 블록 선택은 다음 블록 번호의 블록 선택을 제안하는 것과 동시에 발생합니다.

나카모토 합의는 같은 블록 높이를 갖는 블록이 여러 개 있으면 더 많은 블록과 연결된 것을 선택하는 규칙입니다. [그림 10-7]에서는 블록 번호 3의 o2GDZ5가 r47yZH 블록과 연결되었으므로 올바른 블록을 선택한 것입니다.

그러나 [그림 10-8]처럼 블록 번호 3의 wdff5t 다음으로 블록 번호 4와 블록 번호 5에 생성한 새 블록이 연결되면 블록 높이가 더 크다는 기준이 달라져 wdff5t 블록을 체인에 연결합니다. 블록 번호 3의 o2GDZ5 블록은 한 번 선택되었음에도 고아 블록이 되는 것입니다.

따라서 블록체인은 엄격한 분산 시스템의 개념으로 합의 형성할 수 없습니다.

그림 10-8 새 체인 연결 때문에 과거 블록이 고아 블록으로 되는 상황

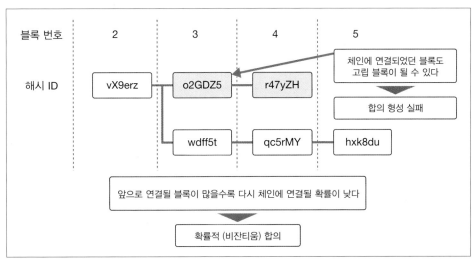

그러나 블록 생성에 작업 증명 프로토콜을 사용하면 블록을 생성하는 데 대량의 컴퓨팅 자원이 사용됩니다. 블록체인이 길수록 과거 블록 선택을 바꾸기 어려워 새 체인이 만들어질 가능성은 낮습니다. 따라서 블록 높이를 '확정 번호'라고도 합니다. 고아 블록이 될 확률은 블록 높이가 클수록 낮아집니다.

이더리움을 제안한 비탈릭 부테린은 모든 연산 자원의 25%가 나쁜 의도를 품었을 때 나머지 75%가 생성한 체인을 따라 잡을 확률을 계산해 공개했습니다. 체인의 블록이 6개일 때는 $(0.25 / 0.75)^6 \cong 0.00137\,(0.137\%)$, 블록이 13개일 때는 약 $1/10^6$, 162개일 때는 $1/2^{256}$ 확률이라고 합니다.[5]

이처럼 완벽하게 100%는 아니더라도 과거의 선택을 바꿀 확률이 0에 수렴하는 합의 형성을 '확률적 합의' 또는 '확률적 비잔티움 합의'라고도 합니다. 단, 여기서 말하는 '확률'은 공격 난이도가 높다는 뜻입니다. 나쁜 의도를 품은 참여자가 대량의 컴퓨팅 자원을 투입하면 과거의 블록을 다시 새 체인으로 만들 수도 있습니다.

10.1.8 기타 결제 완결성 문제와 해결 방법

비트코인의 블록체인은 평균 블록 생성 시간이 10분입니다. 어떤 거래로 송금한 암호화폐를 다른 거래에 사용하려면 최소 6개의 블록을 생성해 확정할 때까지 기다려야 합니다. 새 블록을 생성한 보상을 받으려면 100개의 블록을 생성해 확정할 때까지 기다려야 합니다. 이러한 규칙으로 확률적 비잔티움 합의를 적용한 시스템을 운영 중입니다.

한편 결제 완결성이 0에 수렴할뿐이므로 결제 수단으로 사용할 수 없다는 의견을 주장하는 사람이 여전히 있습니다. 블록이 확정할 때까지 암호화폐를 다음 거래에 사용할 수 없다는 단점을 문제로 제기하는 사람도 있습니다. 이를 보완하는 방법으로 결제 완결성을 보장하는 프라이빗 블록체인 개발이 활발합니다. 4.3에서 자세히 설명했습니다.

그러나 결제 완결성을 보장하는 시스템 구축은 시스템을 구성하는 노드 수에 제한을 두고 있습니다. 신뢰를 보장하려고 여러 가지 제한을 추가하기도 합니다. 이는 관리 비용이 늘거나 중앙집중형 시스템을 운영하는 것과 큰 차이가 없습니다. 따라서 프라이빗 블록체인을 개발할 때는 블록체인의 기본 이념과 멀어지지 않는지 항상 주의해야 합니다.

....

5 https://blog.ethereum.org/2016/05/09/on-settlement-finality/

10.2 작업 증명 알고리즘의 문제와 해결 방법

작업 증명 알고리즘을 이용한 송금 시스템은 비트코인의 사례로 유용성을 증명했습니다. 그러나 실제 서비스에 작업 증명 알고리즘을 적용하면 아직 다양한 문제가 발생하곤 합니다. 이 절에서는 작업 증명 알고리즘의 문제와 해결 방법을 소개합니다.

10.2.1 작업 증명 알고리즘의 문제

작업 증명 알고리즘이 갖는 문제의 핵심은 채굴 난이도입니다. 사실 채굴은 컴퓨팅 자원과 전기 요금 이외의 다른 자원을 사용하지 않고 암호화폐를 얻는 가장 단순한 방법입니다. 물론 현재 주요 암호화폐는 채굴을 통해서 얻는 효율이 높다고 할 수 없습니다. 하지만 채굴 기술은 계속 발전하는 중이고, 새 암호화폐가 등장했을 때 채굴은 여전히 유효한 방법입니다. 여기에서는 채굴이 왜 작업 증명 알고리즘에 문제를 일으켰는지 알아봅니다.

채굴 전용 하드웨어 등장

비트코인의 작업 증명 알고리즘은 SHA-256$^{\text{Secure Hash Algorithm 256}}$이라는 암호화 해시 함수를 이용합니다. SHA-256은 이론적으로 2^{256}이라는 수를 계산해야 해독할 수 있으므로 많은 연산 자원을 이용해도 쉽게 해독하기 어렵습니다. 하지만 복잡한 조건 분기 없이 시프트 연산을 반복 실행하므로 해시값을 계산하는 비용은 적은 구조입니다. 따라서 안전한 인터넷 통신이나 디지털 서명 등에 사용합니다.

작업 증명 알고리즘은 특정 블록의 해시값보다 작은 논스 찾기입니다. 따라서 해시값을 계산하는 과정이 중심입니다. 이럴 때는 CPU보다 GPU를 이용하는 것이 유리합니다. GPU는 이미지와 동영상 등의 벡터 데이터를 병렬 처리하는 그래픽 처리 전용 하드웨어입니다. 하나의 GPU에는 CPU와 비교할 수 없을 정도로 많은 수백 개의 코어가 탑재되어 있습니다. 그런데 코어 하나에서 효율적으로 처리할 수 있는 데이터는 복잡한 행렬처럼 그 양이 많지만 계산은 단순한 것입니다. 이러한 특징은 시프트 연산을 반복 실행하는 SHA-256의 해시값 계산에 적합합니다.

사실 GPU를 사용해 비트코인 채굴을 빠르게 할 수 있다는 점은 비트코인 등장 초기부터 나왔던 의견입니다. 단, 그 당시에는 비트코인에 가치를 부여하기 어려웠으므로 GPU까지 이용해 채굴할만한 이유가 없었습니다. 하지만 비트코인의 가치가 커지고 거래 가격이 비싸지면서 비트코인 채굴로 이익을 얻으려는 GPU 채굴을 시작한 것입니다.

2013년 초에는 비트코인 채굴 전용 하드웨어를 개발해 판매하는 업체가 등장했습니다. 1장과 3장 등에서 설명한 ASIC입니다. 비트코인 채굴에 필요한 SHA-256의 해시값 계산을 빠르게 할 수 있어 순식간에 인기를 얻었습니다. 비트코인의 블록 데이터 구조에 최적화해 SHA-256 해시값 계산을 실행하는 ASIC BOOST라는 기술이 등장해 채굴을 고속화시키기도 했습니다.[6]

채굴 경쟁의 문제점

작업 증명 알고리즘의 본질적인 문제는 채굴 전용 하드웨어 같은 연산 자원을 무제한으로 사용해도 상관없다는 점입니다. 따라서 연산 자원의 성능을 겨루는 채굴 경쟁이 일어났습니다.

먼저 [그림 10-9]로 작업 증명 알고리즘의 채굴 경쟁을 살펴보겠습니다.

그림 10-9 작업 증명 알고리즘의 채굴 경쟁

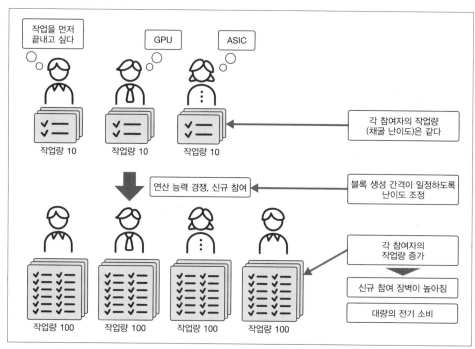

---

6 https://arxiv.org/ftp/arxiv/papers/1604/1604.00575.pdf

채굴자의 블록 생성 확률은 같습니다. 따라서 모든 참여자는 같은 난이도의 채굴을 실행하면서 누가 먼저 새 블록을 생성해 확정하는지 경쟁합니다. 즉, 블록을 생성하는 평균 작업량을 10으로 가정하면 누가 먼저 10이라는 작업을 빨리 끝내는지 경쟁하는 것이죠. 그런데 연산 자원 투입에는 제한이 없습니다. 사용자가 설정하기 나름이므로 GPU나 ASIC 같은 채굴 전용 하드웨어 등으로 빠르게 작업하는 것이 유리합니다.

이러한 채굴 경쟁 때문에 발생한 문제는 크게 두 가지가 있습니다. 첫 번째는 채굴 독점입니다. 작업 증명 알고리즘은 블록 생성 간격을 일정하게 유지한다는 규칙이 있습니다. 연산 자원의 성능이 높아져 채굴 속도가 빨라지면 채굴 난이도를 자동으로 조정해 블록 생성 확률을 높입니다. 이는 모든 참여자에게 적용하므로 연산 성능이 낮은 채굴자는 블록 생성 확률이 낮아집니다. 그 결과 새 채굴자의 진입 장벽이 높아집니다.

채굴 전용 하드웨어는 일반 사용자가 채굴에 참여하기 어렵게 만듭니다. 또한 비트코인 등장 초기와 달리 컴퓨팅 자원 구축과 전기 요금에 들어가는 비용도 만만치 않습니다. 그래서 전기 요금이 저렴하고 많은 자본이 있는 중국에서 채굴 보상을 독점하는 상황이 벌어졌습니다.[7] 채굴 독점 현상은 암호화폐의 이념과 맞지 않습니다. 따라서 암호화폐와 관련한 많은 커뮤니티에서 이 현상을 문제로 삼습니다.

두 번째는 블록체인 시스템 업데이트에 반대하는 그룹이 생기는 문제입니다. 블록체인 시스템 업데이트는 사용자의 합의가 필요합니다. 그런데 채굴 전용 하드웨어 등으로 기득권을 쥔 채굴자는 블록체인 시스템을 업데이트하면 다시 채굴과 관련된 모든 환경을 재설정해야 합니다. 이는 시간과 비용 면에서 손해이기 때문에 업데이트를 반대하는 것입니다.

2017년 8월 비트코인은 기존의 약점을 보완하는 세그윗Segregated Witness, SegWit 업데이트를 실행했습니다(10.3.2 참고). 업데이트하기 전 2년이라는 시간 동안 과반수의 찬성을 얻어 실행했지만 반대 의견도 많았습니다. 반대하는 그룹 중 ASIC BOOST를 이용한 채굴자들이 있었습니다. 세그윗 업데이트로 블록 스펙이 변경되면 이전 블록의 스펙에 최적화된 ASIC BOOST를 이용해 채굴할 수 없다는 이유였습니다.[8] 이 논쟁은 결국 비트코인과 비트코인 캐시가 나뉘는 원인이 되었습니다.

----

7 단, 2018년 1월, 중국 정부에서 비트코인 채굴을 금지시키는 등 규제가 강화된 상태입니다.

8 https://medium.com/@jimmysong/884f11652b89

10.2.2 작업 증명 알고리즘의 발전

비트코인 채굴 문제 대부분은 작업 증명 알고리즘의 암호화 해시 함수로 SHA-256을 사용하기 때문에 발생합니다. 따라서 SHA-256 이외의 암호화 해시 함수를 사용하는 작업 증명 알고리즘이 제안되었습니다.

[표 10-1]은 대표적인 작업 증명 기반 알고리즘과 이를 적용한 알트코인을 소개한 것입니다.

표 10-1 작업 증명 알고리즘의 암호화 해시 함수와 알트코인

작업 증명 알고리즘	특징	대표적인 알트코인
SHA-256	알고리즘이 단순하므로 전용 하드웨어로 빠르게 채굴할 수 있습니다.	비트코인
스크립트(Scrypt)	많은 메모리를 이용하게 만들어 전용 하드웨어 사용을 막습니다. 하지만 전용 하드웨어가 등장했습니다.	라이트코인
이더해시(Ethash)	DAG라는 그래프 형식의 데이터를 메모리에 배포해서 전용 하드웨어 사용을 막습니다. 주로 GPU로 채굴합니다.	이더리움
X11	11가지 종류의 해시 함수를 사용해 보안을 강화했습니다.	대시
Lyra2REv2	여러 개의 해시 함수를 조합해서 사용합니다. 스크립트처럼 많은 메모리를 이용해서 전용 하드웨어 사용을 막습니다. 주로 GPU로 채굴합니다.	모나코인(Monacoin)
크립토나이트 (CryptoNight)	대량의 메모리에 접근하는 방식으로 전용 하드웨어 사용을 막습니다. CPU와 GPU의 채굴 효율이 비슷합니다.	모네로

SHA-256 이외의 작업 증명 알고리즘은 전용 하드웨어 사용을 막는 방향을 고민하고 있습니다. 예를 들어 라이트코인의 스크립트와 이더리움의 이더캐시 등은 해시 계산에 많은 메모리를 이용해 전용 하드웨어 사용을 막습니다. 전용 하드웨어의 계산 속도로 처리할 수 없는 대량의 메모리를 이용하게 만드는 것이죠. 즉, 기존의 채굴 전용 하드웨어를 자연스레 사용하지 못하게 합니다.

이더해시와 Lyra2REv2는 GPU로 채굴하기 좋은 알고리즘이고, 스크립트는 아쉽게도 비교적 저렴한 전용 하드웨어가 등장해 목적을 달성하지 못했습니다. 따라서 모나코인은 스크립트에서 Lyra2REv2로 기반 알고리즘을 변경했습니다.

모네로에서 사용하는 크립토나이트는 CPU와 GPU의 채굴 효율이 거의 같다고 알려져 있는데 비교적 CPU로 채굴하기 좋은 알고리즘입니다. CPU는 GPU처럼 확장하기 어려우므로 지금까지 나타난 채굴 문제를 해결할 것으로 기대하는 사람이 많습니다. 하지만 특정 웹 사이트 방문자에게 채굴 봇을 심어 컴퓨터 자원을 마음대로 악용하는 단점도 있으므로 주의해야 합니다.

물론 브라우저에서 실행하는 프로그램으로 채굴하는 코인하이브^{CoinHive}[9]는 웹 사이트 광고 수익의 대안으로 기대되기도 합니다. 그러나 나쁜 의도의 사용자를 어떻게 막느냐는 문제를 아직 해결하지 못했습니다.

한편 현재는 안전하다고 생각하는 해시 함수라도 언제든 취약점이 발견되어 보안 위험이 발생할 수 있습니다. 구글이 클라우드 컴퓨팅으로 취약점을 찾은 SHA-1 알고리즘이 대표적인 예입니다. 대시에서 사용하는 X11은 11가지 해시 함수를 조합해 보안성을 높이려고 제안한 알고리즘입니다. 해시 함수 알고리즘 하나에 취약점이 발견되어 문제가 생기더라도 다른 해시 함수를 사용해 보안성을 보장합니다.

10.2.3 지분 증명 알고리즘

작업 증명 알고리즘의 채굴 경쟁 문제를 해결하고자 다른 합의 알고리즘을 제안하는 움직임도 있습니다. 여기에서 소개하는 지분 증명 알고리즘은 제안 중 가장 활발히 도입되고 있습니다.

지분 증명 알고리즘은 10.2.1에서 설명한 작업 증명 알고리즘의 채굴 경쟁 문제를 막으려고 작업[10] 난이도를 조정해 작업량을 최소화합니다. 그 결과 과도한 컴퓨팅 자원을 사용하는 경쟁을 막습니다. [그림 10-10]은 지분 증명 알고리즘의 동적인 난이도 조정의 예입니다.

---

9 https://coinhive.com/
10 지분 증명 알고리즘을 사용하는 블록체인에서 새 블록을 생성하는 것을 주조(Minting)라고도 합니다.

그림 10-10 지분 증명 알고리즘의 동적 난이도 조정

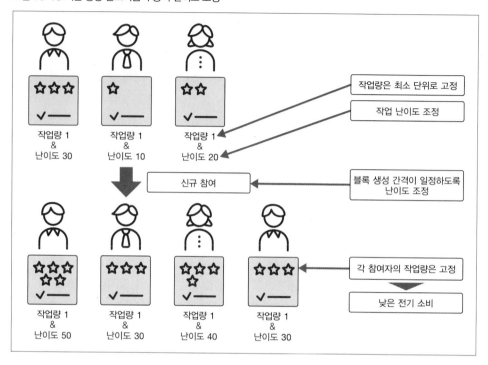

모든 참여자의 작업량은 최소 단위인 1로 고정합니다. 그리고 참여자마다 동적으로 작업 난이도를 설정합니다. 새 참여자가 생겨도 작업량의 최소 단위인 1로 시작하므로 채굴 작업량이 폭발적으로 늘지 않습니다. 이를 이용해 전체 시스템의 에너지 소비를 줄이기도 합니다.

참여자별 난이도는 조정해도 문제가 발생하지 않도록 조작할 수 없는 값으로 설정해야 합니다. 간단한 지분 증명 알고리즘은 참여자가 현재 소유한 암호화폐와 소유한 기간을 곱해 난이도를 계산하는 코인 에이지Coin Age 방식을 사용합니다. 난이도가 높게 설정된 참여자가 새 블록을 생성하기 쉽습니다. 단, 코인 에이지 방식으로 채굴 난이도를 조정하는 건 실제 운영할 때 몇 가지 문제가 발생합니다. 따라서 현재 지분 증명 알고리즘에서는 독자적인 난이도 조정 방법을 사용하는 편입니다.

10.2.4 지분 증명 알고리즘의 암호화폐 유동성 문제

지분 증명 알고리즘의 과제 중 하나는 암호화폐의 유동성 문제입니다. 많은 양의 암호화폐를 오래 유지할수록 수수료 및 채굴 보상을 얻을 가능성이 커집니다. 이는 많은 참여자가 암호화폐를 유통하지 않는 결과를 낳습니다. 결제 수단으로 삼는다고 생각하면 큰 문제입니다.

이 문제를 해결하는 방법으로 두 가지 개선안이 제안되었습니다. 첫 번째는 보유 기간이 오래 된 암호화폐의 가치를 낮추는 '지분 증명 속도Proof of Stake Velocity' 알고리즘입니다. 두 번째는 계정 이 소비한 암호화폐량이 많을수록 가치를 높이는 중요도 증명Proof of Importance 알고리즘입니다. [그림 10-11]은 작업 증명과 지분 증명 알고리즘의 채굴 난이도 계산 방법을 나눈 것입니다.

그림 **10-11** 작업 증명과 비교한 지분 증명 알고리즘의 채굴 난이도 분류

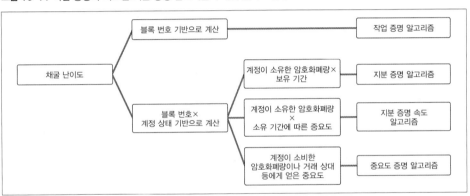

10.2.5 잃을 게 없음 문제

작업 증명 알고리즘은 이론상으로 채굴할 때 연산 자원을 무제한 사용할 수 있습니다. 하지만 비용이나 소비 전력 등의 문제로 사용할 수 있는 연산 자원은 제한적입니다. 따라서 체인의 블록이 여러 개로 나뉘면 블록 하나를 선택해 채굴해야 합니다. 또한 채굴한 블록이 고아 블록 (엉클 블록)으로 되면 즉시 새 블록을 찾는 방향으로 채굴해야 합니다.

지분 증명 알고리즘은 새 블록 생성에 연산 자원을 소비하지 않습니다. 따라서 체인의 블록이 여러 개로 나뉘어도 각 블록마다 계속 채굴을 이어가는 데 무리가 없습니다. 잘못하면 체인에 연결된 블록 이외의 다른 블록이 보상 없이 무한으로 나뉠 수 있습니다. 이 문제를 '잃을 게 없음Nothing at Stake' 문제라고 합니다.

이 문제를 해결하려고 지분 증명 알고리즘 합의 과정에 참여하는 노드들에게 일종의 예치금deposit을 걸고 합의를 했을 때는 보상을 받고, 선택하지 않은 블록을 채굴하면 패널티(예치금의 일부를 잃음)를 부과하는 프로토콜 등을 제안하고 있습니다.[11]

10.2.6 지분 증명 알고리즘의 조작 위험

지분 증명 알고리즘은 블록을 생성하는 데 대량의 해시 계산이 필요 없습니다. 극단적으로 말하면 제네시스 블록을 생성한 계정이 암호화폐를 100% 소유하므로 다음 블록을 스스로 생성해도 됩니다. 과거 시점으로 돌아가 블록을 다시 생성하는 작업도 쉽습니다. 블록 높이와 상관없이, 제네시스 블록을 생성한 계정은 첫 번째 블록으로 돌아가 새 체인을 언제든 다시 생성할 수 있습니다.

합의 알고리즘을 지분 증명으로 바꾸려는 이더리움 등의 블록체인 플랫폼이라면 처음 플랫폼을 동작시킬 때 작업 증명 알고리즘 등으로 암호화폐를 분산시킬 필요가 있습니다. 그리고 전세계에 암호화폐가 어느 정도 퍼진 시점에 지분 증명 알고리즘으로 바꿔 조작 위험을 막아야합니다. 그런데 처음 동작시킬 때부터 지분 증명 알고리즘을 도입한 Nxt는 위와 같은 방법을 적용할 수 없습니다. 그래서 이전 720 블록까지 새 체인 생성을 허용하지 않게 하여 과거 블록으로 블록체인을 조작하는 위험을 막습니다.

10.3 블록체인의 성능 문제

블록체인을 활용하는 데 가장 중요한 논의로 성능 문제가 있습니다. 이 절에서는 블록체인 시스템에 있는 성능 문제를 살펴보고, 현재 제안된 해결 방법과 사례를 소개합니다.

---

11 https://blog.ethereum.org/2014/11/25/proof-stake-learned-love-weak-subjectivity/

10.3.1 성능 처리 향상 방법

현재 퍼블릭 블록체인 시스템이 처리할 수 있는 거래량은 기존의 금융 시스템과 비교하면 매우 낮은 수준입니다. 2018년 2월 기준으로 1초에 처리할 수 있는 거래 횟수 평균은 비트코인 약 3~7회, 이더리움 약 10~20회입니다. 신용카드 비자VISA가 1초에 약 1,700회, 페이팔은 약 200회 거래[12]가 이루어지는 것을 생각했을 때, 전 세계에서 암호화폐가 원활하게 거래되려면 처리 성능이 향상될 필요가 있습니다.

블록 스펙의 제약

블록체인 시스템의 첫 번째 성능 문제는 블록 스펙의 제한입니다. 비트코인의 블록체인은 블록 크기가 1MB, 블록 생성 간격은 약 10분에 1회, 거래 1회당 블록에 저장하는 데이터 용량은 250바이트입니다. '(104768바이트/250바이트)/600초'로 1초당 최대 거래량을 약 7회로 산정하는 것입니다. 스펙 제한으로 발생하는 거래 처리량을 늘리려면 블록 크기를 늘리거나, 블록 생성 간격을 줄이거나, 거래할 때 저장하는 데이터 용량을 줄여야 합니다.

확장성 문제

블록 스펙 제약을 해결한다고 해서 성능을 크게 향상시킬 수 있는 것은 아닙니다. 이더리움은 블록 크기에 제한이 없지만, 현재 1초당 약 10~20회의 거래를 처리합니다. 블록체인에 확장성이 없기 때문입니다.

확장성은 시스템이 처리해야 할 작업량 증가에 유연하게 대응하도록 설계하는 것을 뜻합니다. 확장성을 지원하는 방법으로는 [그림 10-12]처럼 스케일 업과 스케일 아웃이 있습니다. 스케일 업은 서버 자체의 처리 능력을 향상시키는 방법이고 스케일 아웃은 서버 수를 늘려 작업을 분산 처리하는 방법입니다.

---

12 http://www.altcointoday.com/bitcoin-ethereum-vs-visa-paypal-transactions-per-second/

그림 10-12 스케일 업과 스케일 아웃으로 성능 향상

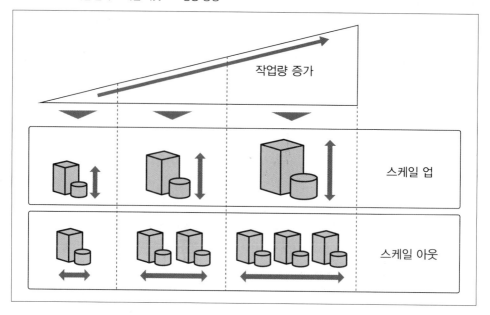

스케일 업으로 성능을 향상시키는 데는 물리적인 한계가 있습니다. 따라서 분산 시스템은 스케일 아웃으로 성능을 향상시킵니다. 블록체인도 P2P 네트워크 기반의 분산 시스템입니다. 그런데 모든 노드가 동일한 상태를 유지State Replicated하며 같은 종류의 처리만 실행합니다. 블록체인에 참여한 노드가 2배로 늘더라도 노드 하나가 처리하는 작업의 종류는 같습니다. 스케일 아웃으로 성능을 향상시킬 수 있는 설계가 아닌 것입니다.

10.3.2 자료구조 최적화를 이용한 성능 향상

이번에는 비트코인과 이더리움을 중심으로 성능 문제를 해결하는 방법을 소개합니다. 먼저 블록이나 거래 등의 자료구조를 최적화해 블록 하나에서 처리할 수 있는 거래량을 늘리는 방법을 살펴봅니다.

블록 크기 확장

블록 크기를 제한한 비트코인의 블록을 1MB에서 2MB나 8MB 혹은 무제한으로 확장하는 제안이 있습니다.

단, 하드 포크해야 하므로 현재의 블록 스펙과 호환하지 않거나 채굴 보상이 줄어드는 문제가 있어 비트코인에 참여한 사용자가 쉽게 합의하지 못하는 상황입니다.

이 상황을 바꾸려고 2017년 여름 이후 비트코인의 블록체인을 하드 포크해 새 비트코인 시스템을 만들려는 움직임이 활발합니다. 자세한 내용은 4.1.2를 참고하기 바랍니다.

거래 데이터 용량 감소

비트코인의 거래 데이터 용량을 줄이는 방법인 세그윗과 마스트를 소개합니다.

세그윗[13]은 비트코인의 블록체인에 있는 보안 취약점을 해결하는 업데이트입니다. 기존 블록 스펙과 호환하므로 신/구 버전의 클라이언트를 모두 사용할 수 있는 소프트 포크입니다. 블록의 거래 데이터 용량을 줄여 블록 하나에 저장하는 거래 수를 늘리는 부수 효과가 있습니다.

기존 비트코인의 거래는 거래를 보장하려고 사용하는 디지털 서명 데이터를 거래에 함께 저장합니다. 거래에 디지털 서명이 없으면 조작 등의 보안 위험이 있는 것입니다. 그래서 세그윗은 거래 정보와 서명 데이터를 다른 공간에 분리해 저장하는 방식으로 이를 해결했습니다. 그 결과 서명 데이터 용량만큼 거래 데이터 용량이 줄어 블록에 저장하는 거래 데이터 수가 늘었습니다.

마스트Merkelized Abstract Syntax Tree, MAST[14]는 비트코인 스크립트 언어의 코드를 해시 트리 구조로 저장하는 것입니다. 코드 용량을 압축해 성능 및 보안 향상을 제안합니다.

비트코인 스크립트 언어는 OR 조건을 포함하는 거래를 만들 수 있습니다. 예를 들어 "앨리스의 암호화폐를 밥에게 송금한다. 앨리스는 암호화폐를 언제든지 꺼낼 수 있다. 밥은 3개월이 지나야 암호화폐를 꺼낼 수 있다"라고 거래한다고 생각해보죠. 현재 거래 이후에는 "앨리스가 암호화폐를 꺼낸다"와 "밥이 3개월 후에 암호화폐를 꺼낸다" 중 하나를 선택해 거래할 것입니다. 그런데 스크립트 언어는 두 거래 조건 모두를 블록체인에 저장합니다. 실제 거래하지 않을 수도 있는 조건까지 저장하므로 거래 데이터 용량이 늘어나는 것입니다.

이때 마스트는 두 가지 조건의 스크립트 언어 코드를 나눈 후 해시 트리에 저장합니다. 그리고 해당 코드를 불러올 수 있는 해시값만 블록체인에 저장합니다. 실제 요청한 거래의 코드만 필

---

13 https://github.com/bitcoin/bips/blob/master/bip-0141.mediawiki
14 https://github.com/bitcoin/bips/blob/master/bip-0114.mediawiki. https://bitcointechtalk.com/33fdf2da5e2f

요할 때 불러와 블록에 저장합니다. 이러한 방식을 응용하면 앞 예보다 더 복잡한 거래를 설정한 코드의 용량도 줄일 수 있습니다. 또한 실행하지 않는 코드를 저장하지 않으면 거래 내용을 숨기는 데도 유용합니다. 개인 정보를 보호해 보안성을 높이는 것입니다.

2018년 9월 기준, 마스트는 제안 단계의 기술입니다. 하지만 앞으로 비트코인이나 다른 암호화폐에 사용한다면 성능 문제를 해결하는 방법이 될 것입니다.

10.3.3 오프체인으로 성능 향상

오프체인은 블록체인의 거래 처리 자체를 효율적으로 만드는 아이디어입니다. 블록체인에는 꼭있어야 할 데이터만 보관하고 그 외의 거래 데이터는 블록체인 이외의 장소(오프체인)에서 처리하는 것입니다. 오프체인은 블록체인의 자료구조에 얽매이지 않고 쉽게 확장할 수 있습니다. 따라서 블록체인 시스템 전체 성능을 크게 향상시키는 기술로서 주목받고 있습니다.

단, 블록체인의 확장성 문제를 근본적으로 해결하는 것은 아닙니다. 블록체인에 저장한 거래는여전히 블록체인의 제약을 벗어날 수 없다는 점을 기억하기 바랍니다.

결제 채널

결제 채널payment channel은 특정 계정 사이에 '채널'이라는 오프체인을 만들어 거래에 이용하는 것입니다. 블록체인의 모든 거래 내역을 블록에 저장시키지 않는다는 목표가 있습니다.

예를 들어 1분 단위로 비용을 지급하는 동영상 서비스를 생각해봅시다. 1분마다 거래한 내역을 매번 블록체인에 저장하면 거래 수수료가 커질 뿐만 아니라 블록체인의 성능 제한 때문에 원활하게 거래하지 못할 것입니다. 이때 결제 채널은 지속해서 거래하는 계정 사이에 미리 저장한 암호화폐를 자유롭게 송금하는 별도의 채널을 만들어 거래합니다.

[그림 10-13]은 이더리움에서 결제 채널로 거래하는 과정을 나타냅니다. 보통 이더리움에서 발행한 토큰으로 결제 채널을 이용합니다.

그림 10-13 결제 채널을 이용한 거래

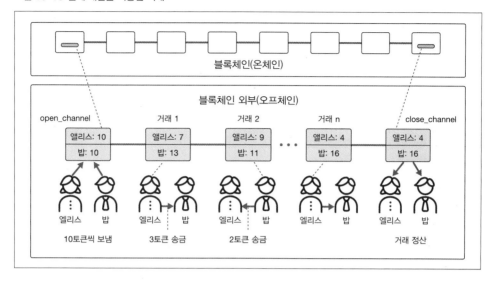

먼저 앨리스와 밥이 각각 10토큰(보증금)을 채널에 보낸 후 거래 내역을 블록체인에 저장합니다. 이 거래를 open_channel이라고 합니다. 일반적인 블록체인 거래 저장과 같은 시간이 필요합니다.

이 채널 안에서 앨리스와 밥은 지속적으로 거래합니다. 예를 들어 앨리스가 밥에게 3토큰을 송금하면 앨리스의 잔액은 7토큰, 밥의 잔액은 13토큰인 거래를 하는 것입니다. 이 거래는 블록체인에 저장하지 않고 앨리스와 밥 사이에 개설한 채널에만 저장합니다. 거래 수수료가 발생하지 않으며 블록에 저장하는 시간을 기다릴 필요도 없습니다.

채널 안 거래가 끝나면 최종 잔액을 확정하는 close_channel이라는 거래를 합니다. 그리고 이 거래를 블록체인에 저장합니다. 이때 open_channel과 마찬가지로 블록체인의 거래와 같은 시간이 걸리며 수수료를 지급합니다. 거래 저장 후에는 최종 잔액에 해당하는 토큰을 앨리스와 밥에게 보냅니다.

라이트닝 네트워크

결제 채널은 미리 거래하는 사람과 채널을 개설해 보증금을 보내야 합니다. 거래가 많으면 채널을 개설하는 것만으로도 실제 지급하는 양보다 많은 토큰을 보증금으로 내야 하죠. 효율적인 구조가 아닙니다.

그래서 이미 다른 사람이 개설한 채널을 이용해 직접 채널을 열지 않고 거래하는 라이트닝 네트워크[15]가 등장했습니다. [그림 10-14]는 라이트닝 네트워크의 거래 과정을 나타냅니다.

그림 **10-14** 라이트닝 네트워크를 이용한 거래

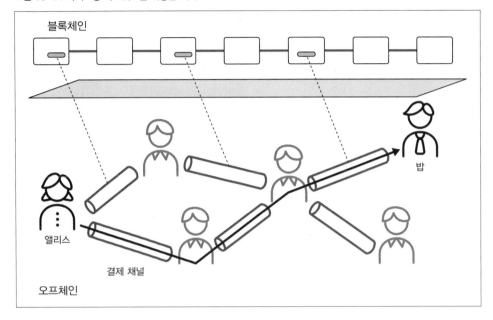

라이트닝 네트워크는 블록체인에 저장하지 않는 거래이며, 직접 생성한 채널도 아닙니다. 따라서 이용하는 채널의 신뢰도와 상관없이 정상적으로 거래할 수 있어야 합니다. 이를 보장하려고 HTLC^Hashed TimeLock Contract라는 계약을 구현했습니다. 앨리스와 밥 사이에 송금하는 경로가 연결된 것을 확인해야 거래할 수 있는 구조입니다. 참고로 거래 채널을 제공한 사람에게 소정의 중계 수수료를 지급한다는 것을 기억하기 바랍니다.

라이덴 네트워크

라이트닝 네트워크는 비트코인의 블록체인에서 사용하도록 제안한 것입니다. 이더리움에는 라이트닝 네트워크와 같은 방식의 프로젝트인 라이덴 네트워크^Raiden Network[16]가 있습니다. 이더리움의 ERC20 호환 토큰을 오프체인에서 거래하는 인프라 구축이 목표입니다. 중계 수수료로

15 https://lightning.network/
16 https://raiden.network/

사용할 RDN이라는 토큰이 있습니다. 처음에 채널을 열어야 한다는 점에서는 결제 채널과 비슷하지만 열린 채널을 닫지 않고 네트워크화해서 다른 사람과의 거래에도 이용할 수 있다는 특징이 있습니다. μRaiden(Micro Raiden)을 공개한 2017년 11월 말부터 이더리움 메인넷에서 실제 사용을 위한 검증이 진행되었습니다.[17]

10.3.4 확장성 문제 해결 방법

블록체인의 작업을 분산 처리하고 확장성 있는 플랫폼으로 재구축하려는 사례를 소개합니다.

플라즈마

플라즈마[Plasma][18]는 이더리움의 스마트 계약을 확장해서 하나의 네트워크에서 실행할 수 있게 하는 프로젝트입니다. 라이덴 네트워크가 이더리움 토큰 거래를 빠르게 처리하려는 것이라면 플라즈마는 일반적인 스마트 계약을 빠르게 실행하려는 것입니다.

그림 10-15 플라즈마를 이용한 분산 스마트 계약

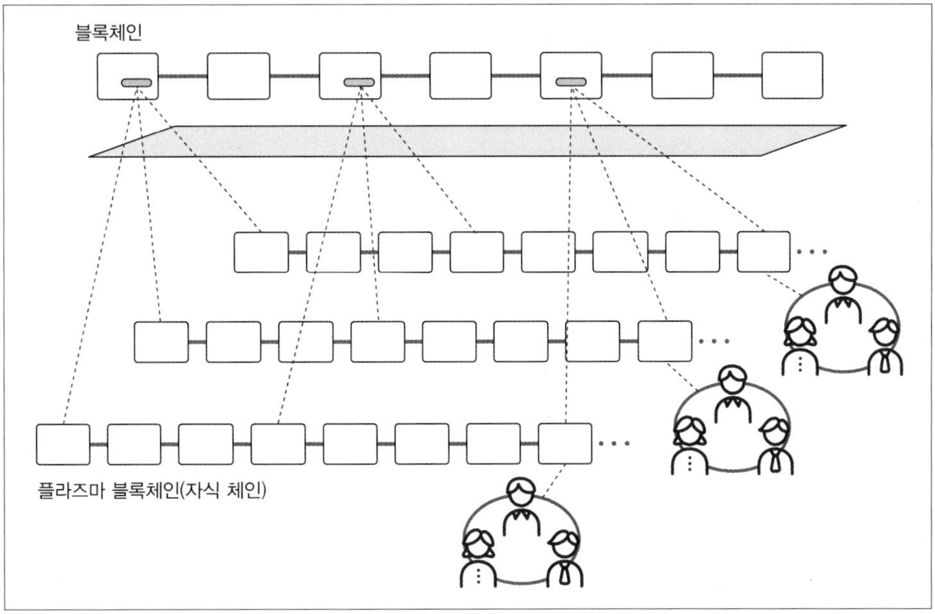

---

17 https://medium.com/@raiden_network/63ea847035a2
18 https://plasma.io/

이더리움 블록체인에 플라즈마 블록체인이라는 자식 블록체인을 여러 개 생성해 분산 처리하는 방법으로 시스템 처리량을 향상시킵니다([그림 10-15] 참고). 스마트 계약을 분산 처리하려고 구글에서 개발한 맵리듀스MapReduce 알고리즘을 사용합니다.

2017년 8월에 제안해 구현 검토를 진행했습니다. 2018년 3월에는 플라즈마를 기반으로 거래소 해킹을 막는 확장성 기술인 플라즈마 캐시를 발표했습니다.

샤딩

샤딩Sharding은 데이터를 여러 그룹으로 분할해서 관리하는 방식으로 확장성을 부여합니다. 라이트닝 네트워크나 플라즈마가 기존 블록체인 외부에 새 계층을 만드는 기술이라면 샤딩은 블록체인 자료구조 자체를 바꿔 분산 처리합니다.

그림 10-16 이더리움 블록체인의 계정 샤딩

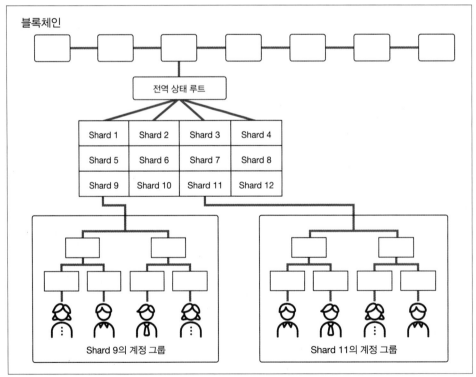

샤딩의 개념은 키-값 저장소 기반의 분산 데이터베이스에서 나온 아이디어입니다. 이더리움의 블록체인[19]은 계정의 상태 정보를 샤딩으로 분할한 후 거래를 샤딩으로 처리합니다([그림 10-16] 참고).

사이드 체인

사이드 체인[20]은 원래 다른 블록체인끼리 거래하려고 제안한 기술입니다. 그런데 사이드 체인에서 특정 스마트 계약을 실행하도록 만들어 만들어 스마트 계약을 분산 처리하는 방식으로 활용해 확장성을 부여할 수 있습니다.

자바스크립트로 스마트 계약을 작성하는 리스크[LISK]는 메인 체인에서 스마트 계약을 분리해 운영할 수 있는 사이드 체인을 구현해 성능 향상과 스마트 계약의 유연성을 보장합니다.

라이덴 네트워크의 차기 버전인 라이도스[Raidos](라이덴 2.0)는 토큰 거래뿐만 아니라 일반적인 스마트 계약을 실행하는 확장성 부여도 고려하고 있습니다. 여기에 사이드 체인 활용을 검토 중입니다.[21]

---

19 https://github.com/ethereum/wiki/wiki/Sharding-FAQ
20 https://www.blockstream.com/sidechains.pdf
21 https://raiden.network/faq.html

블록체인의 미래

지금까지 블록체인의 기초부터 블록체인 애플리케이션을 구현하는 방법, 앞으로 처리해야 할 문제와 해결 방법 등을 살펴봤습니다. 이 장에서는 암호화폐와 블록체인이 사회에 어떤 변화를 가져올지, 그리고 어떻게 블록체인과 함께 나아가야 할지 알아봅니다.

11.1 암호화폐와 스마트 계약의 미래 가치

최근 암호화폐에 관한 관심이 높아졌습니다. 암호화폐 전체의 시가총액은 2017년 말 약 600조 원이었으며 2018년 9월 기준으로 약 435조 원입니다. 이러한 총액 변화의 원인은 주로 투기 때문입니다. 실제 매장에서 통화 대신 사용하거나 스마트 계약으로 실용적인 서비스를 구축한 사례는 아직 많지 않습니다. 이 절에서는 과거의 기술 혁신 역사와 비교하면서 암호화폐와 스마트 계약의 미래 가치를 예상해보겠습니다.

11.1.1 전자화폐와 암호화폐

암호화폐는 디지털화한 통화의 하나이므로 교통카드 같은 전자화폐와 비교할 때가 많습니다. 국내에서는 지하철이나 버스 등과 같은 대중 교통이나 편의점 등의 실제 상점에서 전자화폐로 결제할 수 있습니다. 현금보다 전자화폐를 주로 사용해 결제하는 사람도 많습니다. 그런데 이미 대중화된 전자화폐와 비교하면 암호화폐는 단점이 더 많습니다. 실제로 기존의 전자화폐보다 제한적으로 이용할 수 있을 뿐이므로 전자화폐의 점유율을 따라 잡지 못할 수도 있습니다.

여기에서는 암호화폐의 미래를 예상하기 전에 전자화폐의 한 종류인 교통카드와 암호화폐를 비교하며 암호화폐 활용 가능성을 살펴보겠습니다.

매표기, 교통카드, 웹 서비스, 암호화폐 비교

서울의 대중 교통은 기본 요금이 있지만 이동 거리에 따라 요금을 매깁니다. 지하철에서 버스로 환승해도 별도의 요금을 내지 않고 총 이동 거리로 요금을 지급합니다. 이러한 혜택은 티머니라는 교통카드를 이용해야 받을 수 있습니다. 꼭 티머니가 아니더라도 티머니와 호환하는 신용카드 등으로 대중 교통을 이용할 수 있어 티머니 이용률이 굉장히 높습니다. 이러한 티머니 결제 모델을 웹 서비스의 결제 모델이나 암호화폐 모델과 비교하면 [그림 11-1]과 같습니다.

그림 11-1 승차권, 교통카드, 웹 서비스, 암호화폐의 결제 모델 비교

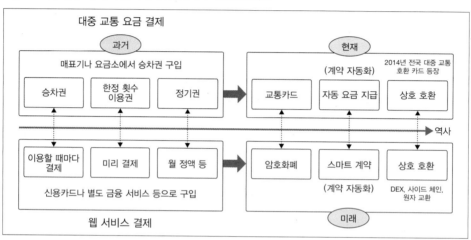

웹 서비스에서 상품을 구입할 때마다 신용카드 등으로 결제하는 모델은 매표기에서 승차권을 매번 구매하는 것과 같습니다. 해당 서비스에서 사용할 수 있는 선불용 포인트를 구매해 사용하는 것은 발매기에서 한정 횟수 승차권을 사는 것과 같습니다. 최근에는 동영상이나 전자책 서비스 등에서 매달 일정한 요금을 지급해 서비스를 무제한 이용할 수 있는 결제 모델을 제공하고 있습니다. 정기권 구입과 같은 모델입니다.

전자화폐와 암호화폐의 비슷한 점

매표기 모델은 1990년대 후반부터 IC 기반의 교통카드로 교체되었습니다. IC 카드의 대부분은 비접촉식 읽기 기술을 사용하므로 지갑에서 카드를 꺼낼 필요없이 읽을 수 있습니다. 요금도 내리는 역의 개찰구를 통과할 때 자동으로 계산해 카드 잔액에서 차감합니다. 이러한 기술은 다음 내용처럼 암호화폐와 비슷한 점이 많습니다.

첫 번째로 유연한 거래 체계입니다. 현재 대중 교통 요금은 거리와 카드 사용 할인 혜택 등으로 10원 단위의 요금을 결제합니다. 직접 승차권을 산다면 동전 등을 항상 소지해야 하므로 사용하기 번거롭습니다. 하지만 교통카드는 거스름돈을 직접 들고 다닐 이유가 없으므로 10원 단위의 요금을 매겨도 번거롭지 않습니다. 또한 필요에 따라 1원 단위의 요금을 매길 수도 있을 것입니다. 소수점 단위의 소액도 거래하는 암호화폐와 비슷합니다.

두 번째는 자동 요금 지급입니다. 현재 국내에서 사용하는 신용카드나 체크카드는 대부분 교통카드 기능을 함께 사용할 수 있습니다. 이때는 따로 요금을 충전할 필요 없이 사용한만큼 일정 기간 후 자동으로 요금을 납부하므로 일종의 스마트 계약입니다.

세 번째는 상호 호환성입니다. 전국에서 단일 교통카드를 사용하도록 만들 수 있습니다. 실제로 티머니는 2014년 전국 대중 교통에 호환 가능한 카드를 내놓아 편의성을 높였습니다. 암호화폐도 여러 가지 암호화폐를 교환하는 기술을 개발했거나 개발하는 중이므로 이러한 상호 호환성을 지원합니다.

네 번째는 범용성입니다. 티머니는 대중 교통뿐만 아니라 편의점 등에서도 결제할 수 있습니다. 결제할 수 있는 오프라인 상점의 범위도 늘고 있죠. 인터넷 결제도 지원하고 있습니다. 스마트폰에 결제 칩을 내장해서 티머니를 사용할 수도 있습니다. 암호화폐는 현재 범용성이 있다고 볼 수 없지만, 처음 만들 때부터 국가의 범위를 넘어선 화폐 가능성을 염두에 두었습니다. 또한 널리 사용할 수 있는 여러 가지 기능을 포함했으므로 범용성이 있다고도 볼 수 있습니다.

11.1.2 암호화폐의 미래 가치

암호화폐의 미래를 결제 방법 변화와 올바른 경제 가치관 정립이라는 두 가지 관점에서 고찰해 보겠습니다.

결제 방법 변화

현재 전자화폐 결제는 아직 중앙 집중형 시스템을 이용하는 형태입니다. 중앙 집중형 시스템인 매표기에서 발급하는 각종 승차권을 사용자가 사는 형태와 비슷합니다. 암호화폐는 이러한 거래 형태를 바꿀 수 있습니다.

첫 번째 결제 서비스의 제한에서 벗어날 수 있습니다. 전자화폐는 자신이 소유한 신용카드나 결제 서비스에 따라 사용할 수 없는 곳도 있습니다. 하지만 암호화폐는 처음부터 특정 관리자가 없는 탈중앙화 시스템으로 운영되므로 도입만 하면 특정 결제 서비스의 제한을 받지 않고 거래할 수 있습니다.

두 번째 상황에 맞는 결제 체계를 만들 수 있습니다. 현재 상용화한 전자화폐는 기존의 국가별 통화 체계 안에서 움직입니다. 지역별 경제 차이나 환율 차이 등의 영향을 받습니다. 하지만 암호화폐는 통화 유통량, 거래 규칙, 부가 기능 등을 상황에 맞게 설계할 수 있습니다. 빈부격차 해결 등에 도움을 주는 결제 체계를 만드는 데 유용합니다.

올바른 경제 가치관 정립

비트코인이나 이더리움을 비싸게 거래했다는 뉴스를 처음 들은 사람이라면 "왜 실체가 없는 데이터에 가치를 붙이는가?"라며 궁금해 할 것입니다. 이는 많은 암호화폐를 기존의 법정 통화나 귀금속 등과 비슷한 가치를 지닌 디지털 자산으로 생각하거나 전자화폐를 대체할 가능성이 높다고 생각하기 때문입니다.

암호화폐는 아직 기존 통화를 대체할 정도의 힘이 없습니다. 하지만 앞에서 설명한 결제 수단 등으로 암호화폐를 실제 경제 활동에 도입한다면 화폐의 가치를 다시 한 번 생각할 계기가 될 것입니다. 앞으로는 통화의 개념 자체가 상대적으로 변해 실제 손에 쥐는 현금을 사용할 일이 없을지도 모릅니다. 이러한 시대의 변화를 암호화폐로 미리 체험하는 것입니다.

암호화폐가 발전하면서 생기는 장점과 단점 등은 앞으로 변할 경제의 순기능과 역기능을 고스란히 보여줄 것입니다. 여기에서 올바른 경제 가치관을 정립해 더 나은 사회로 발전하는 밑거름을 삼는 것이 현재 암호화폐가 갖는 미래 가치가 아닐까 생각합니다.

11.1.3 스마트 계약의 미래 가치

현대의 계약에서는 서로 이해할 수 있는 언어로 작성한 계약서를 주고받습니다. 그러나 언어에 있는 모호함 때문에 계약 내용을 서로 다르게 해석해 다투는 일이 많습니다. 혹은 상황에 따라 실행할 생각이 없는 계약을 맺고 나중에 계약을 파기하는 일도 발생합니다.

스마트 계약을 이용한 자동화는 계약을 프로그램으로 만들며 조건에 따라 자동으로 실행시킵니다. 계약 해석에 관한 차이를 없애고 체결한 계약을 없던 일로 되돌릴 수 없게 만들 가능성이 있습니다. 물론 모든 계약을 프로그램으로 만드는 사회가 될 것으로 단정할 순 없습니다. 하지만 계약 수단으로 언어 이외의 새로운 수단인 '프로그램'을 사용할 수 있다는 사실은 사람에게 큰 도움이 될 것입니다.

예를 들어 자동차, 부동산 등은 오프라인에서 실제로 계약서를 작성해 거래하는 자산입니다. 또한 이러한 자산은 문제가 발생하면 계약과 관련해 여러 가지 법적 다툼이 생기는 것들이 많습니다. 스마트 계약은 현재 오프라인 중심으로 거래되는 다양한 자산의 결제와 계약을 디지털화하는 데 중간자 역할을 할 것으로 기대합니다.

11.2 블록체인과 인공지능

블록체인은 비슷한 시기에 크게 발전한 딥러닝 등의 인공지능 기술과 연관 관계가 높은 기술입니다. 블록체인과 인공지능은 서로의 약점을 보완하면서 발전해 나갈 것으로 생각합니다.

딥러닝의 핵심인 신경망은 대량의 학습 데이터에서 '지능'을 만드는 것입니다. 그런데 지능을 만드는 학습 데이터의 신뢰도는 아직 보장할 수 없습니다. 의료 진단 시스템에 도입하는 인공지능에 신뢰도 없는 데이터를 사용하면 사람의 생명을 앗아가는 의료사고가 발생할 수 있습니다. 자율 주행 기술이라면 큰 교통사고로 연결될 수 있습니다. 인사 채용에 도입한 인공지능에 특정 종교나 가족 구성원의 직업에 관한 편향이 있다면 기업 전체의 신뢰도에 영향을 줄 것입니다. 이때 블록체인을 이용하면 인공지능이 어떤 학습 데이터와 알고리즘을 이용해 구축되었는지 알 수 있고, 해당 데이터가 변경되지 않았다는 것을 보장할 수 있습니다. 인공지능의 신뢰도를 보장하는 데 사용하는 것입니다. 이러한 학습 데이터와 알고리즘을 자산으로 삼아 소유권을 양도하거나 추적할 수도 있습니다.

블록체인에 인공지능 기술을 도입하는 것도 생각해볼 수 있습니다. 현재 암호화폐나 스마트 계약은 한 번 개발하면 변경하기 어려운, 유연성이 낮은 애플리케이션입니다. 그런데 블록 생성 간격, 채굴 보상, 네트워크 대역폭, 노드 수, 암호화폐의 자산 가치 등은 초기에 완벽하게 설계하기 어려우며 동적으로 변하는 부분입니다. 인공지능을 이용하면 예측 범위를 벗어난 상황에 유연하게 대처하는 설계를 도입할 수 있어 블록체인 애플리케이션의 실용성을 높일 것입니다.

또한 오프라인 자산에 적용한 인공지능 기술은 블록체인 애플리케이션과 현실을 연결하는 강력한 인터페이스가 될 수 있습니다. 현재 블록체인 애플리케이션은 오프라인에 존재하는 자산의 조작이나 변경에 실시간으로 대응할 수 없습니다. 이러한 오프라인 자산에 인공지능을 탑재하면 자산의 변동을 블록체인 애플리케이션과 바로 연결해 처리할 수 있습니다. 디지털 기반으로 지금보다 더 신뢰할 수 있는 자산 거래가 가능해질 것입니다.

11.3 블록체인의 발전에 필요한 부분

앞으로 블록체인 발전에 필요하다고 생각되는 부분을 간략하게 소개합니다.

11.3.1 공개된 개발 생태계 유지

블록체인을 암호화폐 이외의 분야에서 활용할 때 현재 기술로는 해결하지 못하는 부분이 있습니다. 대표적으로 10.3에서 설명한 성능 문제, 기존 전자화폐와 비교했을 때 거래 확정에 시간이 오래 걸리는 문제 등이 있습니다.

그러나 블록체인 기반 암호화폐나 애플리케이션 기술은 여러 사람에게 열려 있는 기술이므로 어떤 문제가 있는지 명확하게 공개되는 편입니다. 문제를 해결하는 과정도 다수의 합의를 얻어 진행합니다. 그리고 합의를 얻으면 놀라운 속도로 문제를 해결합니다. 이는 전 세계 사람 누구나 자유롭게 참여할 수 있는 블록체인 커뮤니티의 순기능입니다.

TCP/IP 프로토콜도 처음에는 고품질 통신이 가능할지 회의적인 시선으로 바라보는 사람들이 많았습니다. 그런데 모든 사람에게 열린 인터넷으로 세상에 확산되자 순식간에 여러 가지 문제를 해결하고 사회를 변화키는 힘을 얻었습니다. 미래에 어떤 일이 일어날지는 누구도 단정할 수 없습니다. 하지만 알려진 문제를 성공적으로 해결하고 블록체인이 사회에 좋은 영향을 끼치게 하려면, 이와 같이 공개된 개발 생태계를 유지하면서 문제가 발생했을 때 빠르게 검토하고 대처하는 것이 중요합니다.

11.3.2 과거와 현재의 기술 혁신 고찰

기술 혁신을 이용한 모든 결과물이 꼭 사회에 적용되는 것은 아닙니다. 기술 자체의 특징보다 현재 사회의 현실과 등장 시기 등에 따라 새 기술 중에서 사용할만한 것이 선택되는 것입니다.

인터넷이 등장했을 때 수많은 인터넷 관련 기업과 인터넷 서비스가 등장했지만 일부의 성공 모델만 살아남고 대부분이 사라졌습니다. 현재의 서비스는 성공 모델 기반으로 최소한의 부분만 변경해 제공되는 것이라는 의견이 있습니다. 심지어 인터넷의 핵심 기술인 클라이언트-서버 방식 기반 광고 서비스도 현재는 시행착오 단계이며 앞으로 다른 형태가 생길 것이라는 의견도 있습니다.

블록체인과 함께 최근 많은 관심을 받는 기술인 딥러닝은 사실 과거 인공지능 분야에서 연구했다가 실제 구현하기 어려워 발전이 없었습니다. 그런데 2010년대 빅데이터 기술과 클라우드 컴퓨팅 등의 기술 발전 덕분에 다시 빛을 본 것입니다. 이러한 딥러닝도 결국 몇 가지 성공 모델만 발전하고 그 외에는 사라질 것이라는 전망이 있습니다.

현재 암호화폐와 블록체인은 인터넷처럼 기술 혁신에 따라 다양한 시행착오를 반복하는 단계라고 생각합니다. 가까운 미래에는 이러한 모델 중 몇 가지만 살아남을 것으로 예상됩니다. 또한 딥러닝처럼 과거에 발전하지 못했던 기술을 지금 다시 꺼내 발전시킬 수도 있습니다. 따라서 과거와 현재의 기술 발전의 장점과 시행착오를 잘 기억해서 미래로 연결해야 할 것입니다.

그림 11-2 과거와 현재의 기술 혁신 고찰

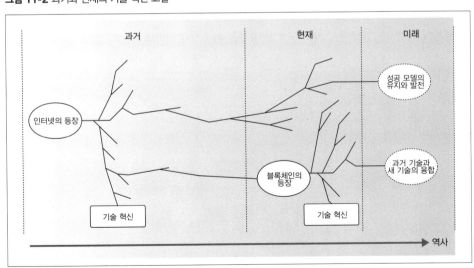

11.4 엔지니어의 책임과 역할

소셜 네트워크와 온라인 게임의 가상 세계 등은 실세계에 필적할 정도로 복잡해졌습니다. 앞으로 암호화폐나 스마트 계약이 대중적으로 보급되어 자산과 계약의 디지털화가 진행되면 온라인 사회도 실제 사회 못지 않게 중요해질 것입니다.

현실의 커뮤니케이션과 사회 규칙은 사람이 사용하는 언어로 만들어져 왔습니다. 반면에 온라인 사회의 커뮤니케이션과 규칙은 전부가 아니더라도 많은 부분이 프로그래밍 언어로 구현될 것입니다. 그 비율은 앞으로 기술이 발전할수록 더 늘어날 것으로 예상합니다. 따라서 사람에게 온라인 사회가 중요해질수록 해당 사회의 커뮤니케이션과 규칙을 이해하는 능력도 중요해질 것입니다. 이제 실생활에 필요한 지식과 법률 등을 배우는 것만큼 프로그래밍 언어와 컴퓨터 과학을 배우는 것이 중요한 시점입니다.

실제로 스크래치처럼 기존 프로그래밍 언어와 다른 비주얼 프로그래밍 언어가 등장해 프로그래밍을 배우기 쉬워졌습니다. 2018년부터 초·중·고등학생을 대상으로 프로그래밍 교육이 의무화되기도 했습니다. 이는 앞으로 다가오는 사회에 프로그래밍이 중요하다는 사실을 대중에게 인식시킨 신호라고 생각합니다. 좋은 IT 인재 발굴에도 도움이 될 것입니다.

블록체인을 비롯해 컴퓨터 과학을 배우는 엔지니어는 디지털 사회를 만들어가는 역할을 합니다. 그리고 컴퓨터 과학으로 만드는 시스템은 우리 삶을 풍요롭게 할 뿐만 아니라 다음 세대를 살아갈 사람들의 기반이 된다는 점을 기억해야 합니다. 특히 블록체인은 실생활, 특히 경제와 밀접한 연관이 있는 플랫폼이 될 것입니다. 앞으로 블록체인과 연관된 엔지니어로 일한다면 항상 자신이 개발하는 결과물이 사회에 어떤 영향을 끼칠지 고민하면서 일할 것을 당부합니다.

참고문헌

책

- 『비트코인, 블록체인과 금융의 혁신』(안드레아스 M. 안토노풀로스. 고려대학교출판부. 2015)
- 『Digital Gold』(Nathaniel Popper. Harper Paperbacks. 2016)
- 『블록체인 구조와 이론』(아카바네 요시하루, 아이케이 마나부. 위키북스. 2017)
- 『블록체인 혁명』(돈 탭스코트, 알렉스 탭스콧. 을유문화사. 2017)
- 『엔지니어를 위한 블록체인 프로그래밍』(다고모리 데루히로. 한빛미디어. 2018)
- 『애프터 비트코인』(나카지마 마사시. 21세기북스. 2018)
- 『블록체인 애플리케이션 개발 실전 입문』(와타나베 아츠시, 마츠모토 유타, 니시무라 요시카즈, 시미즈 토시야. 위키북스. 2017)
- 『P2P Techniques for Decentralized Applications』(Manal El-Dick, Reza Akbarinia, Esther Pacitti. Morgan & Claypool Publishers. 2012)『』
- 『Decentralized Applications』(Siraj Raval. O'Reilly Media, Inc. 2016)
- 『Bitcoin and Cryptocurrency Technologies: A Comprehensive Introduction』(Arvind Narayanan, Joseph Bonneau, Edward Felten, Andrew Miller, Steven Goldfeder. Princeton University Press. 2016)
- 『ブロックチェーン・プログラミング 仮想通貨入門』(山崎 重一郎(著), 安土 茂亨(著), 田中 俊太郎(著). 講談社. 2017)
- 『暗号が通貨になる「ビットコイン」のからくり』(吉本 佳生(著), 西田 宗千佳(著). 講談社. 2014)
- 『クラウドを支えるこれからの暗号技術』(光成 滋生(著). 秀和システム. 2015)
- 『スマートコントラクト本格入門』(鳥谷部 昭寛(著), 加世田 敏宏(著), 林田 駿弥(著). 技術評論社. 2017)
- 『未来を変える通貨 ビットコイン改革論』(斉藤 賢爾(著). インプレスR&D. 2017)
- 『図解入門 最新ブロックチェーンがよ~くわかる本』(石黒尚久(著), 河除光瑠(著). 秀和システム. 2017)
- 『仮想通貨とブロックチェーン』(木ノ内 敏久(著). 日本経済新聞出版社. 2017)

논문

- Leslie Lamport. "Time, clocks, and the ordering of events in a distributed system". Communications of the ACM . 21 (7): 558-565. 1978. http://lamport.azurewebsites.net/pubs/time-clocks.pdf

- Marshall Pease, Robert Shostak, Leslie Lamport. "Reaching Agreement in the Presence of Faults". Journal of the ACM 27 (2): 228-234. April 1980. http://research.microsoft.com/en-us/um/people/lamport/pubs/reaching.pdf

- Leslie Lamport, Robert Shostak, Marshall Pease. "The Byzantine Generals Problem". ACM Transactions on Programming Languages and Systems 4 (3): 382-401. July 1982. http://research.microsoft.com/en-us/um/people/lamport/pubs/byz.pdf

- David Chaum. "Blind Signatures for Untraceable Payments". In: Chaum D., Rivest R.L., Sherman A.T. (eds) Advances in Cryptology. Springer, Boston, MA. 1983. http://blog.koehntopp.de/uploads/Chaum.BlindSigForPayment.1982.PDF

- Markus Jakobsson, Ari Juels. "Proofs of Work and Bread Pudding Protocols". Communications and Multimedia Security. Kluwer Academic Publishers: 258-272. 1999. http://www.hashcash.org/papers/bread-pudding.pdf

참고 웹 사이트

- Satoshi Nakamoto. Bitcoin: A Peer-to-peer Electronic Cash System. Oct 2008. https://bitcoin.org/bitcoin.pdf

- Ethereum White Paper https://github.com/ethereum/wiki/wiki/White-Paper

- Bitcoin Improvement Proposals https://github.com/bitcoin/bips

- The Ethereum Improvement Proposal https://github.com/ethereum/EIPs

- Adam Back, Matt Corallo, Luke Dashjr, Mark Friedenbach, Gregory Maxwell, Andrew Miller, Andrew Poelstra, Jorge Timón, and Pieter Wuille. Enabling Blockchain Innovations with Pegged Sidechains. Oct. 2014. https://www.blockstream.com/sidechains.pdf

- Dr. Timo Hanke. AsicBoost A Speedup for Bitcoin Mining. Mar 2016. https://arxiv.org/ftp/arxiv/papers/1604/1604.00575.pdf

- Joseph Poon, Thaddeus Dryja. The Bitcoin Lightning Network: Scalable Off-Chain

Instant Payments. Jan 2016. https://lightning.network/lightning-network-paper.pdf

- Joseph Poon, Vitalik Buterin. Plasma: Scalable Autonomous Smart Contracts. Aug 2017. https://plasma.io/plasma.pdf

- ETHEREUM: A SECURE DECENTRALISED GENERALISED TRANSACTION LEDGER BYZANTIUM VERSION f72032b – 2018-05-04 https://ethereum.github.io/yellowpaper/paper.pdf

- Ethereum Homestead Docs http://www.ethdocs.org/en/latest/introduction/index.html

- Ethereum Builder's Guide https://ethereumbuilders.gitbooks.io/guide/content/en/

- Solidity Docs https://solidity.readthedocs.io/ko/develop/

- Truffle Tutorial http://truffleframework.com/docs/

- [LIVE] Devcon3 Day 3 Stream – Afternoon https://www.youtube.com/watch?time_continue=8980&v=FPHXbJPVVaA

- Devcon2: Ethereum in 25 Minutes https://www.youtube.com/watch?v=66SaEDzlmP4

- Ethereum Smart Contract Security Best Practices https://consensys.github.io/smart-contract-best-practices/

- Ethereum & the Power of Blockchain https://wired.jp/special/2017/vitalik-buterin/

- Deconstructing the DAO Attack: A Brief Code Tour http://vessenes.com/deconstructing-thedao-attack-a-brief-code-tour/

- Analysis of the DAO exploit / Hacking, Distributed http://hackingdistributed.com/2016/06/18/analysis-of-the-dao-exploit/

- The Parity Wallet Hack Explained / Zeppelin Solutions Medium https://blog.zeppelin.solutions/on-the-parity-wallet-multisig-hack-405a8c12e8f7

- 斉藤 賢爾, 村井 純: Keio University SFC Global Campus ブロックチェーン http://gc.sfc.keio.ac.jp/cgi/class/class_top.cgi?2017_42469

INDEX